PARIS
100 lieux mythiques

RACONTÉS PAR **FRÉDÉRICK GERSAL**

À Sabine,
qui m'a ouvert les yeux sur un Paris merveilleux
que l'on ne peux découvrir qu'à son bras !

F. G.

hachette

Conception graphique et maquette : Émilie Greenberg
www.emigreen.com

hachette
TOURISME

DIRECTION : Nathalie Pujo
DIRECTION ÉDITORIALE : Cécile Petiau
RESPONSABLE DE COLLECTION : Catherine Laussucq
ÉDITION : Adam Stambul, Émilie Lézénès
Assistée de Raphaël Dupuy et Claire Jehanno
et avec la collaboration de Fanny Bouteiller et Emmanuelle Radiguer
Fabrication : Caroline Le Page
Lecture : Fabienne Texier
Correction : Tiphaine Diaconu

Imprimé en Espagne par Estella Graficas
Dépôt légal : avril 2011 - édition 01
ISBN : 978-2-01-244059-3 Code article : 24-4059-2

Aussi soigneusement qu'il ait été établi, ce guide n'est pas à l'abri des changements de dernière heure.

Faites-nous part de vos remarques par e-mail : **guidetourisme@hachette-livre.fr**

ÉDITORIAL

« Paris ne s'est pas fait en un jour », il suffit de marcher dans les rues de la capitale pour vite s'en apercevoir. Les preuves sont partout présentes, elles se dévoilent sous nos yeux, car si on sait observer, si on sait prendre le temps, Paris accepte volontiers de s'offrir aux regards et aux passions.

En franchissant la Seine, en changeant d'arrondissement ou de quartier, en tournant à l'angle d'une rue ou en traversant une place vous voilà tout à coup dans un autre univers. Des bâtisseurs romains aux architectes contemporains, du tracé de la première artère à la construction du plus imposant building, ce sont des milliers de femmes et d'hommes qui se sont passionnés pour faire et défaire, construire et démolir, enjoliver et agrandir !

Autour de la Seine, qui irrigue un cœur battant, se sont vécues d'incroyables histoires. Des histoires d'amour et de haine, des histoires de grande fidélité et de vaste tromperie, des histoires parfois secrètes et bien souvent publiques, bref ce sont des histoires de la vie qui passe, comme ce courant de la Seine qui entraîne, avec lui, tant de secrets murmurés ou non dits, tant de petits gestes, tant de larmes et de sang qui ont été versés au cours des siècles.

Cette succession de périodes, d'époques, de temps qui se sont arrêtés, donne à Paris un charme incomparable, c'est une véritable leçon d'histoire, d'architecture et d'amour à ciel ouvert, à laquelle je vous convie !

Frédérick Gersal

SOMMAIRE

SOMMAIRE

XXe siècle - XXIe siècle

Annexes

SOMMAIRE

Moyen Âge

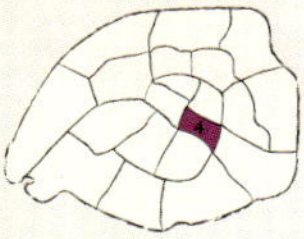

ADRESSE

6, parvis Notre-Dame-Place Jean-Paul-II, 4e
Tél. : 01 42 34 56 10
M RER Cité, Saint-Michel
@ www.notredamedeparis.fr

CRÉATION

Consacrée en 1182.

LA CATHÉDRALE NOTRE-DAME

Véritable vaisseau de pierre amarré au bout de l'île de la Cité, Notre-Dame semble fendre les eaux de la Seine ! On doit son chantier titanesque à la persévérance de Maurice de Sully, évêque de Paris.

Moyen Âge

UN LIEU DE CULTE IMMÉMORIAL

Il semble que l'emplacement où se dresse aujourd'hui la cathédrale ait de tout temps été consacré à un lieu de culte. Au Ier siècle de notre ère, à l'époque où Paris s'appelait Lutèce, s'y dressait un monument romain en l'honneur de Jupiter, dont on peut encore admirer certaines pierres au musée lapidaire de Cluny (p. 24). Par la suite, deux églises y ont été édifiées. La première, dédiée à saint Étienne, fut construite autour du IVe siècle, à la pointe occidentale de l'île. Quant à l'autre église, dédiée à sainte Marie, elle fut bâtie dans le prolongement de la première aux Ve et VIe siècles. Mais, au fil du temps, ces deux monuments, bousculés par les guerres et les invasions, se détériorèrent et l'on songea à les remplacer…

POINT 0

Sur le parvis de la cathédrale, le « kilomètre 0 » des routes de France, d'où sont mesurées toutes les distances, est matérialisé par une dalle en bronze scellée, indiquant les quatre points cardinaux. Preuve que, cette fois, « tous les chemins mènent à… Paris » !

UNE CATHÉDRALE DIGNE DE LA PUISSANCE FRANÇAISE

Au XIIe siècle, Maurice de Sully, qui a été élu évêque de la ville en 1160, prend conscience de l'état de délabrement de ces deux lieux de culte et entreprend d'y remédier. Malgré les critiques de nombre de ses contemporains, il décide de remplacer les deux églises vieillissantes par une cathédrale digne de la capitale pouvant accueillir un nombre important de fidèles, la population de Paris ne cessant de croître.

Le brillant dignitaire de l'Église devient le concepteur du projet, et, avec le soutien du clergé de Paris et surtout l'aide financière de Louis VII, il entreprend un énorme chantier qui durera près de deux cents ans, entre 1163 et 1351. Selon certaines sources, la pose de la première pierre aurait eu lieu en présence du pape Alexandre III qui avait alors trouvé refuge en France, au printemps 1162, après avoir été chassé d'Italie. Mais peut-être cela correspond-il à une simple visite du pape… Le mystère demeure, de même concernant le nom de l'incroyable architecte qui se lança dans cette construction pharaonique.

Lors de ce chantier si complexe et si long, certaines parties de la cathédrale ont été à plusieurs reprises remaniées, et plusieurs styles (du gothique primitif au gothique flamboyant) ont été astucieusement mélangés en fonction de l'évolution du travail de la pierre et des vitraux. Par exemple, les hautes fenêtres de la nef ont été agrandies au XIIIe siècle grâce à une nouveauté architecturale : l'arc-boutant – Notre-Dame de Paris étant la première cathédrale à être soutenue en partie grâce à cette technique !

Pour réaliser ce gigantesque édifice prévu sur plus de 5 000 m², Maurice de Sully a dû modifier l'infrastructure de l'île de la Cité, traçant une rue au centre pour isoler la cathédrale du reste des habitations. Sur le parvis actuel, des pierres colorées nous indiquent d'ailleurs le tracé des bâtiments entourant Notre-Dame au Moyen Âge.

UN MONUMENT HORS NORMES

La création de Maurice de Sully est de dimensions extraordinaires, ses fameuses tours grimpent à 69 m ! Derrière les portails principaux, la nef, partie centrale de Notre-Dame, est surmontée de voûtes immenses et d'une charpente surnommée la « forêt » en raison des pièces en chêne qui s'emboîtent parfaitement les unes aux autres et qui sont fixées par des chevilles en bois. La charpente supporte une couverture composée de plaques de plomb pesant plus de 200 t – une prouesse technique pour l'époque ! Mais c'est surtout la décoration qui impressionne : ses concepteurs ont cherché à créer une sorte de livre d'images, relatant, au travers des sculptures et des peintures, l'histoire religieuse à des Parisiens qui ne savent alors souvent ni lire ni écrire ! C'est pourquoi les vitraux sont non seulement

destinés à faire entrer la lumière, mais aussi à raconter la vie des saints et des grands personnages bibliques.

LE SACCAGE DE LA RÉVOLUTION

Si l'édifice s'est indéniablement détérioré au fil des siècles, c'est surtout à partir de 1789 qu'il subit les plus lourds dommages, la cathédrale étant victime de l'acharnement des révolutionnaires qui veulent faire disparaître tous les symboles religieux. Ainsi est-elle pillée, tandis que la statuaire extérieure est en partie détruite. Les 28 statues des rois de Juda sont basculées pour venir s'écraser sur le sol – plusieurs têtes seront retrouvées en 1977 lors de travaux rue Chaussée-d'Antin. Et les statues de saints et de prophètes sont mutilées et martelées.

LE PREMIER RENOUVEAU DE NOTRE-DAME

Le XIXe siècle sera heureusement salvateur pour la cathédrale ! En 1804 a lieu le sacre de Napoléon Ier. La capitale se doit d'être présentable à l'occasion d'une telle cérémonie ! Napoléon demande donc au préfet de la Seine, Nicolas Frochot, de faire le nécessaire. Le long du parcours qui sera emprunté par le cortège impérial, les rues sont repavées, les trottoirs refaits, les ponts réparés, les façades nettoyées… Le plus gros travail consiste à dégager les abords de la cathédrale, car il n'y a pas de parvis à cette époque. Beaucoup d'habitations et de ruelles sont détruites pour faire place nette. Quant à l'intérieur de la cathédrale d'alors, on procède à quelques réfections d'urgence et les drapeaux d'Austerlitz sont accrochés aux murs afin de masquer leur état pitoyable – ce que le célèbre tableau de David, *Le Sacre de Napoléon Ier, 2 décembre 1804,* occulte totalement !

NOTRE-DAME RETROUVE SA GRANDEUR

Cependant, au début du XIXe siècle, la cathédrale est dans un tel état de délabrement que les responsables de la ville envisagent de l'abattre. Mais un événement littéraire contribue à son sauvetage : Victor Hugo, admirateur de l'édifice, écrit en 1831 *Notre-Dame de Paris,* dont l'énorme succès permet de faire prendre conscience au public de la valeur d'un tel monument.

Treize ans après la publication du roman, c'est-à-dire à partir de 1844, Notre-Dame fait l'objet de nombreux travaux. Le maître d'œuvre se nomme Eugène Viollet-le-Duc ; il travaille avec Jean-Baptiste-Antoine Lassus. Tous deux ont été choisis par Philippe Ier afin de rendre à la cathédrale son éclat d'antan. La haute flèche, détruite et descendue à la Révolution, est reconstruite, tandis qu'apparaissent un grand nombre de gargouilles aux visages terrifiants. Puis, les sculptures et la statuaire disparues sont réinstallées.

Parmi les 12 apôtres figure bien sûr saint Thomas, qui ressemble à s'y méprendre à Viollet-le-Duc lui-même !

En 1871, la Commune faillit anéantir l'édifice. Des émeutiers mettent le feu à des bancs et chaises, mais l'incendie est vite maîtrisé. Puis la cathédrale passe les deux guerres mondiales sans problèmes notables.

Plus récemment, dans les années 1990, les procédés modernes ont redonné à la pierre extérieure de l'édifice, noircie par les siècles, sa pureté et sa blancheur d'origine.

UN BOURDON ROYAL

Dans la cathédrale Notre-Dame se trouve l'une des plus grosses cloches de Paris (après celle du Sacré-Cœur de Montmartre, p. 132) : le bourdon, baptisé « Emmanuel ». Il s'agit de la seule des 15 cloches qui existaient avant la grande fonte de 1791. À l'origine, il y avait en effet deux bourdons : « Marie », coulé en 1396 qui fut descendu et brisé en 1792, et « Jacqueline », faisant office de petit bourdon. Ce dernier avait été offert au XIVe siècle par Jean de Montagu en l'honneur de sa femme, Jacqueline de la Grange. Par la suite, il fut refondu plusieurs fois, fêlé en 1680, et c'est Louis XIV qui ordonna sa refonte et le doublement de son poids grâce à la fonte de plusieurs canons. Le Roi-Soleil et la reine Marie-Thérèse étaient donc parrain et marraine de cette nouvelle cloche, baptisée « Emmanuel-Marie-Thérèse » le 29 avril 1682. Elle fut refondue en 1685 et provisoirement descendue en 1794. C'est ce bourdon qui sonna lors du sacre de l'empereur Napoléon Ier en décembre 1804, ainsi que lors de la Libération de Paris, le 24 août 1944, à 21 h 30. On raconte que sa sonorité a été rendue spéciale par l'apport des bijoux des Parisiennes jetés dans le bronze en fusion !

UN VISITEUR PAS COMME LES AUTRES

Paul Claudel est né dans l'Aisne en 1868, mais c'est à Paris qu'il fit une rencontre qui bouleversa son existence et son œuvre. Le jour de Noël 1886, Paul Claudel se rend à Notre-Dame pour suivre les offices de Noël… Laissons-le nous raconter cet extraordinaire événement : « bousculé par la foule, j'assistais avec un plaisir médiocre à la grand-messe. Puis, n'ayant rien de mieux à faire, je revins aux Vêpres. Les enfants de la maîtrise, en robes blanches, et les élèves du Petit Séminaire de Saint-Nicolas-du-Chardonnet qui les assistaient étaient en train de chanter ce que je sus plus tard être le Magnificat. J'étais moi-même debout dans la foule près du second pilier à l'entrée du chœur, à droite, du côté de la sacristie. Et c'est alors que se produisit l'événement qui domine toute ma vie. En un instant, mon cœur fut touché et je crus. Je crus, d'une telle force d'adhésion, d'un tel soulèvement de tout mon être, d'une conviction si puissante, d'une telle certitude ne laissant place à aucune espèce de doute que, depuis, tous les livres, tous les raisonnements, tous les hasards d'une vie agitée, n'ont pu ébranler ma foi ni, à vrai dire, la toucher… »

L'emplacement exact où Paul Claudel ressentit cette conviction est aujourd'hui indiqué sur le dallage de la cathédrale. ◆

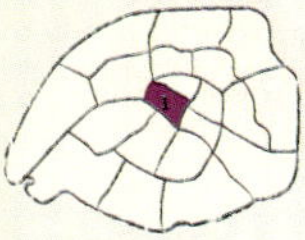

ADRESSE
2, boulevard du Palais, 1er
Tél. : 01 53 40 60 80
Ⓜ Cité
@ www.conciergerie.monuments-nationaux.fr

CRÉATION
Convertie en prison d'État en 1370.

LA CONCIERGERIE

Vestige d'un ancien palais royal, la Conciergerie a été la première prison de la capitale. Théâtre de jugements et d'exécutions tristement célèbres, elle rappelle la fin tragique de Marie-Antoinette.

UNE PRISON AU SERVICE DU ROI

En raison de son emplacement central et de sa position défensive, l'île de la Cité (p. 18) était vouée à être le cœur de Paris, et c'est tout naturellement que les premiers rois francs y établirent leur forteresse dès le VIe siècle. Cette immense demeure féodale, qui ne cessa d'être agrandie, se composait de bâtiments aux fonctions diverses : appartements royaux, prison, écuries et une chapelle, que Saint Louis fera reconstruire au XIIIe siècle – la Sainte-Chapelle (p. 30). Les personnages placés à la tête des différents services étaient des dignitaires du royaume. Parmi eux figurait le « chapelain », en charge de la chapelle ; le « comte de l'étable », chargé des écuries et dont le nom se transforma en « connétable » ; et enfin le « concierge », mot qui désignait à l'origine un « compagnon d'esclavage » et qui devint en fait le gardien du château et de la prison. Ce personnage clé du pouvoir royal accéda au titre de « gouverneur de la Maison du roi » à partir du XIVe siècle ! La Conciergerie était donc, à cette époque, la prison royale (d'autres lieux d'incarcération existaient parallèlement, tels que l'ancien Petit Châtelet ou la Bastille).

L'ANTICHAMBRE DE LA GUILLOTINE

Nombre de prisonniers célèbres ont séjourné à la Conciergerie. Souvenons-nous d'Olivier le Daim, modeste valet de chambre et barbier de Louis XI, qui le fit comte de Meulan. Son nom attisant haine et jalousie, il fut arrêté à la mort du roi, jugé, puis condamné à la pendaison. Un siècle plus tard, le régicide Ravaillac passa également la porte de l'édifice. Citons encore la marquise de Brinvilliers, qui défraya la chronique sous Louis XIV dans « l'affaire des poisons », et Damiens, le laquais, qui osa frapper Louis XV d'un coup de couteau. Mais c'est sous la Révolution et la Terreur qu'elle fut le plus utilisée. On y compta jusqu'à près de 1 300 prisonniers détenus en même temps ! Baptisée « l'antichambre de la guillotine », elle vit défiler des centaines d'anonymes et quelques grands noms de l'histoire de France : Philippe Égalité – duc d'Orléans et père du futur Louis-Philippe Ier –, la comtesse du Barry,

Robespierre, Charlotte Corday ou encore Danton, qui réclama au bourreau, une fois sa tâche terminée, de bien vouloir montrer sa tête au peuple car, dit-il, « elle en vaut bien la peine ». Tous attendirent dans les cellules de la Conciergerie leur passage devant le Tribunal révolutionnaire, situé au premier étage du bâtiment, où une parodie de procès mené par Fouquier-Tinville, l'accusateur public, décidait de leur horrible sort.

LA DERNIÈRE DEMEURE DE MARIE-ANTOINETTE

À l'aube du 2 août 1793, Marie-Antoinette fit elle aussi son entrée à la Conciergerie, accusée « d'avoir conspiré contre la sûreté du peuple français ». Pendant plusieurs semaines, elle partagea jour et nuit son minuscule cachot avec deux gendarmes chargés de la surveiller.

Le 13 août 1792, toute la famille royale (le roi Louis XVI, la reine Marie-Antoinette et leurs deux enfants, le dauphin futur Louis XVII et sa sœur Thérèse) avait été arrêtée, puis enfermée à la prison du Temple. En décembre 1792, le roi fut emmené pour être jugé. Il fut condamné à mort et exécuté le 21 janvier 1793. Huit mois plus tard, dans la nuit du 1er août 1793, des administrateurs vinrent chercher Marie-Antoinette. La Convention avait décidé de la transférer à la Conciergerie, l'arrachant à ses deux enfants qu'elle ne revit plus jamais, afin qu'elle soit présentée devant le Tribunal révolutionnaire.

Le 12 octobre 1793, l'accusée fut amenée à la salle d'audience. La procédure ne dura que quatre jours, au terme desquels le jury la condamna à la peine de mort. Le 16 octobre 1793, elle monta sur l'échafaud…

UNE PRISON RÉAFFECTÉE

La Conciergerie est restée une prison longtemps après le passage de Marie-Antoinette. De nombreux autres personnages célèbres sont venus hanter ses geôles : le général chouan Cadoudal, le maréchal Ney, le bonapartiste Louvel qui assassina le duc de Berry en 1820 ou les quatre sergents de La Rochelle en 1821 (voir p. 145). Ce n'est qu'au moment de la Première Guerre mondiale que cet endroit historique a cessé d'être un lieu de détention. Mais le souvenir de Marie-Antoinette y est encore conservé, puisque son cachot a été transformé en chapelle expiatoire et qu'une reconstitution de sa cellule y est présentée au public. ◆

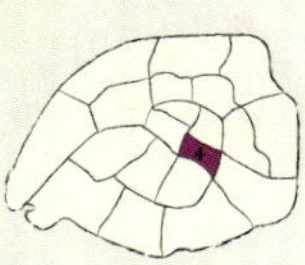

ADRESSE
1, rue du Figuier, 4e
Tél. : 01 42 78 14 60
Ⓜ Pont-Marie

CRÉATION
Construction achevée en 1519.

L'HÔTEL DE SENS

L'hôtel de Sens est un des rares vestiges de l'architecture du Moyen Âge à Paris. Son histoire est intimement liée à celle des archevêques de Sens et des rois de France.

LE PUISSANT ARCHEVÊCHÉ DE SENS

Pendant très longtemps, l'évêché de Paris a dépendu de l'archevêché de Sens – situé dans l'actuelle Bourgogne – qui avait une forte influence sur la politique religieuse du royaume. Louis IX, futur Saint Louis, a notamment épousé Marguerite de Provence dans la cathédrale Saint-Étienne de Sens, le 27 mai 1234. Très souvent présents à Paris, les hommes d'Église avaient l'habitude de loger dans un somptueux hôtel surnommé « l'hôtel des archevêques de Sens ». Mais attention, ce logement, en quelque sorte professionnel, n'est pas l'hôtel de Sens d'aujourd'hui. Pour comprendre toute cette histoire, je vous propose de la reprendre depuis le début !

LA FRAYEUR DE CHARLES V

Jusqu'au XIVe siècle, lorsque les rois de France sont à Paris, ils résident dans le Palais royal, sur l'île de la Cité (devenu de nos jours le Palais de Justice). Or, en février 1358, lors d'une émeute populaire, le futur Charles V faillit bien y laisser sa vie. Le royaume de France est alors en plein désarroi, Jean II venant d'être battu par les Anglais en 1356, au cours de la terrible bataille de Nouaillé-Maupertuis, en Poitou, puis emprisonné à Londres. Pendant ce temps, c'est son fils, le futur Charles V, qui gère tant bien que mal les affaires courantes, car le trône est menacé par de puissants seigneurs. Au cœur de la tourmente politique, le peuple révolté pénètre dans le palais de la Cité. Le Dauphin est bousculé, mais il parvient à s'échapper. Il quitte Paris dans l'espoir de rallier à sa cause quelques seigneurs, en Picardie, en Artois et en Champagne. À son retour à Paris, un mois plus tard, il se refuse à habiter à nouveau le palais, fuyant les souvenirs douloureux qui s'y rattachent. Il se fait donc construire une nouvelle demeure – le futur hôtel Saint-Pol – de 1361 à 1365. Pour cela il fait l'acquisition, entre autres, de l'hôtel des archevêques de Sens, proposant aux prélats une autre résidence, l'hôtel d'Hestomesnil, qui donne rue du Figuier.

Cet hôtel Saint-Pol ne restera demeure royale que peu de temps, uniquement sous les règnes de Charles V et de son fils et successeur Charles VI. Bien des années plus tard seront tracées dans ce vaste ensemble les rues du quartier Saint-Paul.

L'HÔTEL D'HESTOMESNIL

À la suite cette opération immobilière imposée par le roi Charles V, les puissants hommes d'Église séjournent donc dans l'hôtel d'Hestomesnil durant un peu plus d'un siècle, jusqu'au jour où monseigneur Tristan de Salazar déclare les lieux insalubres et inhabitables. Il décide de tout abattre et de construire à la place le splendide hôtel de Sens ! Le chantier est titanesque, il se déroule pendant près de cinquante ans, entre 1475 et 1519. Mais le résultat parle de lui-même : avec ses tourelles percées de lucarnes à meneaux et ses gargouilles, ses larges portes et ses lucarnes, c'est l'un des plus beaux hôtels particuliers de Paris. De nouveaux hommes d'Église investissent les lieux, jusqu'à ce que, au début du XVIIe siècle, un ami du roi Henri IV, nommé archevêque de Sens en 1596, accepte de mettre l'hôtel à la disposition de la reine Margot, que le roi vient de quitter pour se remarier avec Marie de Médicis.

LA DEMEURE DE LA REINE MARGOT

C'est à partir de l'année 1605 que la reine Margot vient habiter l'hôtel de Sens qui, d'un seul coup, se transforme en un lieu de fête et de débauche, bien éloigné des mœurs de ses premiers habitants. À peine est-elle installée qu'elle demande à faire abattre le somptueux figuier qui se trouve devant chez elle (et qui a donné son nom à la rue menant à sa demeure) sous prétexte que l'arbre gêne le passage de son carrosse ! Dans cet hôtel, la discrétion cède la place au bruit, aux cris et même aux coups de feu. Le court séjour de huit mois de Margot ne fera que conforter l'opinion peu flatteuse que ses contemporains se font de cette ancienne reine de France…

LES MUTILATIONS DU TEMPS

Quelques années plus tard, en 1622, Paris devient à son tour un archevêché. L'hôtel de Sens n'a donc plus le même « sens » ! Dès lors, les archevêques de Sens, qui resteront propriétaires des lieux jusqu'à la Révolution, décident de le louer à des juristes et à diverses entreprises. Après la Révolution, le bâtiment, fortement endommagé, est loué à des artisans, puis découpé en appartements.

Au début du XXe siècle, la Ville de Paris fait l'acquisition de l'hôtel, très délabré, et s'efforce de lui redonner son visage ancien. D'importantes campagnes de restauration et de réhabilitation y sont ainsi menées de 1929 à 1961. Depuis cette date, l'hôtel de Sens abrite la bibliothèque Forney dont le fonds très important est consacré aux arts et techniques – cette appellation est un hommage au legs de 200 000 francs fait à la capitale par Aimé-Samuel Forney, un industriel parisien. ◆

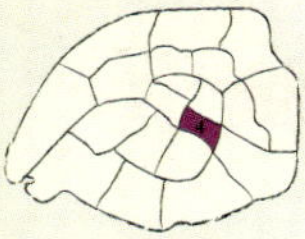

ADRESSE
Parvis Notre-Dame,
Place Jean-Paul-II, 4e
Tél. : 01 42 34 82 34
Cité

CRÉATION
Fondé en 651.

Moyen Âge :

L'HÔTEL-DIEU

Pendant plusieurs siècles, l'Hôtel-Dieu fut le seul hôpital de Paris. Bon nombre d'événements historiques et religieux ont marqué son histoire…

UN HÔPITAL RELIGIEUX

Les hôtels-Dieu – ces lieux d'hébergement généralement créés par des moines au sein de leur monastère – existent depuis des temps immémoriaux. La double composition de ce mot nous rappelle à la fois leur vocation d'accueil et leur aspect religieux, puisque ces hospices sont avant tout des « maisons de Dieu ». Au Moyen Âge, ces hôtels-Dieu jalonnent les grandes routes et accueillent les voyageurs, notamment les pèlerins se rendant vers les lieux saints – Rome ou Saint-Jacques-de-Compostelle –, afin de les héberger et de les soigner. On en trouve partout en France, et les hospices de Beaune fondés en 1443 font partie des plus célèbres.

À Paris, le premier lieu destiné aux gens sans ressources, aux malades et aux voyageurs venus se faire soigner aurait été fondé sur l'île de la Cité en l'an 651 par saint Landry, 28e évêque de la ville. Le maire du palais, Erchinoald (celui à qui incombait la lourde tâche de nourrir et d'entretenir la

cour), lui avait offert un terrain sur lequel il décida de faire bâtir l'Hôtel-Dieu.

UN LIEU DE PAIX
En 1975, la cour d'honneur de l'Hôtel-Dieu a été transformée en un magnifique « jardin à la française », preuve que les plantes et la médecine font toujours bon ménage pour soigner les corps et les esprits !

DE L'ANCIEN AU NOUVEL HÔTEL-DIEU

Au XIIe siècle, un autre évêque de Paris va marquer l'histoire de l'Hôtel-Dieu : il s'agit de Maurice de Sully, à qui l'on doit la construction de la cathédrale Notre-Dame (p. 8) ! Le percement de la rue Neuve-Notre-Dame en 1164 entraîne la destruction du premier bâtiment hospitalier, qui est reconstruit au sud du parvis. Il se développera par la suite le long de la Seine, vers le Petit-Pont. Dès lors, l'Hôtel-Dieu est placé sous la double protection de l'évêque et du roi, puisqu'une grande partie des souverains capétiens vont s'en préoccuper et faire en sorte qu'il soit pourvu le mieux possible. Incontestablement, c'est Saint Louis qui décroche la palme ! Il souhaite que cet

SURPOPULATION HOSPITALIÈRE
Au temps de Saint Louis, l'ancien Hôtel-Dieu recevait 900 malades, 1 300 sous Henri IV, 1 900 sous Louis XIV ; ces effectifs furent souvent dépassés et s'élevèrent, dit-on, jusqu'à 9 000 en 1709, alors qu'on installait plusieurs malades dans un même lit, au risque d'affreuses contagions et d'une effroyable mortalité !

Hôtel-Dieu puisse recevoir tous les malades – en dehors de ceux qui sont trop contagieux, comme les lépreux, qui doivent être soignés ailleurs.

Au fil des années, l'Hôtel-Dieu s'agrandit, à la fois sur l'île de la Cité et sur la rive gauche. Un pont est construit au XVIIe siècle : d'abord destiné aux malades et au corps médical, il sert à relier les bâtiments entre eux. Par la suite, son accès sera autorisé aux riverains, moyennant un droit de passage reversé à l'Hôtel-Dieu. Afin d'accomplir une bonne œuvre, un péage double est même exigé ; il a d'ailleurs laissé son nom au pont, le fameux « Pont-au-Double ». Cet ouvrage existe toujours – précisons cependant qu'il a été reconstruit et qu'il est aujourd'hui gratuit ! Sans doute l'est-il devenu à partir du moment où il n'a plus servi à relier les ailes de l'ancien Hôtel-Dieu...

Au XVIIIe siècle, l'Hôtel-Dieu subit bien des dommages, notamment de terribles incendies qui le détruisent à plusieurs reprises en 1718, en 1737 et en 1772. Cela explique pourquoi des voix se sont élevées pour réclamer sa fermeture et son transfert en d'autres lieux de la capitale – des plans ont même été dessinés pour ce nouvel établissement. Mais l'Hôtel-Dieu, du moins les quelques salles qui en restaient, a toujours continué à accueillir malades et indigents. Même durant la Révolution, salles et infirmerie ont fonctionné. Finalement, en 1877, lors des nombreux chantiers du préfet Haussmann, un nouvel Hôtel-Dieu est rebâti, à l'emplacement qu'on lui connaît aujourd'hui, au nord de l'île.

DES AUGUSTINES AUX GRANDS MÉDECINS

Jusqu'en 1908, année où la séparation de l'Église et de l'État est entrée officiellement en vigueur, les soins à l'Hôtel-Dieu étaient donnés par les sœurs augustines, qui s'y étaient installées depuis le milieu du XVIe siècle. Quant aux médecins qui se sont succédé dans cet établissement médical prestigieux, ils furent nombreux ; citons notamment François-Xavier Bichat, Guillaume Dupuytren, Armand Trousseau ou Claude Bernard, qui, parmi beaucoup d'autres, ont fait tant de bien aux malades... ◆

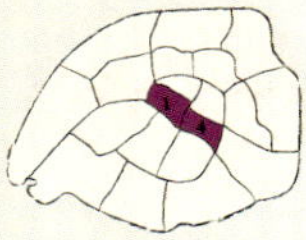

ADRESSE
1er et 4e arrondissements

Cité, Saint-Michel

CRÉATION
Premier campement en 52 av. J.-C.

L'ÎLE DE LA CITÉ

Centre historique de Paris, l'île de la Cité concentra longtemps tous les lieux de pouvoir de la ville. Réaménagée en grande partie sous Haussmann, elle conserve quelques belles traces de son passé.

Moyen Âge

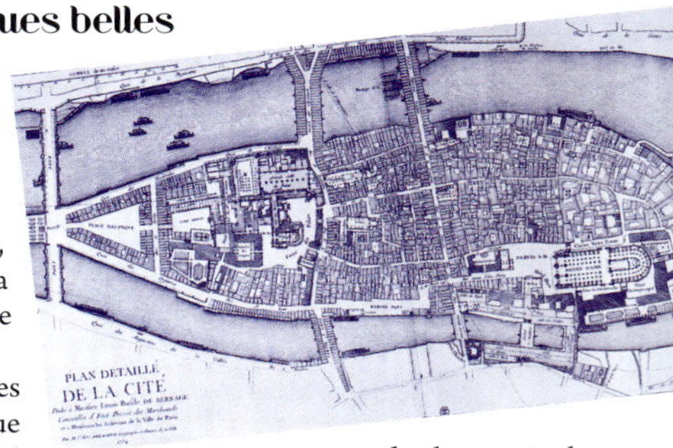

QUAND PARIS ÉTAIT UNE ÎLE...

L'île de la Cité est aujourd'hui la plus grande de la capitale. Avec son nez pointu, elle semble vouloir fendre les eaux de la Seine telle la nef figurant sur les armes de Paris.

Pendant longtemps, les historiens et les amoureux de Paris ont été persuadés que toute l'histoire de la capitale avait débuté sur cette île. Il faut dire que, dans ses *Commentaires* écrits vers les années 52 et 51 avant notre ère, Jules César parle de « Lutetia » comme étant l'*oppidum* (un camp) d'une tribu gauloise du nom de « Parisii » – nom qui signifie « ceux qui font », preuve irréfutable qu'il s'agissait d'un peuple très actif ! Et César précise : « *Parisii, in insula fluminis Sequanae.* » On comprend qu'il est question d'une île et d'un fleuve. Si les dernières recherches permettent effectivement d'affirmer que le peuple celte des Parisii était installé dans une boucle de la Seine, ce n'était pas sur l'île de la Cité mais plutôt dans la région de Nanterre ! En revanche, l'origine de Lutèce, ville gallo-romaine, se situe bien dans le Quartier latin (p. 26) où l'on peut en retrouver quelques traces.

Pour mieux comprendre la situation, il faut rappeler qu'à cette époque lointaine la Seine se divisait en deux bras, l'un situé au nord, longeant les collines de Belleville, de Montmartre et de Chaillot, et l'autre, plus au sud, vers son lit actuel. Ces deux bras enserraient un important marécage d'où émergeaient de nombreuses petites îles – ces marécages expliquant, au passage, l'existence du Marais (p. 64).

Toujours est-il que le peuple des Parisii, constitué de pêcheurs et de bateliers, s'est développé et que la ville gallo-romaine qui naît sur la rive gauche de la Seine va également s'étendre et prendre pied

QUAI DES ORFÈVRES
Le quai des Orfèvres, temple de la police parisienne et notamment de la police judiciaire, est devenu célèbre grâce au héros de Georges Simenon, le commissaire Maigret qui y avait son bureau. Quant aux orfèvres, ils ont quitté les lieux depuis longtemps...

Descendez dans la crypte archéologique du parvis de Notre-Dame pour apercevoir le sous-sol de Paris et les restes de la capitale des origines !

SITE
Moyen Âge

sur l'île de la Cité, qui était alors plus petite que celle que nous connaissons aujourd'hui (une maquette montrant la configuration de l'île des origines est visible au musée Carnavalet p. 38).

LE CŒUR HISTORIQUE DES POUVOIRS

Sur l'île vont être construits à la fois un palais servant de demeure au représentant de Rome et un lieu de culte consacré au dieu Jupiter. C'est dans ce lieu de pouvoir romain que le général Julien a été proclamé empereur par ses légions en l'an 360. C'est également là que, moins de cent cinquante ans après, Clovis s'installera pour régner sur le royaume franc. Bien des années plus tard, à l'emplacement de la première demeure royale sera bâti le Palais de Justice et à l'emplacement du temple s'élèvera la cathédrale Notre-Dame !

Beaucoup d'autres abbayes, prieurés et églises s'installeront sur l'île, accompagnés bientôt par une population croissante. Toutefois, les travaux haussmaniens du XIXe siècle détruiront les quartiers médiévaux denses pour aménager de nouvelles artères et des places comme le square du Vert-Galant, celui de l'Île-de-France ou encore la place Dauphine (p. 76) et le marché aux fleurs.

Mais heureusement l'île de la Cité a tout de même conservé une multitude de trésors architecturaux : la Conciergerie, la Sainte-Chapelle... Sans oublier le tribunal de commerce, la préfecture de police, l'Hôtel-Dieu...

Tout est là : lieux de pouvoir civil, judiciaire et religieux, lieux de soins du corps et de l'âme, aussi et enfin lieu du souvenir avec le mémorial de la Déportation installé au bout de l'île. ◆

1500

PAYER EN MONNAIE DE SINGE

C'est sur le Petit-Pont qui relie la rive gauche à la rue de la Cité que serait née l'expression « payer en monnaie de singe », qui signifie faire des plaisanteries au lieu de payer, voire payer en fausse monnaie. En effet, au Moyen Âge, le Petit-Pont était payant, et seuls étaient exonérés de cette taxe les jongleurs, montreurs d'animaux et autres forains qui devaient cependant s'acquitter d'une clownerie ou d'une pirouette devant le « péagiste ».

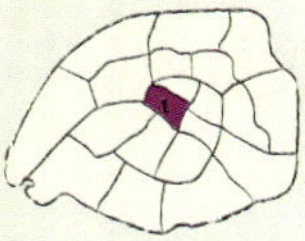

ADRESSE
99, rue de Rivoli, 1er
Tél. : 01 40 20 50 50
Ⓜ Palais-Royal, Musée du Louvre
@ www.louvre.fr

CRÉATION
Forteresse achevée en 1202.

LE LOUVRE

Le Louvre est un palais à l'histoire passionnante dont la construction s'est étalée sur 800 ans ! À l'origine conçu comme un château fort, il constitue aujourd'hui l'un des plus célèbres musées du monde…

Moyen Âge

MAIS POURQUOI LA FORTERESSE S'APPELLE-T-ELLE « LE LOUVRE » ?

Des écrits moyenâgeux confirment que les environs où s'élève aujourd'hui le Louvre étaient encore boisés et peuplés de loups, et on retrouverait la racine du mot latin *lupus* dans « Louvre ». Mais l'origine du nom reste tout de même assez mystérieuse, et pourrait être aussi une déformation d'un mot mérovingien, car les historiens ont trouvé des traces de la présence d'un camp fortifié à l'époque de Clovis. C'est en 1190 que le roi Philippe Auguste, peu avant son départ en croisade, décide de protéger le cœur de Paris d'invasions éventuelles en y construisant une enceinte fortifiée. Il faut dire que le souvenir terrible laissé par les Vikings arrivant par la Seine au IXe siècle occupe encore les esprits ! Pour achever les fortifications entourant Paris, Philippe Auguste fait dresser une tour de plus de 30 m de haut, dont on peut encore voir les fondations dans le sous-sol du musée actuel, sous la Cour Carrée. Cette tour s'élevait au centre du château bâti à cette époque, qui n'avait qu'une fonction défensive.

LE DONJON VACILLE

Après Philippe Auguste, Charles V est le premier à venir habiter la forteresse, qui devient ainsi une résidence royale, au même titre que Vincennes (p. 190) et l'hôtel Saint-Pol. Au Louvre, à peu près où se trouve la Cour Carrée aujourd'hui, il installe une bibliothèque de 973 ouvrages, qui est alors la plus grande de France. François Ier, qui réside de plus en plus fréquemment au Louvre, décide de transformer l'austère forteresse en palais Renaissance, détruisant au passage le donjon de Philippe Auguste. En 1546, il fait appel à Pierre Lescot, qui bénéficiera également de l'entière confiance de son fils, Henri II. Ce dernier continue les travaux commencés par son père et fait notamment construire l'aile occidentale du palais.

LA VÉNUS DE MILO

La *Vénus de Milo* a été découverte en 1820 sur l'archipel des Cyclades, au large de la Grèce. Sur l'île de Milos, un modeste paysan était en train de travailler dans son champ, lorsqu'il aperçut dans la terre un étrange morceau de pierre – une statue ! Elle fut rapportée en France grâce, entre autres, au lieutenant de vaisseau Jules Sébastien César Dumont d'Urville. Alors qu'il participait à une expédition scientifique en mer Égée et en mer Noire, il entendit parler de cette œuvre, en avertit le gouvernement français… et la suite, vous la connaissez, puisque la *Vénus* se trouve au musée du Louvre !

Les travaux n'avanceront pas vite car les derniers rois de la maison de Valois sont empêtrés dans d'épouvantables problèmes de politique intérieure. Il y a d'abord la mort accidentelle d'Henri II, puis les règnes de ses trois fils, François II, Charles IX et Henri III, marqués par les terribles guerres de Religion. Quelques fêtes sont tout de même données au Louvre, notamment à l'occasion de mariages, comme celui de François II avec Marie Stuart.

Les petits-fils de François Ier habitent de plus en plus souvent au Louvre, qui n'est toujours qu'un vaste chantier. C'est pourquoi la reine mère, Catherine de Médicis, décide la construction d'un nouveau château aux Tuileries (p. 44).

La dynastie des Valois disparaît du trône de France à la mort d'Henri III, assassiné par le moine Jacques Clément. C'est son cousin, Henri de Navarre, qui devient le premier des Bourbon. Si Henri IV est un souverain très important pour l'histoire de France, il l'est tout autant pour l'histoire du Louvre, où est d'ailleurs célébré son mariage avec Marguerite de Valois – la « reine Margot ». En moins de vingt ans, une véritable transformation s'opère ! Il imagine un projet pour faire du Louvre une des plus imposantes et majestueuses demeures qui ait jamais existé dans le royaume. Son ambition sera qualifiée de « Grand Dessein », mais, ainsi que nous allons le voir, ce projet sera contrarié par le destin d'Henri IV !

HENRI IV LE MÉCÈNE

Pour se rendre du palais du Louvre au château des Tuileries à l'abri des intempéries, Henri IV fait achever la construction d'une immense galerie longeant la Seine. Cette « galerie du bord de l'eau », très vaste et qui existe toujours en partie, a donné des idées de jeu au fils d'Henri IV, le futur Louis XIII. Il y fit ainsi courir quelques animaux, dont un jeune chameau !

Henri IV se montre aussi très intéressé par l'art et volontiers mécène. Au rez-de-chaussée de cette grande galerie est aménagée une salle des Antiques, dédiée à ses collections d'œuvres d'art. À partir de 1608, il décide d'y installer, comme il l'annonce lui-même : « les meilleurs ouvriers [...] et les maîtres en peinture, sculpture, orfèvrerie, horlogerie [...] ». Alors des artistes s'y établissent avec leur famille et ouvrent leurs boutiques. Il y a même des ateliers de tapisserie – du moins jusqu'en 1671, année de leur transfert aux Gobelins (p. 66).

LES ACADÉMIES AU LOUVRE

Mais le « Grand Dessein » d'Henri IV ne sera pas mené à son terme, le roi étant assassiné par Ravaillac. Le jeune Louis XIII, qui succède à son père, est encore mineur, et le sort du palais du Louvre n'est pas la préoccupation majeure de la régente, sa mère, Marie de Médicis. Il faut donc attendre sa majorité, sa prise de pouvoir et le soutien du cardinal de Richelieu pour que de nouveaux travaux soient entamés, avec l'agrandissement de la cour, mais aussi la construction d'un nouveau pavillon. C'est à cette époque que Nicolas Poussin commence la décoration de la Grande Galerie. Mais une nouvelle fois, la France perd son roi, et son héritier, Louis XIV, accède à son tour précocement au trône. Passé la période dramatique de la Fronde, le nouveau souverain entreprend rénovations et aménagements... De nombreux artistes vivent alors encore au Louvre, comme au temps d'Henri IV, et plusieurs académies y sont installées : l'Académie de peinture, l'Académie d'architecture et l'Académie des Sciences.

Après la mort de sa mère, Anne d'Autriche, en 1666, Louis XIV délaisse progressivement le Louvre et les Tuileries ; il préfère quitter ce Paris où il ne se sent pas à l'aise pour aller s'installer dans son vaste château de Versailles entouré de magnifiques jardins, où il peut mieux surveiller sa cour.

Abandonné, le palais ne cesse pas pour autant d'accueillir les institutions, comme l'Académie française, l'Académie des inscriptions et belles lettres, l'Académie des sciences, l'Académie de peinture et de sculpture (p. 56). Toutes prennent possession des lieux, s'installant notamment dans les anciens appartements du roi, de la reine ou de la reine mère. En outre, l'Académie de peinture organise des expositions des œuvres de ses membres, notamment dans le salon Carré. Voilà pourquoi de telles expositions sont devenues... des salons !

LA RÉVOLUTION S'EMPARE DU LOUVRE

Sous la Révolution, les biens des émigrés et du clergé affluent, et on ne sait qu'en faire. Des esprits éclairés s'unissent alors pour réclamer la protection de ce patrimoine, dans un muséum rassemblant la salle des Antiques du Louvre et des Tuileries et le cabinet des tableaux du roi. Le 26 mai 1791, l'Assemblée prend la décision suivante : « Les Tuileries et le Louvre deviennent le palais national destiné à l'habitation du roi (Louis XVI), à la réunion de tous les monuments des sciences et des arts et

aux principaux établissements de l'instruction publique. » Puis, suite à la chute de la monarchie, une commission est chargée de travailler sur l'ancien projet de muséum. En août 1793, il est officiellement établi dans le salon Carré et la Grande Galerie.

Sous l'Empire, ce nouveau musée prend le nom de « musée Napoléon ». Le graveur Dominique-Vivant Denon (1747-1825) en devient le directeur ; en 1814, Louis XVIII le maintiendra à son poste. Les Académies quittent alors le Louvre pour rejoindre le Collège des Quatre-Nations, devenu l'Institut de France (p. 56).

L'ACHÈVEMENT DU GRAND DESSEIN

Le Louvre a toujours passionné les hommes au pouvoir : rois ou présidents, ils sont nombreux à s'être intéressés à ce chef-d'œuvre du centre de Paris ! Parmi les présidents de la Vᵉ République, François Mitterrand a définitivement marqué les lieux de son empreinte en offrant à un architecte du XXᵉ siècle la possibilité d'un projet ultramoderne au cœur de cet ensemble de pierre, pour en quelque sorte achever le Grand Dessein d'Henri IV. Ainsi, la Pyramide du Louvre, œuvre de Ieoh Ming Pei, est inaugurée en 1989. Parallèlement, tout le musée du Louvre est alors repensé, provoquant le déménagement du ministère de l'Économie et des Finances, situé dans le pavillon Richelieu, à Bercy.

Désormais, le Louvre est considéré comme le plus grand musée du monde. Il conserve des chefs-d'œuvre remontant au VIIᵉ millénaire avant notre ère et renferme environ 400 000 objets d'art, dont à peine 35 000 sont exposés. ◆

LA JOCONDE

Ce chef-d'œuvre de Léonard de Vinci a été acheté 4 000 florins d'or par François Iᵉʳ. Il orna d'abord l'appartement des Bains dans son château de Fontainebleau, puis, vers 1650, il fut transféré au Louvre redevenu résidence royale. Mais ses pérégrinations ne prirent pas fin pour autant... En 1911, le peintre Louis Béroud, venu au Louvre en réaliser une copie, constata sa disparition ! Le plus célèbre tableau du monde avait été volé... Deux ans plus tard, en 1913, un antiquaire florentin, Alfredo Geri, se vit proposer *La Joconde* ; le vendeur en demandait 500 000 francs. Les experts mandatés furent formels : ce tableau était bien celui peint par Vinci ! Aussitôt, le voleur, Vincenzo Peruggia, fut arrêté. Il voulait, déclara-t-il, restituer à l'Italie cette œuvre possédée injustement par les Français. Après l'avoir exposé à la Galerie des Offices, à Florence, le gouvernement italien remit finalement à l'ambassadeur de France, M. Barrère, le prestigieux portrait de Mona Lisa qui regagna sa place au Louvre.

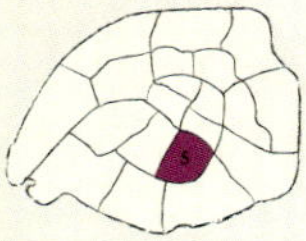

ADRESSE

6, place Paul-Painlevé, 5e
Tél. : 01 53 73 78 00
Cluny-La Sorbonne
www.musee-moyenage.fr

CRÉATION

Hôtel de Cluny construit au XIVe siècle
Musée fondé en 1843.

LE MUSÉE DE CLUNY

Le musée de Cluny, rebaptisé musée national du Moyen Âge, est un vaste ensemble architectural renfermant des richesses gallo-romaines et des trésors remontant au XVe siècle.

LES THERMES ROMAINS

Les thermes de Cluny ont été construits sur la rive gauche de la Seine entre le Ier et le IIIe siècle de notre ère. C'est sur cette même rive que les Romains ont commencé à tracer les premières artères de ce qui deviendra Paris, notamment la future rue Saint-Jacques, au pied de la colline que nous connaissons sous le nom de « montagne Sainte-Geneviève ». Une fois installés, les Romains ont logiquement créé des habitations, des commerces et… des thermes ! Trois thermes publics sont ainsi identifiés à Lutèce : les premiers à l'emplacement du Collège de France, d'autres plus au sud vers la rue Gay-Lussac et enfin, au nord, les thermes que l'on appelle de nos jours « de Cluny ». Ces derniers, qui mesurent 100 m de long, sont alors les plus vastes. Situé aujourd'hui à l'angle des boulevards Saint-Michel et Saint-Germain, le bâtiment qui les abritait comportait différentes pièces (ainsi que des souterrains desservant un système de chauffe très performant et l'évacuation des eaux). La salle chaude, appelée *caldarium*, était réservée aux bains de vapeur et aux massages ; la salle tiède (*tepidarium*) était une salle intermédiaire ; quant à la salle froide (*frigidarium*), c'était une large pièce dont la partie centrale était couverte d'une

VUE INTÉRIEURE de L'HÔTEL de CLUNI.

voûte de 14,50 m de hauteur – un record dans le monde romain qui nous donne une idée de l'ampleur de ces thermes ! Les murs de plus de 2 m d'épaisseur prouvent, eux, la volonté d'isolation thermique.

Quant à l'eau nécessaire à cet établissement de bains, elle était transportée par un aqueduc spécialement construit par les Romains, l'« aqueduc d'Arcueil », qui acheminait des sources de Wissous (aujourd'hui dans le département de l'Essonne).

LE PIED-À-TERRE PARISIEN DES ABBÉS DE CLUNY

Au fil des siècles, les thermes sont progressivement tombés en désuétude, ne laissant derrière eux que des ruines magnifiques et des jardins. Au XIVe siècle, ce vaste espace est acheté par Pierre de Chalus,

abbé de Cluny – la célèbre abbaye bénédictine située près de Mâcon, en Bourgogne. Il est chargé de faire construire une demeure somptueuse destinée aux membres de cet ordre bénédictin quand ils sont de passage à Paris – soit pour régler les affaires de la communauté, soit pour se rendre au collège de Cluny (fondé au XIIIe siècle, il accueillait une quarantaine de novices appartenant à l'ordre clunisien venus y étudier les lettres et la théologie).

Le premier hôtel de Pierre de Chalus sera agrandi par Jacques d'Amboise – qui était non seulement un abbé de Cluny, mais aussi le frère du cardinal d'Amboise, puissant ministre de Louis XII. Il s'agit du bâtiment que l'on voit encore aujourd'hui. Les travaux commencent en 1485, et treize années seulement sont nécessaires pour édifier ce « joyau de l'art flamboyant » (symbolisé par ses ornements en forme de flammes).

Jusqu'à la Révolution, l'hôtel restera la propriété des puissants abbés qui, de temps en temps, le mettent à la disposition du pouvoir laïc et politique. Ainsi, après la mort de Louis XII, sa jeune veuve, Marie d'Angleterre, sœur du sanguinaire Henri VIII, y demeure avant que François Ier, cousin et successeur de Louis XII, ne la renvoie vers sa terre natale…

LE MUSÉE NATIONAL DU MOYEN ÂGE

Devenu « bien national » à la Révolution, l'hôtel passe entre les mains d'un dénommé Alexandre Du Sommerard en 1821. Conseiller à la Cour des comptes et grand amateur d'objets d'art divers, il le transforme en musée, immédiatement très apprécié des Parisiens. Vingt ans plus tard, l'hôtel et ses précieuses collections sont rachetés par l'État.

Aujourd'hui, l'ensemble architectural formé par ce bâtiment et par les vestiges des thermes accueille le musée national du Moyen Âge. Parmi ses richesses figure la légendaire *Dame à la licorne*, une suite de tentures découvertes en 1844 par George Sand dans le château de Boussac, dans la Creuse, et qui fut achetée par le musée 39 ans plus tard. Cette tenture est composée de six pièces : cinq grandes tapisseries représentent les cinq sens ; quant à la sixième, elle est propice au rêve avec son nom évocateur : *À mon seul désir !*

Enfin, n'oublions pas de mentionner le magnifique jardin médiéval, avec ses reconstitutions du jardin des simples ou de l'amour courtois. Depuis les restaurations du début du XXIe siècle, il est merveilleusement éclairé ! ◆

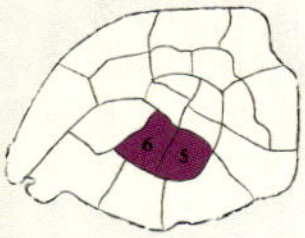

ADRESSE

5e et 6e arrondissements

LE QUARTIER LATIN

L'histoire de ce quartier remonte aux Romains, qui y ont laissé des traces encore visibles aujourd'hui. Leur influence fut durable puisque, jusqu'au XVIIIe siècle, on parlait latin dans les rues !

LE QUARTIER « ROMAIN »

Dès l'an 53 avant notre ère, Jules César mentionne dans *La Guerre des Gaules* la cité de Lutèce, chef-lieu du peuple des « Parisii », qui sont alors installés sur une île de la Seine. Puis, au cours de la seconde moitié du Ier siècle avant J.-C., se développe, sur la rive gauche, une ville romaine. Le plan quadrillé des origines laisse imaginer que la rue Saint-Jacques en était la colonne vertébrale.

En arrivant en Gaule, les Romains ont apporté avec eux leurs techniques. Ils ne construisent pas, comme les Gaulois, leurs maisons en torchis à toits de chaume ; ils ont su développer l'art de la maçonnerie, qu'ils pratiquent en Italie depuis le IIIe siècle avant J.-C. Parmi les ouvrages réalisés, on note les toits en tuiles, les arches, les voûtes, les canalisations et les bassins. De nouvelles machines – des grues et des engins de chantier –, ainsi que des outils comme la truelle, l'équerre ou le fil à plomb, sont nécessaires pour utiliser la pierre provenant des carrières des alentours. Les thermes de Cluny (p. 24), édifiés sur les vestiges de thermes gallo-romains, ou bien les arènes de Lutèce datant du Ier ou du IIe siècle de notre ère, témoignent de l'empreinte romaine à Paris. Cet amphithéâtre gigantesque découvert lors du percement de la rue Monge pouvait accueillir jusqu'à 17 000 personnes qui venaient assister à des spectacles ou des combats mettant en scène des gladiateurs ou des animaux. Ces arènes furent l'objet de nombreuses polémiques au XIXe siècle – Victor Hugo, grand amoureux de l'histoire de la capitale, dut même s'investir pour sauver ces vestiges !

EN LATIN S'IL VOUS PLAÎT !

Outre l'influence romaine qui l'a façonné, le Quartier latin a été marqué par les traditions universitaires – comme en témoigne la Sorbonne (p. 32) – et religieuses. L'Église s'est en effet chargée de transmettre les savoirs pendant des siècles, il n'est donc pas étonnant que le latin ait été la langue « officielle » dans ce quartier, ainsi que dans les grandes institutions françaises. Il faut attendre le règne de François Ier et la fameuse ordonnance de Villers-Cotterêts, prise le 10 août 1539, pour que les textes judiciaires et notariés soient rédigés en français.

Au début du XVIe siècle, il existe des « petites écoles », où les enfants apprennent les rudiments, et des « universités » et leurs « facultés de droit, de médecine ou de théologie », qui offrent de véritables formations techniques. Or, parallèlement, dans de nombreuses villes du royaume, des notables créent des « collèges » pour donner à leurs

enfants une éducation générale et de qualité, qui puisse les préparer à la vie active. À ce réseau de collèges, il manque un enseignement supérieur des Lettres. C'est pourquoi, sous l'impulsion de Guillaume Budé (1467-1540), François Ier accepte de créer « le Collège des lecteurs royaux », qui deviendra « le Collège Royal », puis enfin « le Collège de France ». Cédant aux requêtes de l'humaniste, le souverain institue d'abord des chaires de grec, d'hébreu et de mathématiques, auxquelles s'ajouteront d'autres enseignements comme le latin ou la médecine. Dès 1530, les conférences et les cours sont ouverts à tous et gratuits. Les professeurs, pensionnés par le Trésor, donnent des conférences publiques. Mais aucun lieu ne leur est offert… François Ier a bien imaginé faire construire un « Collège des Trois-Langues » (pour le grec, l'hébreu et le latin), en face du Louvre, mais les guerres et les difficultés financières en décident autrement. C'est donc son fils, Henri II, qui réquisitionnera les locaux de deux collèges existants pour créer le Collège de France qui est aujourd'hui dans le Quartier latin, place Marcellin-Berthelot.

LE QUARTIER DES ÉTUDIANTS

Du Moyen Âge à nos jours, le Quartier latin a conservé ses étudiants, même s'ils ne parlent plus latin dans la rue. Ceux-ci n'ont cessé de peupler les bancs des universités, ainsi que les rues et les cafés, sans oublier les clubs et autres boîtes de nuit. Ces étudiants furent les premiers à venir applaudir les orchestres de jazz au lendemain de la Seconde Guerre mondiale ; ce furent eux également qui s'enflammèrent en mai 1968, lors des fameux « événements ». Ils forment l'âme du Quartier Latin, vivier bouillonnant d'idées en perpétuelle ébullition ! ◆

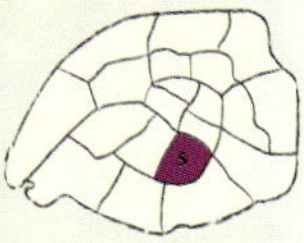

ADRESSE
Rue Mouffetard, 5ᵉ

Ⓜ Place-Monge, Censier-Daubenton

CRÉATION
Rue ainsi nommée au XIIIᵉ siècle.

LA RUE MOUFFETARD

La rue Mouffetard est l'une des plus anciennes rues de Paris. Une promenade entre ses vieilles enseignes et ses façades vous révélera quelques-uns des secrets de la capitale…

Moyen Âge

UNE VOIE ROMAINE

La rue Mouffetard occupe une partie du tracé très ancien d'une voie romaine reliant Paris à la ville de Lyon, vers l'Italie… Son histoire est étroitement liée à celle de la rivière de la Bièvre (le seul grand affluent de la Seine traversant Paris), qui, au Moyen Âge, coupait la rue avant de se jeter dans le fleuve – pour mémoire, la Bièvre n'est souterraine que depuis 1912. Au XIIᵉ siècle, les eaux de la Bièvre sont détournées de leur cours par les chanoines de Saint-Victor pour arroser leurs jardins. Le nom étrange de rue « Mouffetard », qui lui a été donné au XIIIᵉ siècle, vient sans doute des odeurs épouvantables (appelées « mofettes » en français médiéval) répandues par certains corps de métier, comme les écorcheurs, les tripiers, les papetiers, les teinturiers ou les tanneurs, qui utilisent alors les eaux courantes de la Bièvre. Toutes ces corporations jouissent de la rivière sans se soucier de leurs voisins. Chacun y déverse ses déchets et ses colorants… et pourtant les porteurs d'eau viennent s'y ravitailler ! La rue Mouffetard ne porte donc pas un nom très glorieux !

CASQUE D'OR
De nombreux scénarios de films se déroulent dans ce quartier réputé pour son animation… Il est notamment le cadre d'une rencontre étonnante qui fut racontée en 1952 dans le film *Casque d'Or* de Jacques Becker, avec une distribution exceptionnelle : Simone Signoret dans le rôle-titre et Serge Reggiani en chef de bande… La véritable Casque d'Or ayant inspiré Jacques Becker se nommait en réalité Amélie Hélie. Après un début de vie sulfureux, la jolie blonde rencontra en 1898, place de la Contrescarpe, un certain Joseph Pleigneur, surnommé « Manda », qui allait bouleverser son existence. Cela s'acheva en guerre des gangs dans Paris…

LES TRÉSORS DE LA RUE MOUFFETARD

Aux deux extrémités de la rue, on trouve la place de la Contrescarpe, en haut, et l'église Saint-Médard, en bas. Ce saint homme, qui vécut au VIᵉ siècle, fut à la fois l'évêque de différentes villes et un précieux conseiller des Mérovingiens. Mais il est surtout connu pour ses vertus météorologiques – ce qu'un dicton populaire vient nous rappeler : « S'il pleut à la Saint-Médard, il pleuvra quarante jours plus tard. » Il semble qu'une première église dédiée à ce saint ait été bâtie avant le Xᵉ siècle, mais le lieu de culte actuel est plus récent et a été construit entre le XVᵉ et le XVIIIᵉ siècle.

La rue Mouffetard est une rue pentue, parée de façades anciennes et de petites statues blotties dans des niches qui côtoient des boutiques de souvenirs plus récentes. Mais

ce ne sont pas là ses seuls trésors ! En mai 1938, lorsque des maçons détruisirent un immeuble situé autour du numéro 51 de la rue, l'un des ouvriers vit tomber sur le sol des petits rouleaux de toile : il s'agissait de pièces de monnaie ! En tout, plus de 3 300 pièces d'or datant du règne de Louis XV furent retrouvées ! Cette petite fortune avait sans doute été cachée là par Louis Nivelle, un écuyer, conseiller et secrétaire du roi qui voulait assurer l'avenir de sa fille. Ce n'est qu'après la Seconde Guerre mondiale que ce trésor a été partagé en trois entre la Ville de Paris, propriétaire des lieux, les descendants légitimes de Louis Nivelle et les ouvriers qui avaient découvert cette « mine d'or ». Vendues aux enchères, ces centaines de pièces représentaient une trentaine de kilos d'or, et les ventes rapportèrent une belle somme…

UN LIEU DE RENCONTRES

Tout en haut de la rue Mouffetard, la place de la Contrescarpe, qui doit son nom à un terme de fortification, conserve le souvenir de la présence des poètes de la Pléiade. Ce groupe né sous l'impulsion de Ronsard avait l'habitude de se rassembler dans l'un de ses cabarets. Il faut dire qu'en cet endroit, à la limite du faubourg Saint-Médard, aux portes de Paris, les lieux ont toujours été très animés. C'est là que se retrouvaient à la fois les cochers, les porteurs de chaises et les domestiques venus boire un verre ou s'encanailler.

Aujourd'hui, la rue Mouffetard est toujours un quartier très vivant, où l'on vient profiter entre amis des nombreux bistrots, cafés et restaurants et admirer tous les petits passages, les entrées voûtées et les vieux murs qui ont tant de choses à raconter. ◆

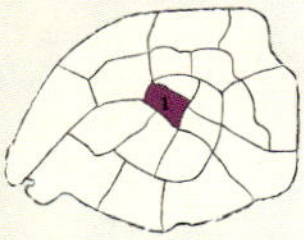

ADRESSE
8, boulevard du Palais, 1er
Tél. : 01 53 40 60 80.
Cité, Saint-Michel
www.sainte-chapelle.monuments-nationaux.fr

CRÉATION
Consacrée en 1248.
Monument **H**istorique
Classée au patrimoine mondial de l'Unesco

LA SAINTE-CHAPELLE

Sur l'île de la Cité, au cœur de Paris, s'élève la flèche d'une église gothique éblouissante, conçue pour recevoir un incroyable trésor !

Moyen Âge

LA RELIQUE DES RELIQUES

Au début du XIIIe siècle, Louis IX hérite prématurément du trône et se retrouve à la tête d'un royaume certes pacifié, mais sur lequel il doit encore asseoir son pouvoir. En 1237, il reçoit l'empereur d'Orient Baudouin II, qui lui relate les derniers soubresauts qui secouent les rives du Bosphore. Les dangers qui planent sur Constantinople émeuvent le roi de France, mais, en tant que fervent catholique, il est davantage bouleversé d'apprendre que les barons latins songent à se séparer d'un bien inestimable, la relique des reliques : la couronne d'épines du Christ ! Touché au plus profond de sa foi, Louis IX prend la décision de se procurer la divine couronne, quel qu'en soit le prix ! Un tel achat ferait incontestablement de Paris l'une des grandes capitales de la chrétienté… Deux ans de tractations et une véritable fortune (135 000 livres) seront nécessaires pour acquérir ce trésor. Ce sont les frères prêcheurs Jacques et André de Longjumeau qui, en 1239, rapporteront la précieuse relique en France, à Villeneuve-l'Archevêque, où elle sera attendue par un cortège royal imposant. Puis, c'est le roi en personne, accompagné par la reine et par son frère Robert d'Artois, qui l'escortera jusqu'à Paris.

LES RELIQUES
La chapelle abrita les reliques sacrées rapportées de Constantinople pendant un peu plus de cinq siècles. Lors de la Révolution, les précieux reliquaires et la grande châsse ont été fondus. La couronne d'épines a, quant à elle, été remise à l'archevêque de Paris en 1804 et est encore précieusement conservée au trésor de Notre-Dame de Paris. Elle est exposée à la vénération des croyants plusieurs jours par an, notamment le Vendredi saint.

UN RELIQUAIRE EXTRAORDINAIRE

Dans un premier temps, la couronne d'épines est déposée dans la chapelle royale Saint-Nicolas, dans le palais de la Cité. Mais ce lieu est-il suffisamment digne d'abriter cette mythique couronne tressée voilà douze siècles par des soldats romains ? D'autant que, quelques mois plus tard, en septembre 1241, le roi acquiert d'autres objets saints : un morceau de la Vraie Croix, l'éponge gorgée de vinaigre qui avait été fixée au bout d'une branche d'hysope pour « apaiser » la soif du Christ et la lance qui piqua son flanc après sa mort terrestre. C'est dire si tant de trésors méritent un toit sacré !

Louis IX décide donc de faire édifier une éblouissante chapelle à deux étages.

En 1244, il confie ces travaux à Pierre de Montreuil, talentueux maître maçon à l'abbaye de Saint-Denis, qui fut également maître d'œuvre pour la construction du transept de la cathédrale Notre-Dame (p. 8), tout à côté. C'est en un temps record – en moins de cinq ans – que les bâtisseurs vont réaliser un véritable chef-d'œuvre de l'art gothique, et, en 1248, la Sainte-Chapelle est consacrée, juste avant le départ du roi pour la 7e croisade.

Dans la chapelle basse, qui culmine à 6,60 m, se trouve une paroisse destinée aux laïcs qui habitent les lieux. Au-dessus se trouve la chapelle haute, dont la voûte, sans aucun arc-boutant, atteint la hauteur remarquable de 20,50 m, ce qui constitue une véritable prouesse technique pour l'époque. Réservée au roi et à la famille royale, elle communique avec les appartements royaux et est destinée à devenir un reliquaire géant dont la beauté se doit d'être à la hauteur de ses trésors.

UN CATÉCHISME EN IMAGES

Les décors sculptés et peints sont les vrais chefs-d'œuvre de la chapelle. Les quinze verrières, contenant chacune plusieurs vitraux, sont de véritables merveilles, qui diffusent une lumière extraordinaire tout en racontant plus de 1 100 épisodes de la Bible (près des deux tiers sont encore d'origine). La lecture se fait de bas en haut et de gauche à droite. Sur la façade ouest, du côté du porche d'entrée, se trouve une large rose de 9 m de diamètre qui raconte aux pèlerins, aux croyants et aux visiteurs des scènes de l'Apocalypse de saint Jean.

Louis IX pouvait être fier de « sa » chapelle, considérée par beaucoup comme l'apogée du style gothique rayonnant. Sa foi en sortit encore renforcée ; et, plus tard, l'Église fera d'ailleurs de lui un saint, saint Louis. Mais cela, c'est une autre histoire…

UNE FLÈCHE EMBLÉMATIQUE

La Sainte-Chapelle n'a pas traversé les siècles sans dommages, et, depuis sa construction, elle a été l'objet de nombreuses restaurations.

Ainsi, la flèche originelle, symbole de pureté et véritable trait d'union entre le ciel et la terre, qui culmine à 33 m, a disparu depuis longtemps, et celle que l'on voit de nos jours est la cinquième depuis l'édification du bâtiment. La deuxième avait été construite en 1383 ; la suivante, érigée vers 1460, a malheureusement brûlé en 1630, la quatrième a été détruite en 1793. La flèche actuelle et sa charpente, en bois de cèdre, ont commencé à être bâties en 1853. ◆

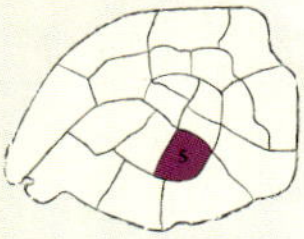

ADRESSE

17, rue de la Sorbonne, 5e
Cluny-La Sorbonne
RER Luxembourg
www.sorbonne.fr

CRÉATION

Fondée en 1253.

LA SORBONNE

Depuis plus de sept siècles et demi, la Sorbonne est un haut lieu de savoir et d'études. Et pourtant, le projet de Robert de Sorbon était, à l'origine, bien plus modeste…

ROBERT DE SORBON, PÈRE DE LA SORBONNE

Le père fondateur de la Sorbonne voit le jour le 9 octobre 1201 à Sorbon, petit village situé entre Reims et Charleville-Mézières. Son parcours est étonnant. On ne sait précisément s'il est fils de paysan ou d'artisan, car les sources sont imprécises. Il est cependant certain qu'il est issu d'une famille humble. Très jeune, il est orienté vers le clergé, seule façon pour lui d'accéder à une condition plus enviable. L'enseignement dispensé à Reims ne lui suffisant pas, il s'installe à Paris pour y suivre les cours de l'université. Cette dernière, créée au milieu du XIIe siècle, délivre principalement des cours de théologie et de droit canon. Devenu maître en théologie, Robert de Sorbon est envoyé comme chanoine à Cambrai. Sa réputation d'orateur et de prédicateur dépassant les limites de son diocèse, il est remarqué par l'entourage de Louis IX, futur Saint Louis, qui en fait son chapelain – le religieux le plus proche du souverain, homme de confiance et conseiller.

Robert de Sorbon porte très vite un vif intérêt à l'instruction des jeunes, conscient de leurs difficultés et de l'incidence des inégalités sociales sur leur formation. Avec quelques amis et de puissantes relations, il souhaite créer une institution dirigée par des ecclésiastiques séculiers qui proposerait un enseignement gratuit. Le projet peut surprendre à l'époque ! En effet, au XIIIe siècle, l'université est encadrée par des religieux réguliers, des moines qui conservent jalousement leurs privilèges. En 1257, le chapelain parvient cependant à fonder un collège accueillant une quinzaine d'étudiants rattachés à la faculté de théologie. La « maison des pauvres écoliers de Robert de Sorbon » prend vite le nom de Sorbona (future Sorbonne). D'abord destinée à l'hébergement, elle devient ensuite un lieu d'enseignement à part entière. Ses statuts, rédigés par Robert de Sorbon, resteront en vigueur jusqu'en 1790.

En passant près de la Sorbonne, songez à la citation de son fondateur Robert de Sorbon : « Vivez avec les loups, soit, mais pour les convertir en agneaux ; sinon, tenez pour certain qu'ils vous mangeront. »

DE PUISSANTS PROTECTEURS

L'entreprise de Robert de Sorbon, jugée noble et juste, est approuvée par le pape Alexandre IV en 1259. L'idée est également soutenue par Blanche de Castille, alors chargée de la régence du royaume, son fils étant parti en croisade. Avant de disparaître en 1252, elle offre à Robert de Sorbon une demeure, située à l'époque rue du Palais-des-Thermes, pour accueillir les « pauvres maîtres et écoliers ». À son retour, Louis IX fait don d'autres maisons, non loin de la première, autour d'une ruelle tristement baptisée « Coupe-Gueule ». Désormais, les étudiants les plus méritants, sans distinction de naissance, ont accès à la science et au savoir !

LE RÔLE DÉTERMINANT DE RICHELIEU

Parmi les innombrables élèves qui se sont succédé sur les bancs de l'université parisienne, beaucoup ont joué un rôle important dans l'histoire de France, à l'image de Richelieu, reçu « docteur de Sorbonne » en octobre 1607. En 1622, alors qu'il occupe la fonction de proviseur de la Sorbonne, le cardinal décide de faire rebâtir le collège à ses frais. Les travaux, de grande ampleur, concernent les bâtiments réservés aux élèves et aux maîtres ainsi que la construction de la chapelle Sainte-Ursule, dont les plans ont été dessinés par Jacques Lemercier – cet architecte avait déjà été chargé par Richelieu d'achever le Louvre, et on lui doit également la direction d'une partie des travaux du Val-de-Grâce (p. 90), à la suite de Mansart… Mais des problèmes de financement ralentissent le chantier. Quand le cardinal meurt en 1642, la reconstruction n'est pas encore achevée. Richelieu est pourtant inhumé dans la crypte déjà creusée au-dessous du chœur de la chapelle Sainte-Ursule. Et ce ne sera que 33 ans après la mort du cardinal que sa nièce et héritière, la duchesse d'Aiguillon, commandera un magnifique mausolée au sculpteur François Girardon. À la Révolution, ce mausolée est profané, et les ossements de Richelieu disparaissent. Lors de cette période mouvementée, la mission de l'institution est maintenue, mais les locaux, peu entretenus, sont dans un triste état…

LA SORBONNE MODERNE

Il faudra attendre le XIXe siècle pour que la Sorbonne redevienne un lieu digne de recevoir et professeurs et étudiants, célèbre bien au-delà de nos frontières. En 1821, on y installe le siège du rectorat, le secrétariat de l'académie et de l'université de Paris. L'inauguration solennelle a lieu au mois d'août 1889 en présence du président de la République Sadi Carnot.

Au XXe siècle, la Sorbonne a été un endroit emblématique des revendications de la jeunesse. Le 3 mai 1968, l'université a été évacuée manu militari par les forces de l'ordre tout comme lors des manifestations contre le contrat première embauche (CPE) en 2006. Mais, conformément au souhait de son fondateur, Robert de Sorbon, les étudiants n'ont pas tardé à réinvestir ces lieux qui leur ont toujours été dévolus… ◆

SOMMAIRE

XVIe siècle

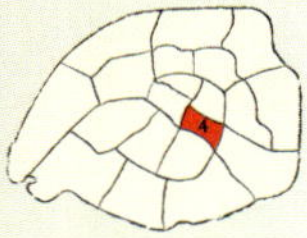

ADRESSE
1, rue de Sully, 4e
Tél. : 01 53 79 39 39
Sully-Morland
www.bnf.fr

CRÉATION
Construction achevée en 1594.
M*onument* **H***istorique*

L'ARSENAL

L'Arsenal de Paris est aujourd'hui occupé par une prestigieuse bibliothèque. Cet ancien entrepôt de munitions fut le témoin d'événements dramatiques de l'histoire de France.

1500

QUAND LE DANGER VIENT DE L'INTÉRIEUR...

Aujourd'hui, un arsenal désigne un dépôt ou une fabrique d'armes. Mais cette définition est une déformation du sens initial : à l'origine, un arsenal était intimement lié à la marine, puisqu'il renfermait tout ce qui était nécessaire à l'armement et à la construction des navires.

Créé en 1380, le premier arsenal de Paris est installé dans les éléments fortifiés de l'enceinte de Charles V entourant la capitale. Mais l'accumulation de telles réserves de poudre entraîne des risques : ainsi, en 1538, un incendie provoque l'explosion de l'édifice ! La déflagration fait des dégâts considérables sur un vaste périmètre, rendant nécessaire la réorganisation de l'arsenal. François Ier décide alors de créer le Petit Arsenal, aujourd'hui disparu. Il faut attendre Henri IV pour que soit reconstruit, en 1594, le Grand Arsenal, que dirige Sully, nommé grand maître de l'Artillerie dès 1599 et qui, à ce titre, réside sur place, dans un magnifique logement de fonction.

UNE VISITE DRAMATIQUE

Le duc de Sully et Henri IV, amis d'enfance, ont toujours été très liés. Le 14 mai 1610, sachant son ami souffrant et alité dans le Grand Arsenal, Henri IV décide de se rendre à son chevet. À 16 heures, il monte dans son carrosse, accompagné d'une maigre escorte, et, à cause de la chaleur, demande que l'on relève les mantelets de cuir. En raison d'un embouteillage, l'équipage est arrêté rue de la Ferronnerie, à proximité du Louvre. Tout à coup, un homme muni d'un couteau grimpe sur l'une des roues et frappe par deux fois le roi à la poitrine. Henri IV vient d'être assassiné par François Ravaillac...

UNE SINISTRE CHAMBRE DE JUSTICE

Sous le règne de Louis XIV, l'Arsenal change de vocation, le roi ayant estimé qu'un tel établissement est trop dangereux dans un Paris qui ne cesse de s'agrandir. La fabrication de la poudre est alors transférée à la Salpêtrière – nom tiré du salpêtre, qui entre dans la confection de la poudre à canon. Dès lors, l'Arsenal devient tout à la fois un magasin d'armes, un lieu où sont entreposées les statues des jardins royaux, et un tribunal !

Le premier accusé à être jugé entre ces murs n'est autre que le surintendant des Finances du roi, Nicolas Fouquet. En août 1661, ce dernier invite le Roi-Soleil et sa cour à inaugurer son château de Vaux-le-Vicomte. La vue de tant de richesses

attise l'envie mêlée de rage de Louis XIV. Trois semaines après la fête, le 4 septembre 1661, le roi ordonne à d'Artagnan, lieutenant de la première compagnie de mousquetaires, d'arrêter Fouquet pour détournements de fonds et malversations. Jugé à l'Arsenal, le surintendant est condamné et envoyé dans l'une des plus sombres prisons du royaume située dans les Alpes, où il mourra en 1680.

En 1679, l'Arsenal est également le théâtre de la ténébreuse « affaire des poisons », une série d'empoisonnements impliquant des nobles. Constatant son retentissement, le ministre d'État Louvois a en effet suggéré à Louis XIV de créer un tribunal d'exception composé de huit conseillers d'État et de six maîtres des Requêtes, dont Gabriel Nicolas de La Reynie, lieutenant général de police chargé de l'enquête. Au cours du procès, qui dure quatre ans, plus de 300 empoisonnements sont avoués, 147 personnes emprisonnées et 34 condamnations à mort proclamées.

UNE RECONVERSION CULTURELLE

Depuis le milieu du XVIIIe siècle, l'Arsenal abrite une importante bibliothèque, dans laquelle sont conservés des manuscrits précieux.

L'histoire a commencé avec un passionné des livres, Marc-Antoine René de Voyer de Paulmy d'Argenson, bailli de l'Artillerie – ce qui explique son passage par l'Arsenal. C'est en 1757 qu'il crée dans ces murs une importante bibliothèque qui comptera jusqu'à 100 000 volumes et des milliers de manuscrits au moment de la Révolution. Devenue bibliothèque de l'État, elle est l'une des plus grandes de France et abrite notamment des documents sauvés de la Bastille. Elle eut d'éminents conservateurs, tels Charles Nodier ou José Maria de Heredia, sans oublier de prestigieux visiteurs qui ont pour noms Victor Hugo, Alexandre Dumas, Alphonse de Lamartine ou Alfred de Vigny… Bref, elle n'attend plus que vous ! ◆

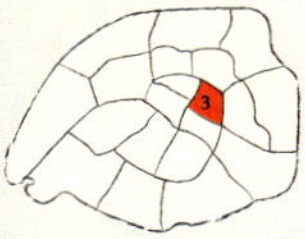

ADRESSE
23, rue de Sévigné, 3e
Tél. : 01 44 59 58 58
Saint-Paul
www.carnavalet.paris.fr

CRÉATION
Construction achevée en 1560.

L'HÔTEL CARNAVALET

L'hôtel Carnavalet est connu pour abriter un très riche musée consacré à l'histoire de Paris. Mais c'est aussi une illustre demeure hantée par le souvenir de la marquise de Sévigné…

1500

UN HÔTEL AU NOM SINGULIER…

Bien avant d'abriter le passionnant musée que nous connaissons aujourd'hui, le terrain sur lequel s'élève l'hôtel Carnavalet appartenait aux religieux du prieuré de Sainte-Catherine-du-Val-des-Écoliers. Au XVIe siècle, le domaine idéalement placé au cœur du Marais attise la convoitise de Jacques de Ligneris, président au Parlement de Paris. Cet homme bénéficie alors de l'amitié et de l'estime du roi François Ier, et ses bonnes relations avec le souverain ont peut-être favorisé la transaction financière… Toujours est-il que Jacques de Ligneris réussit à acheter le terrain en 1545 et s'y fait construire un hôtel particulier. Les principaux maîtres d'œuvre sont Nicolas Dupuis pour l'architecture et Jean Goujon pour la décoration.

Quand Ligneris disparaît onze ans plus tard, sa demeure passe un temps à ses fils, qui la cèdent ensuite à Mme de Kernevenoy en 1578. Cette dame va marquer les lieux d'une empreinte indélébile ! Veuve d'un seigneur breton qui fut un proche du roi Henri II, elle offre son nom à cet hôtel. C'est en effet en raison d'une déformation linguistique que le bâtiment, au lieu de s'appeler hôtel Kernevenoy, a pris le nom d'hôtel « Carnavalet » – il faut avouer que c'est plus facile à prononcer !

LA « CARNAVALETTE »
C'est dans l'hôtel Carnavalet que la marquise de Sévigné recevait ses amis, qui avaient pour noms La Fontaine, Bossuet ou Mme de La Fayette. Elle s'y sentait si bien qu'elle surnommait avec tendresse ce lieu sa « Carnavalette » !

AU GRÉ DES ALLÉGEANCES

Au cours des décennies suivantes, l'hôtel connaît plusieurs campagnes de travaux, tandis que les propriétaires se succèdent. Parmi eux se trouve l'intendant des finances Claude de Boislève qui le fait modifier par l'architecte François Mansart. Ce dernier n'hésite pas à surélever les ailes latérales (très fortement remaniées) et à enchâsser le porche Renaissance dans une nouvelle architecture.

Mais M. de Boislève est dépouillé de son hôtel en 1662. Cette confiscation est la conséquence de ses trop bonnes relations

Parmi les passionnantes collections de ce musée, allez jeter un œil aux maquettes de la Bastille. C'est l'occasion de découvrir l'imposante architecture de cette sinistre forteresse disparue.

avec Nicolas Fouquet, le flamboyant surintendant des finances de Louis XIV. Fouquet a osé faire ombrage au Roi-Soleil en se faisant bâtir le somptueux château de Vaux-le-Vicomte ; le roi en est si irrité et si jaloux qu'il le fait arrêter par d'Artagnan (p. 37); puis son courroux se déverse sur l'entourage de Fouquet… C'est ainsi que l'hôtel Carnavalet tombe entre les mains du conseiller Gaspard de Gillier. Ne voulant pas habiter cette propriété lui-même, il trouve, en 1677, une locataire en la personne de la marquise de Sévigné.

UN ILLUSTRE TÉMOIN DE SON TEMPS

La marquise, de son vrai nom Marie de Rabutin-Chantal, a obtenu son titre de noblesse en épousant le marquis de Sévigné en 1644. En 1669, sa fille Françoise Marguerite se marie avec François Adhémar de Monteil, comte de Grignan. Tout le monde se réjouit de cette union. Tout le monde… sauf la marquise de Sévigné, qui voit ainsi s'éloigner sa plus proche confidente. Alors qu'elle-même demeure à Paris, ou quelques mois par an, en Bretagne au château des Rochers-Sévigné, la jeune comtesse de Grignan part habiter en Provence, si loin… Pour maintenir le lien, la mère va écrire le plus souvent possible à sa fille chérie. Plus de 1 100 lettres vont arriver à Grignan ! Dans un style magnifique, elle raconte les grandes histoires de la cour et ses petites misères, et devient l'une des plus grandes épistolières de son temps !

LE SOUVENIR PERSISTANT DE LA MARQUISE

Aussi, lorsque, à l'automne 1677, la marquise emménage dans l'hôtel Carnavalet, la première chose qu'elle fait est d'écrire à sa fille : « Enfin nous l'avons ! » Elle s'installe à l'étage noble, c'est-à-dire au premier, et entreprend de décrire son intérieur : « Il y a une grande salle commune que je meublerai, puis un passage, puis une grande chambre… c'est la vôtre… » Après quoi la marquise explique comment elle envisage d'aménager l'ensemble…

Depuis l'époque de Mme de Sévigné, toutes ces pièces ont été largement bouleversées et font désormais partie des « salons Sévigné » situés à droite de l'escalier du musée. On peut toujours y voir le secrétaire de la marquise ainsi qu'un bureau de Chine datant du XVIIe siècle, qui témoignent de sa passion pour l'écriture. ◆

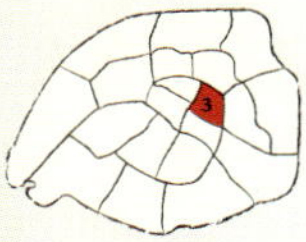

ADRESSE
60, rue des Francs-Bourgeois, 3e
Tél. : 01 40 27 60 00
Rambuteau, Saint-Paul
www.archivesnationales.culture.gouv.fr

CRÉATION
1553.

L'HÔTEL DE SOUBISE

Après avoir accueilli nombre de propriétaires illustres qui l'ont peu à peu transformé, cet hôtel particulier abrite aujourd'hui les Archives de France qui recèlent des actes fondateurs de la nation française.

1500

LA RÉSIDENCE D'OLIVIER DE CLISSON

Tandis que la guerre de Cent Ans fait rage, en plein cœur du XIVe siècle, Olivier de Clisson oscille longtemps entre le parti anglais et celui du roi de France Charles VI. Il décide finalement de rallier la bannière tricolore et devient l'un des plus fidèles compagnons d'armes de Du Guesclin ; il lui succède d'ailleurs en tant que connétable en l'an 1380. Cette fonction fait de lui un proche de la couronne. Il décide donc de se faire bâtir une demeure non loin de l'hôtel Saint-Pol (p. 14), qui est alors la résidence royale. De ce vaste hôtel de Clisson qui possédait deux corps de logis il ne nous reste aujourd'hui qu'une pièce maîtresse, la porte fortifiée, vestige de l'architecture du XIVe siècle.

C'est dans ce quartier qu'en 1392 Olivier de Clisson, quittant l'hôtel Saint-Pol, tombe dans un piège et manque de se faire assassiner par Pierre de Craon. Cet événement, qui peut sembler anecdotique au cœur de ce Moyen Âge si violent, va pourtant bouleverser l'histoire de France. Car, voulant venger ce geste criminel, le roi Charles VI décide de poursuivre Pierre de Craon jusqu'en Bretagne, où il a trouvé refuge. Et c'est durant ce déplacement qu'il commence à perdre la raison, ce qui explique en partie son surnom de « Charles VI le Fol ».

L'ILLUSTRE FAMILLE DE GUISE

De multiples propriétaires se succèdent ensuite dans l'hôtel de Clisson avant qu'il ne passe entre les mains de la famille de Guise – dont le nom est à jamais associé aux guerres de Religion qui ont ensanglanté la France sous le règne des derniers Valois et du premier Bourbon, Henri IV. François de Lorraine, duc de Guise, s'est en fait installé dans l'hôtel parisien, en 1553, grâce à son épouse Anne d'Este, fille du duc de Ferrare Hercule II, qui l'a reçu en héritage. À l'époque, alors que le trône est occupé par le jeune et faible François II, le duc de Guise, puissant chef militaire, est à la tête du parti catholique. Il est présent dans les allées du pouvoir depuis que sa nièce, Marie Stuart (fille de Marie de Guise et du roi Jacques V d'Écosse), a accédé au titre de reine en épousant François II. Jusqu'à la fin de sa vie, il ne cessera de se battre avec acharnement contre la Réforme. Surnommé « le balafré » à la suite d'une grave blessure reçue lors du siège de Boulogne en 1549, il mourra tragiquement en 1563, assassiné près d'Orléans.

Après sa disparition, l'hôtel particulier demeure longtemps la propriété de la famille de Guise : d'autres ducs et archevêques, tous des Guise, vont y habiter et bien des histoires vont s'y dérouler… Ne dit-on pas que la terrible nuit de la Saint-Barthelémy a été en partie préparée et organisée entre ces murs au cours du mois d'août 1572 ? Ne raconte-t-on pas qu'Henri II de Guise, devenu archevêque de Reims, offrit une partie de cet hôtel pour accueillir le grand Corneille ?

Ce lieu restera ainsi attaché à la famille des Guise durant plus de 140 ans. Puis, faute de descendants, il est acheté par la princesse Anne de Rohan, l'épouse de François de Rohan, prince de Soubise…

LA DEMEURE DU PRINCE DE SOUBISE

C'est donc François de Rohan, prince de Soubise, qui a donné son nom actuel à l'hôtel – non seulement son nom, mais aussi son art de vivre, sa fortune et ses idées ! Suivant les suggestions de l'un de ses fils, archevêque de Strasbourg, François de Rohan choisit comme architecte Pierre Alexis Delamair pour rénover l'ancien hôtel de Clisson, devenu l'hôtel de Guise : il crée une vaste cour d'honneur et en transfère l'accès de la rue des Archives à la rue des Francs-Bourgeois. D'importants travaux sont entrepris, poursuivis par le fils aîné de François de Rohan, Hercule Mériadec de Rohan-Soubise. Ce dernier choisit un nouvel architecte en la personne de Germain Boffrand, chargé de transformer la décoration intérieure avec le concours de plusieurs peintres et sculpteurs.

Puis, dans la tourmente révolutionnaire, l'hôtel est vendu par des créanciers. Il sera finalement racheté par l'État en 1808, à la demande de l'empereur Napoléon Ier, afin d'y installer les Archives… Rappelons-nous que, dès le lendemain de la prise de la Bastille, l'Assemblée avait commencé à s'intéresser de près aux archives contenant les actes fondateurs de la nation. Ce sont ces précieux documents que Napoléon Ier désire entreposer dans l'hôtel de Soubise. Par la suite, près de soixante ans plus tard, en 1867, son neveu, l'empereur Napoléon III, fondera à son tour dans ces murs le « musée de l'Histoire de France » – suite logique pour ce lieu qui a abrité tant de personnages historiques et qui a été le témoin de tant de larmes et de sang versés, de tant d'amour et de haine. ◆

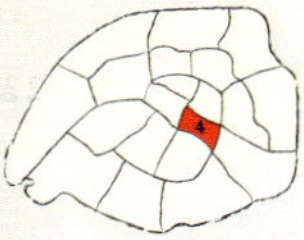

ADRESSE
Square de la tour Saint-Jacques, 4e

Ⓜ Hôtel-de-Ville, Châtelet

CRÉATION
Construction achevée en 1523.

LA TOUR SAINT-JACQUES

Rénovée, la tour Saint-Jacques a retrouvé toute sa superbe. Si elle fait le bonheur des amateurs du XVIe siècle, elle est surtout un précieux témoignage du pèlerinage vers Saint-Jacques-de-Compostelle…

1500

SAINT JACQUES DANS LA TRADITION CHRÉTIENNE

Pour comprendre l'histoire de la tour Saint-Jacques, il faut avoir en tête la légende du saint qui porte ce nom, surnommé « Jacques le Majeur » par la tradition chrétienne et frère aîné de l'apôtre Jean. Ces deux frères – à l'origine des pêcheurs sur le lac de Tibériade – entendent un jour l'appel du Christ qui les invite à devenir « pêcheurs d'hommes ». Saint Jacques se voit confier l'évangélisation de l'Occident, et notamment de l'Espagne. Après un séjour en Europe, il rentre à Jérusalem où il est arrêté, puis condamné à mort en l'an 44 sur ordre du roi Hérode Agrippa Ier. Selon la légende, ses amis auraient alors placé son corps dans un bateau sans voile ni gouvernail. Guidé par un ange, le frêle esquif aurait franchi le détroit de Gibraltar et serait arrivé dans la région espagnole de la Galice, où la dépouille du saint aurait été déposée sur une pierre qui se serait transformée en sarcophage.

UNE HAUTEUR UTILE
Au début du XIXe siècle, il ne reste plus de l'ancienne église Saint-Jacques-la-Boucherie que la tour qui est achetée en 1824 par un fabricant de plombs de chasse. La hauteur du bâtiment – plus de 50 m – lui permet en effet de laisser tomber du plomb en fusion depuis le sommet ; les fines gouttes s'arrondissent au cours de leur vertigineuse descente avant d'achever leur chute dans une cuve remplie d'eau froide !

UNE ÉTAPE VERS L'ESPAGNE

Vers 810-813, intrigués par une étoile extrêmement brillante, des bergers espagnols découvrent dans un champ le sarcophage contenant la dépouille de l'apôtre saint Jacques. Une église est alors bâtie sur ce « champ de l'étoile », *Campus Stellae* en latin : Compostelle vient de naître ! Très vite, de nombreux pèlerins se rendent sur la tombe de saint Jacques. Ce pèlerinage va devenir l'un des plus importants de la chrétienté, au même rang que ceux conduisant vers Jérusalem ou Rome ! Et c'est d'ailleurs à partir du moment où les routes menant vers la Terre sainte deviennent trop dangereuses que Saint-Jacques-de-Compostelle se transforme en une destination très populaire. On y converge de toute l'Europe, après avoir traversé la France par quatre itinéraires précis. Les pèlerins venant du Nord et des îles britanniques empruntent un chemin appelé « *Via Turonensis* » qui passe par Paris. Au XIe siècle, il est donc décidé de construire un nouveau sanctuaire dans la capitale pour

servir de point de rassemblement : l'église Saint-Jacques-la-Boucherie. Elle doit ce nom étrange au fait qu'elle se trouve tout près de la « Grande Boucherie », célèbre quartier de la capitale qui regroupe les bouchers installés sur les bords du fleuve. Ce surnom permet également d'éviter toute confusion avec d'autres églises consacrées à l'apôtre Jacques.

Entre 1509 et 1523, le clocher du sanctuaire d'origine est reconstruit suivant les plans dessinés par Jehan de Felin. Sur cette tour sont installées d'imposantes statues : certaines représentent saint Jacques et les quatre évangélistes, et d'autres, de grands saints. Mais toute cette statuaire sera détruite durant la Révolution, ainsi que l'église elle-même. Seul le clocher, baptisé « tour Saint-Jacques », sera épargné !

UN VESTIGE PRÉCIEUSEMENT RESTAURÉ

La tour Saint-Jacques devient propriété de la Ville de Paris en 1836, et les nombreuses statues représentant des saints, ainsi que la statue de saint Jacques le Majeur qui la surplombe, sont alors refaites. En 1852, les travaux engagés à l'occasion du percement de la rue de Rivoli font décider de la restauration du clocher. L'opération est colossale, supervisée par l'architecte Baltard et dirigée par Théodore Vacquier et l'ingénieur Roussel. La tour est reprise depuis les fondations, les parties basses sont presque entièrement rebâties, ainsi que plus de 20 statues. De 1854 à 1858, la restauration est confiée à l'architecte Théodore Ballu.

Depuis 1891, cette tour sert également de station météorologique (qui dépend de l'observatoire de Montsouris), dans la droite ligne des expériences que le grand scientifique Pascal y aurait effectuées au XVIIe siècle – comme le rappelle sa statue installée au rez-de-chaussée. Le grand homme aurait choisi ce site pour réitérer les expérimentations sur l'apesanteur qu'il avait menées auparavant au puy de Dôme.

De mars 2006 à mars 2009, une nouvelle vaste campagne de travaux a eu pour objectif de remplacer les pierres posées au XIXe siècle, de nettoyer les sculptures existantes encore en bon état et de restituer les sculptures endommagées ou disparues. Depuis, la tour Saint-Jacques est éblouissante de blancheur… ◆

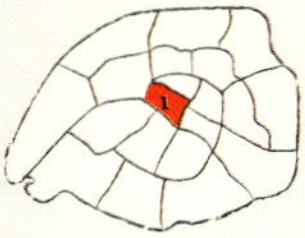

ADRESSE
Place de la Concorde, 1er

Ⓜ Concorde, Tuileries

CRÉATION
Construction commencée en 1564.

LES TUILERIES

Si le château des Tuileries a brûlé à la fin du XIXe siècle, il nous reste les magnifiques jardins conçus par Le Nôtre pour imaginer l'ancienne demeure royale.

1500...

LE CHÂTEAU DE CATHERINE DE MÉDICIS

Depuis la mort de son mari Henri II en 1559, Catherine de Médicis cherche à fuir la cour oppressante du palais du Louvre où elle réside. En 1564, elle décide de se faire construire un château sur le terrain d'une proche propriété de la couronne qui sert à la fois de parc à moutons, de lieu d'enfouissement de déchets et de fabriques de tuiles – d'où ce nom des Tuileries. Quelques années plus tôt, en 1518, le roi François Ier y avait fait bâtir une petite maison pour sa mère Louise de Savoie, qui supportait mal la vie à l'hôtel des Tournelles.

Cette fois, Catherine de Médicis voit beaucoup plus grand. Les travaux sont confiés à l'architecte Philibert Delorme, qui a déjà fait montre de son savoir-faire au château de Chenonceau, puis à Jean Bullant. Tous deux supervisent l'édification de somptueux bâtiments utilisant des pierres provenant des carrières de Vaugirard. Transportées jusqu'à la Seine, celles-ci empruntent un bac pour traverser le fleuve – aucun pont ne permettant l'arrivée directe sur le chantier –, d'où l'origine du nom donné à une célèbre rue du 7e arrondissement, la rue du Bac !

Mais, alors que Catherine de Médicis a tout fait pour s'éloigner du Louvre, elle exprime le souhait de relier ce château des Tuileries à son précédent palais grâce à une grande galerie. Sans doute est-ce une façon pour elle de se rapprocher de ses trois fils, François II, Charles IX et Henri III, qu'elle a toujours influencés. Au final, elle n'emménagera jamais dans le château des Tuileries, peut-être en raison de sombres prédictions astrologiques… Et ce sera Henri IV, le successeur d'Henri III, qui fera achever la Grande Galerie.

En fait, il faut attendre le règne de Louis XV pour que les premiers souverains habitent dans ces murs. Et ce seront surtout Napoléon Ier (qui installa dans le pavillon de Flore le pape Pie VII venu spécialement à Paris

« CÔTÉ COUR ET CÔTÉ JARDIN »
Cette célèbre expression théâtrale est née aux Tuileries ! En effet, la troupe de la Comédie-Française était installée en 1770 dans la « salle des Machines » du château. Pour les comédiens, le « côté de la cour... du château des Tuileries » signifiait comme aujourd'hui la gauche de la scène, et le « côté du jardin... des Tuileries » était la droite.

pour son sacre), Louis XVIII et son frère Charles X, puis Louis-Philippe Ier et Napoléon III qui en feront une demeure royale et impériale.

L'INCENDIE SOUS LA COMMUNE

Le 26 mars 1871, le château des Tuileries disparaît dans les flammes à la suite de la proclamation de la Commune de Paris après que cinq chariots chargés de poudre, de pétrole et autres matières inflammables ont été déversés dans la cour, provoquant un terrible incendie.

La question se pose alors du devenir des Tuileries… Après plusieurs tergiversations, les députés votent finalement, en 1879, la destruction de l'ancien palais.

LES JARDINS DE LE NÔTRE

Aujourd'hui, il nous reste des Tuileries de vastes jardins dont l'histoire est liée à la famille du plus célèbre de nos jardiniers. Né en 1613, André Le Nôtre fait en effet partie d'une lignée de talentueux arboristes. Pierre Le Nôtre, son grand-père, fut chargé par Catherine de Médicis des parterres de broderies – techniques de plantation permettant de réaliser de somptueux motifs décoratifs. Il associa son fils Jean à ses travaux, qui obtint par la suite le poste de « premier jardinier du roi au grand jardin des Tuileries ». André, le petit-fils, apprit quant à lui l'art du jardinage auprès de son père et compléta sa formation avec le peintre Simon Vouet, lui-même « premier peintre du roi », et l'architecte François Mansart – à qui l'on doit notamment l'hôtel Carnavalet (p. 38) et le Val-de-Grâce (p. 90). Il ne tarda pas à succéder à son père en devenant premier jardinier du roi Louis XIII.

Pour ses réalisations, André Le Nôtre a utilisé les lois de la perspective et des principes d'optique, jouant sur les axes, les alignements ou la déclivité du terrain. Ses massifs et ses larges pelouses offrent un magnifique cadre aux sculptures de Maillol, installées à la demande du ministre de la Culture André Malraux dans les années 1960. Lors de la rénovation de ces jardins qui a eu lieu au cours des années 1990, l'art et l'âme de Le Nôtre ont été précieusement respectés. ◆

ASCENSION EN BALLON

Le 1er décembre 1783 s'est déroulée dans les jardins des Tuileries l'une des premières ascensions en ballon avec des hommes à bord. Quelques mois auparavant, en septembre 1783, avait eu lieu la présentation du ballon à air chaud des frères Montgolfier à Versailles, devant le roi Louis XVI, à l'occasion d'un vol « habité » transportant des animaux. Aux Tuileries, le vol eut lieu dans un ballon à hydrogène mis au point par le physicien Jacques Charles et les frères Robert.

SOMMAIRE
XVIIe siècle

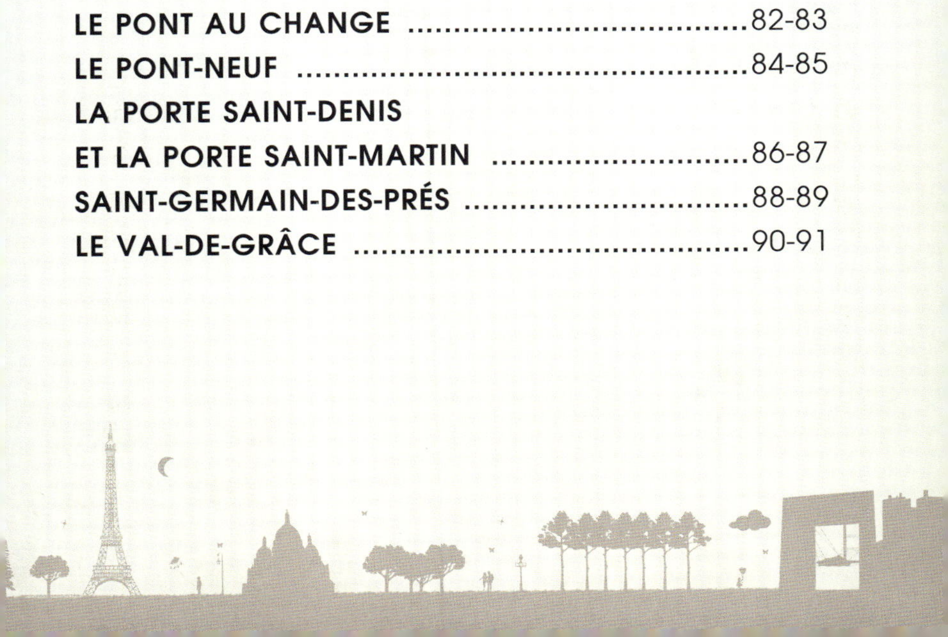

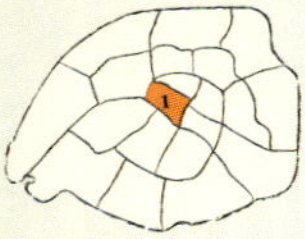

ADRESSE
2, rue du Jour, 1er
Tél. : 01 42 36 31 05
Ⓜ Les Halles
@ www.saint-eustache.org

CRÉATION
Construction de 1532 à 1640.

L'ÉGLISE SAINT-EUSTACHE

L'église Saint-Eustache est indissociable des Halles d'hier et d'aujourd'hui. Tout un passé lié au « ventre de Paris » flotte autour de cet immense vaisseau en pierre et en verre.

1600...

LA CHAPELLE SAINTE-AGNÈS

Au XIIIe siècle, le quartier des Halles (nom donné par les Parisiens aux deux grandes bâtisses construites en 1183 à l'initiative de Philippe Auguste) attire une population commerçante de plus en plus importante. Mais la plus proche église étant celle de Saint-Germain-l'Auxerrois, il devient vite nécessaire de bâtir un nouveau lieu de culte ! C'est pourquoi, en 1213, est érigée une modeste chapelle dédiée à sainte Agnès, une jeune martyre romaine. Cette chapelle bénéficie d'une situation idéale, non seulement pour les habitants du quartier, mais aussi pour ceux qui viennent de l'île de la Cité (p. 18) ou de la colline de Montmartre (p. 152). Quelques années plus tard, en guise de remerciement aux fidèles paroissiens, l'abbaye de Saint-Denis leur offre les reliques de saint Eustache afin qu'elles soient pieusement conservées dans la chapelle, qui prend dès lors le nom de « Saint-Eustache ».

LES GRANDES PAGES DE L'HISTOIRE DE L'ÉGLISE
Citons, pêle-mêle, la première communion de Louis XIV, le baptême de Molière, de Richelieu ou encore de la future Mme de Pompadour ainsi que les funérailles de La Fontaine ou encore de la mère de Mozart.

L'HISTOIRE DE SAINT EUSTACHE

La « légende » de ce saint ressemble à un roman d'aventures sous la Rome impériale. Le nom du héros est Placidas. Officier de l'armée romaine, il participe un jour à une chasse. Alors qu'il poursuit un cerf puissant, ce dernier se retourne soudain et lui fait face. À cet instant, Placidas voit apparaître entre les bois du cerf une croix lumineuse, et il entend une voix lui dire : « Je suis Jésus que tu honores sans le savoir. » (Sur le pignon du portail sud de l'église, une tête de cerf portant une croix entre ses bois rappelle cette légende.) Placidas décide alors de se faire baptiser, ainsi que son épouse et ses deux fils, et prend le nom d'Eustache. Cependant, une série de malheurs s'abat sur la famille. Ruiné, Eustache est obligé de quitter son pays ; son épouse est retenue prisonnière et ses deux fils sont enlevés. Heureusement, lorsque l'empereur sollicite ses talents d'officier pour diriger une nouvelle bataille, il y retrouve miraculeusement femme et enfants. Mais, à son retour à Rome, on lui demande d'abjurer la religion du Christ et d'adorer les idoles. Il s'y refuse, est jugé et condamné à mort ainsi que sa famille. Tous les quatre sont enfermés dans un taureau d'airain chauffé à blanc. La légende de saint Eustache est née !

ÉGLISE XVIIe siècle

UNE CONSÉCRATION TARDIVE

Au XVIe siècle, du fait de l'accroissement constant de la population, on décide d'agrandir le lieu de culte du quartier des Halles. Cette fois, fini les rajouts et autres surélévations, l'église primitive est remplacée par un bâtiment plus vaste – même si quelques éléments sont conservés, notamment dans la crypte. Les travaux sont lancés sous le règne de François Ier en 1532 – mais le nom de l'architecte a été perdu. L'église est de style Renaissance et dotée d'une nef exceptionnelle d'une hauteur prodigieuse, conférant une certaine légèreté à l'édifice. Il faudra attendre avril 1637 pour que l'archevêque de Paris Jean-François de Gondi consacre l'église, qui recevra ensuite le titre de « paroisse royale ».

Par la suite, bien des aménagements vont venir s'ajouter… C'est tout d'abord Jean-Baptiste Colbert, le grand ministre de Louis XIV, qui, en tant que fidèle paroissien de l'église, commande deux chapelles supplémentaires en 1665. Quatre-vingt-dix ans plus tard, le duc de Chartres vient en personne poser la première pierre d'un portail dessiné par Jean-Hardouin Mansart de Jouy – portail que l'on peut encore voir de nos jours inachevé. Au moment de la Révolution, l'église est fermée avant d'être transformée en « temple de l'Agriculture ». Puis un incendie la ravage. Heureusement, au XIXe siècle sont engagés des travaux de restauration d'envergure sous la houlette de Victor Baltard. Ce dernier est notamment à l'origine de la chaire et du maître-autel. Entre autres trésors, l'église recèle également le magnifique mausolée de Colbert, œuvre du sculpteur Coysevox. À l'intérieur de la chapelle Saint-André, on découvre une autre chapelle, celle des Charcutiers, souvenir de la fréquentation de l'église par les différentes corporations des Halles. Le vitrail de la chapelle est une œuvre contemporaine signée John Armleder. Dans l'une des nombreuses chapelles de cette église se trouve un escalier qui permet d'atteindre la chapelle Sainte-Agnès, ultime hommage au lieu de culte primitif qui lui était dédié.

Les orgues datant du XIXe siècle et formidablement restaurées à la fin du XXe siècle sont parmi les plus importantes de France. De nombreux concerts permettent d'apprécier l'acoustique extraordinaire des lieux. ◆

1700

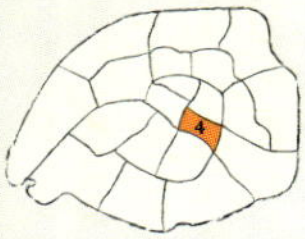

ADRESSE

62, rue Saint-Antoine, 4^{e}
Tél. : 01 44 61 21 50
Ⓜ Bastille, Saint-Paul
@ www.sully.monuments-nationaux.fr

CRÉATION

Construction achevée en 1630.

L'HÔTEL DE SULLY

Sully était un grand ministre d'Henri IV. Il a laissé son nom au magnifique hôtel particulier bâti en plein cœur du Marais, à deux pas de la place des Vosges.

1600

UNE SUCCESSION DE PROPRIÉTAIRES

Depuis le XIVe siècle, plusieurs constructions se sont succédé sur le terrain où s'élève aujourd'hui l'hôtel de Sully. Nous avons connaissance de l'existence de l'hôtel de la Mouffle (du nom d'un bourgeois de la capitale) ; puis, en 1624, un certain Mesme Gallet, seigneur du Petit-Thouars et contrôleur des Finances, achète cette propriété à Mme de Montmagny et décide d'y faire construire un vaste hôtel en pierre par l'architecte Jean Androuet du Cerceau.

Le début du XVIIe siècle est alors une période faste pour ce quartier du Marais (p. 64), où sont bâties des demeures élégantes en nombre. Or, quelques années plus tard, dévoré par la passion du jeu, Mesme Gallet perd non seulement le terrain, mais aussi l'hôtel dont la construction n'est pas achevée. Finalement, le duc de Sully, alors âgé de 75 ans, en fait l'acquisition en 1634. Vous l'avez compris, c'est lui qui offrira son nom à cette somptueuse bâtisse…

LE « PETIT SULLY »

Au bout du jardin de son hôtel, le duc de Sully s'était fait construire une orangerie, surnommée le « petit hôtel Sully », qui communiquait alors directement avec la place Royale, devenue la place des Vosges (p. 78).

UN MINISTRE DÉVOUÉ

Le duc de Sully ne s'est pas toujours appelé ainsi… À l'origine, il s'appelait Maximilien de Béthune, baron de Rosny. C'est lorsqu'il acquiert le château de Sully-sur-Loire, en 1602, qu'il prend le nom de son nouveau fief. Puis, Henri IV ayant créé en 1606 le duché-pairie de Sully, son ami de toujours devient duc de Sully et pair de France. C'est la récompense de bons et loyaux services rendus depuis de nombreuses années – il a été présenté au futur Henri IV alors qu'il n'était âgé que de 12 ans et ne cessa par la suite de le servir fidèlement !

Successivement nommé conseiller d'État, gouverneur de Mantes, surintendant des Finances, grand voyer de France (officier chargé des voies publiques), surintendant des Fortifications, capitaine du château de la Bastille, conseiller d'honneur au parlement de Paris et surintendant des Bâtiments royaux, le duc de Sully est un homme puissant. Il participe au développement du pays en libéralisant les exportations et en encourageant l'activité agricole, et c'est à lui que l'on doit la fameuse phrase : « Labourage et pâturage sont les deux mamelles de la France. » Lorsque Henri IV est assassiné en 1610, le ministre se retire et en profite pour écrire ses *Mémoires*.

LES HÔTES CÉLÈBRES

Le splendide hôtel de Sully restera la propriété de la famille de Sully pendant près de cent vingt ans, jusqu'en 1752. En effet, à la mort du duc, en 1641, c'est son gendre qui devient propriétaire, puis plusieurs membres de la famille s'y sont succédé. Durant cette longue période, parmi les hôtes célèbres ayant séjourné entre ces murs figure Mme de Sévigné. Elle relate dans ses Lettres qu'elle se trouve à l'hôtel de Sully, au mois de février 1680, lorsqu'elle voit passer la Voisin sur le chemin de son exécution, place de Grève. Celle-ci vient d'être jugée coupable dans « l'affaire des Poisons », une sombre histoire de commerce de drogues, de messes noires et de sorcières qui a eu un fort retentissement à la cour. Ses répercussions sont même remontées jusqu'au roi Louis XIV qui a dû intervenir personnellement pour suspendre la procédure publique tout en laissant l'enquête aller à son terme !

Mais revenons à l'hôtel de Sully... Sa structure va changer surtout à partir du XIXe siècle, quand son propriétaire décide de le morceler en le découpant en appartements, en commerces et en ateliers, et d'installer de nombreux corps de métiers dans ses différentes parties. La « rentabilité » économique et financière est alors la seule idée directrice ; peu importent les lieux et leur valeur, peu importe la conservation du patrimoine !

Ce ne sera qu'en 1944 que l'État deviendra acquéreur de l'hôtel de Sully, qui va accueillir la Caisse nationale des monuments historiques et des sites, rebaptisée, depuis 2001, « Centre des monuments nationaux ». ◆

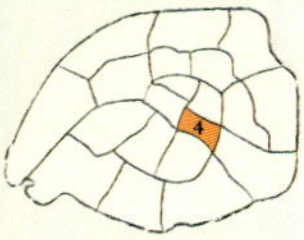

ADRESSE
29, rue de Rivoli, 4e
Tél. : 01 42 76 43 43
Ⓜ Hôtel de Ville
@ www.paris.fr

CRÉATION
Construction achevée en 1628.

L'HÔTEL DE VILLE

L'Hôtel de Ville de Paris d'aujourd'hui est une reconstruction à l'identique de la fin du XIXe siècle, le précédent édifice a tragiquement disparu dans les flammes…

1600

LES MARCHANDS DIRIGENT PARIS

Depuis que Paris existe, la Seine a incontestablement marqué son histoire. De tout temps, les bateaux sont venus déposer leur chargement le long de ses rives. Au fil des siècles, des quais ont ainsi été construits pour accueillir denrées et matériaux, et plusieurs « ports » y ont été aménagés. En 1141, Louis VII vend aux bourgeois, moyennant 70 livres, une large place sur la rive droite de la Seine. Destinée à rester vide de toute construction, cette plage de sable et de graviers est alors la seule véritable place d'un Paris très dense. L'endroit est facile d'accès pour les bateliers, et un port commercial s'y développe ; le port de Grève voit transiter toutes sortes de marchandises (du vin, du bois, du charbon, du grain ou encore du foin). En 1170, Louis VII accorde à ces puissants « marchands de l'eau » le monopole du commerce fluvial entre Paris et Mantes. Peu à peu, ils s'organisent en une corporation qui deviendra la plus importante de la ville au XIIIe siècle, et dont le chef, le prévôt des marchands, présidera aux destinées municipales.

ÉTIENNE MARCEL, LE PRÉVÔT QUI VEUT ÊTRE ROI

Sur le côté droit de l'Hôtel de Ville, regardant vers les eaux de la Seine, se trouve la statue équestre du prévôt des marchands Étienne Marcel. Ce personnage important de l'histoire municipale a également joué un rôle au niveau national. Après la défaite du roi de France Jean II, fait prisonnier par les Anglais, Étienne Marcel, appuyé par les puissants membres de la corporation des marchands d'eau et par une partie de la population parisienne, a tenté en vain de renverser la dynastie. Ce fut finalement le dauphin, futur Charles V, qui remporta ce bras de fer. Et Étienne Marcel finit assassiné en 1358 par une foule en colère contre celui qu'elle considérait comme un traître pour avoir sacrifié le peuple à ses intérêts personnels !

LA « MAISON AUX PILIERS », SYMBOLE DES AUTORITÉS

En 1357, le prévôt des marchands Étienne Marcel achète pour le compte de la municipalité une maison donnant sur la place de Grève, appelée « maison aux piliers » à cause des grosses piles qui soutiennent sa façade ; elle a appartenu entre autres à Philippe Auguste, puis à Philippe le Bel. Plus d'un siècle et demi plus tard, en 1529, la demeure tombe en ruine, et on décide la construction d'une nouvelle maison commune. François Ier propose alors l'un de ses architectes, Le Boccador. La première pierre du nouvel édifice est posée en 1533, mais il faudra attendre le règne de Louis XIII, en

1628, pour voir l'Hôtel de Ville achevé. Le bâtiment ne sera que peu modifié au cours des siècles jusqu'aux événements de 1871.

LES RAVAGES DE LA COMMUNE

Cette année-là, la Commune met Paris à feu et à sang. Le 24 mai, l'Hôtel de Ville disparaît dans les flammes, ainsi que les archives et les œuvres d'art. Trois mois plus tard, le Conseil municipal, provisoirement installé au palais du Luxembourg (p. 72), envisage sa reconstruction au même endroit, et organise un concours d'architectes. Le jury retient le projet de Théodore Ballu et d'Édouard Deperthes qui conservent volontairement le dessin de la façade conçue par Le Boccador. L'intérieur est toutefois complètement repensé afin de l'adapter aux fonctions administratives. Le nouveau bâtiment est inauguré en 1882. Le plus étonnant ce sont peut-être les dizaines de sculptures qui ornent la façade ; pour la totalité de ce travail artistique, ce sont plus de 230 sculpteurs qui ont œuvré entre 1879 et 1889 en représentant en pied 108 personnalités du monde des arts, des sciences et de la politique (la seule obligation pour pouvoir entrer dans la liste de ces « immortels » était d'être natif de Paris).

Aujourd'hui encore, ces statues semblent veiller sur cette grande place, observant Parisiens et visiteurs et assistant aux divers rassemblements qui l'animent au fil des ans. Du haut de leur promontoire, on dirait qu'elles écoutent les cris de joie et de révolte. Car à Paris, depuis toujours, on s'enflamme et on s'indigne, on s'oppose et on se congratule, mais on ne reste pas indifférent ! ◆

ALLONS PLACE DE GRÈVE CHERCHER DU TRAVAIL

Avant 1830, la « place de l'Hôtel de Ville » s'appelait « place de Grève ». Elle a longtemps été le théâtre d'exécutions. On y échangeait des marchandises, mais aussi des emplois. Artisans et commerçants y cherchaient un porteur ou un maçon, tandis que compagnons et valets attendaient un maître… Pendant des siècles, « aller en Grève » a signifié chercher du travail. Au fil du temps, le sens des mots s'est transformé ; à ceux qui « allaient en Grève » – les grévistes regroupés à la recherche d'un emploi – ont succédé ceux qui « se mettent en grève », en cessant le travail pour en améliorer les conditions.

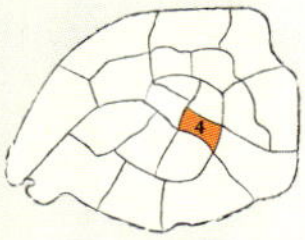

ADRESSE
4e arrondissement

Ⓜ Pont-Marie, Sully-Morland

CRÉATION
Premières habitations vers 1640.

ÎLE SAINT-LOUIS

Depuis le XVIIe siècle, l'île Saint-Louis est restée dans l'ombre de l'île de la Cité et ses prestigieux monuments… Mais ce havre de paix n'en regorge pas moins de trésors architecturaux.

1600

UNE ÎLE CRÉÉE ARTIFICIELLEMENT

Située en amont de l'île de la Cité, l'île Saint-Louis que nous connaissons aujourd'hui est une création artificielle ! Elle était en effet composée à l'origine de deux îlots distincts : l'île aux Vaches et, en aval, l'île Notre-Dame, propriété successive de divers ordres religieux. Ces îles étaient fréquemment immergées par les crues de la Seine, et aucune construction durable ne pouvait y voir le jour.

Tout change au début du XVIIe siècle, lorsque la pression foncière au centre de Paris incite Marie de Médicis à demander l'aménagement de ces terrains. En 1614, la régente confie cette tâche à Christophe Marie, brillant entrepreneur général, qui a laissé son nom à l'un des ponts reliant l'île Saint-Louis à la rive droite. Marie conçoit une urbanisation différente de celle de l'île de la Cité, basée sur des rues rectilignes et des maisons en pierres de taille espacées et aérées. Ce nouvel agencement marque un tournant dans l'histoire de Paris, qui n'a cessé d'être transformé ponctuellement, au gré des besoins, d'où la sinuosité et l'étroitesse de nombre de voies. Cette fois, fini les coins et les recoins, on tente de donner une perspective !

Entre 1614 et 1664, le niveau des quais est surélevé à 9,75 m, et les deux îlots fusionnent lorsque leur chenal est comblé. En 1640, les premiers habitants s'installent sur cette nouvelle île, appelée « île Notre-Dame », du nom du plus grand des anciens îlots qui la composent. Puis elle sera rebaptisée « île Saint-Louis » en 1725, en hommage à Louis IX – la légende indique en effet que le roi venait souvent s'y recueillir et y rendre la justice.

UN HAUT LIEU DE L'ÉMIGRATION POLONAISE
Sur l'île Saint-Louis se trouve la Bibliothèque polonaise, qui abrite environ 200 000 volumes, une des collections les plus importantes de livres polonais à l'étranger. Ce haut lieu de la vie intellectuelle polonaise abrite également de nombreux souvenirs du grand poète romantique polonais du XIXe siècle, Adam Mickiewicz, et de l'illustre compositeur Frédéric Chopin.

L'ÎLE DES PALAIS

Ce sont surtout des artisans et des marchands qui s'installent tout d'abord le long de la rue Saint-Louis-en-l'Île, artère centrale tracée entre 1614 et 1646 (appelée alors « rue Palatine »). Mais une famille d'architectes va tout changer : la famille Le Vau, dont l'aîné, Louis, est l'un des plus brillants architectes de son temps, qui s'illustrera à Vaux-le-Vicomte et à Versailles. Avec son

J'aime déambuler dans ces rues étroites en sachant que ma promenade sera récompensée d'un cornet chez l'un des plus célèbres glaciers du monde : Berthillon !

SITE XVIIe siècle

1700

frère François, ils conçoivent sur les quais de nombreux hôtels particuliers pour la noblesse, ce qui vaut à l'île le surnom d'« île des palais ». Sur le quai d'Anjou s'élèvent ainsi l'hôtel de Lauzun (1656) et l'hôtel Lambert. Ce dernier, édifié vers 1641, à l'extrémité orientale de l'île, pour Jean-Baptiste Lambert de Thorigny, conseiller du roi Louis XIII, renferme notamment une superbe galerie dédiée à Hercule, décorée par Charles Le Brun (qui s'illustrera également en décorant le château de Vaux-le-Vicomte et de Versailles). Le quai de Bourbon n'est pas en reste avec la « maison du Centaure », construite en 1659 et ainsi baptisée à cause de deux bas-reliefs représentant Hercule triomphant du centaure Nessus, où s'installe François, le frère de Louis Le Vau. Lui-même architecte, il dote ce nouveau quartier d'un édifice religieux à sa hauteur : l'église Saint-Louis-en-l'Île. Le caractère modeste de son aspect extérieur contraste avec la grande richesse de son intérieur baroque, où l'on peut admirer pas moins de 17 chapelles consacrées à Saint Louis, sainte Geneviève, sainte Marie-Madeleine, saint Denis, etc. Avec plus d'une quinzaine d'hôtels particuliers, l'île est alors l'un des quartiers les plus en vogue de l'époque !

UN REFUGE POUR LES ARTISTES

Ce village composé d'à peine 2 000 habitants a toujours semblé détaché du bruit et de la fureur de Paris. C'est pourquoi l'île a, de tout temps, attiré des passionnés, des artistes et des gens de plume, séduits par ce lieu à part et ce havre de paix… Il suffit d'ailleurs de prêter attention aux noms des rues pour découvrir ses illustres occupants !

Les « Robinson » de l'île Saint-Louis se nomment : Camille Claudel, Honoré Daumier, Charles-François Daubigny, Théophile Gautier, Charles Baudelaire, Frédéric Chopin et, plus récemment, Mick Jagger, Jean-Claude Brialy, Guy Bedos, Georges Moustaki, Édouard Baer et Daniel Auteuil… ◆

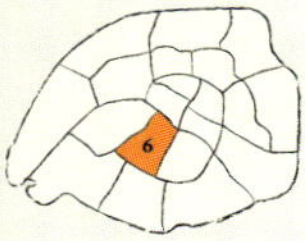

ADRESSE
23, quai de Conti, 6e
Tél. : 01 44 41 44 41
Ⓜ Saint-Germain-des-Prés, Odéon, Pont-Neuf, Louvre-Rivoli

@ www.institut-de-france.fr

CRÉATION
Construction achevée en 1688.

Monument Historique

L'INSTITUT DE FRANCE

Le nom de l'Institut de France évoque inévitablement, outre cinq prestigieuses Académies, la fameuse coupole, réalisation posthume du cardinal Mazarin…

1600

LE TESTAMENT DE MAZARIN

Au mois de mars 1661, le cardinal Mazarin, ministre de Louis XIV, disparaît. Dans son testament, il demande qu'avec l'immense fortune qu'il laisse on bâtisse un nouveau collège en plein cœur de Paris, le « collège des Quatre-Nations », en référence aux quatre « pays » annexés sous son ministère (Pignerol, ville et forteresse italienne devenue française pour quelques années en 1631, l'Alsace, acquise lors de la signature du traité de Westphalie en 1648, l'Artois et le Roussillon, deux provinces cédées par l'Espagne lors du traité des Pyrénées de 1659). Les futurs élèves de ce collège seront une soixantaine de jeunes hommes venant de ces régions, qui devront être logés, nourris et instruits gratuitement. Pour financer cette bonne œuvre, Mazarin lègue deux millions de livres au collège, ainsi que sa riche bibliothèque personnelle.

LES VICISSITUDES DE L'HISTOIRE

Afin de réaliser le vœu du cardinal, Colbert, grand ministre de Louis XIV, fait appel à l'homme qui a construit Versailles, l'architecte Louis Le Vau. Dès l'origine, celui-ci prévoit un édifice classique en demi-lune, aux proportions harmonieuses. Reste à choisir un emplacement prestigieux. On opte pour les quais situés en face du Louvre, sur l'autre rive de la Seine, là où se dressait jadis la tour de Nesle, rendue tristement célèbre à l'époque de Philippe le Bel et de ses fils, les fameux « rois maudits ».

Malheureusement, Le Vau meurt avant d'avoir achevé ces travaux. Le chantier est repris par son élève François d'Orbay, qui permet enfin au collège des Quatre-Nations et à la bibliothèque d'ouvrir en 1688, soit vingt-sept ans après la mort du cardinal. Le collège fonctionnera plus d'un siècle, jusqu'à sa fermeture au lendemain de la Révolution, en 1792. Après avoir été transformé momentanément en prison, l'Institut de France va se forger un nouveau destin sous Napoléon…

UNE BIBLIOTHÈQUE PRÉCIEUSEMENT CONSERVÉE
La fameuse « bibliothèque Mazarine », héritée du cardinal Mazarin puis complétée, est toujours précieusement conservée à l'Institut.

QUATRE COLLÈGES POUR LES RICHESSES INTELLECTUELLES ET ARTISTIQUES DE FRANCE

Mais revenons d'abord quelques années en arrière ! En janvier 1635, Louis XIII signe des lettres patentes confirmant la création de l'Académie française, placée sous la protection de Richelieu, dont le but est de fixer la langue française, ses règles et sa grammaire,

Il m'arrive parfois de venir me placer sous la coupole dont la forme intérieure est ovale, alors qu'elle paraît ronde vue de l'extérieur. L'espace de quelques secondes, je me crois immortel !

MONUMENT
XVIIe siècle

quatre premières académies sont installées ensemble au Louvre sous le règne de Louis XIV. Mais, là encore, la Révolution va changer le cours de leur histoire, puisqu'elles sont toutes les quatre dissoutes à la chute de la monarchie…

1700

LA CRÉATION DE L'INSTITUT

En 1795, un certain Pierre Daunou présente devant la Convention une loi proposant la création de l'« Institut national de France ». Il s'agit en réalité de refonder les académies disparues en créant un institut, au sein du palais du Louvre, dont la mission serait de « recueillir les découvertes, de perfectionner les arts et les sciences ».

Mais, en 1805, Napoléon Ier engage de lourds travaux de réhabilitation du nouveau musée qui a été créé au Louvre à la Révolution, et il choisit alors de déménager temporairement l'Institut et ses académies. Il les fait transférer dans l'ancien collège des Quatre-Nations… et ce qui devait être temporaire deviendra définitif !

Voilà comment le collège voulu par Mazarin accueille désormais l'Institut de France – un institut qui existe toujours aujourd'hui, formé par cinq académies depuis la restauration de l'Académie des sciences morales et politiques en 1832. ◆

L'HABIT VERT DES ACADÉMICIENS
Élus à vie par leurs pairs, les académiciens deviennent membres de l'Institut. Chacun d'entre eux, homme ou femme, doit revêtir « l'habit vert », qui fut défini lors d'un arrêté de 1801 par Bonaparte. Si cet habit a évolué avec le temps, il est toujours brodé de branches d'olivier. C'est du vert de cette plante, symbole de sagesse, d'abondance, de paix et de gloire, que provient son appellation.

dans un pays où les parlers régionaux règnent dans les provinces. Par la suite, d'autres académies voient le jour : sous Colbert sont fondées l'Académie des inscriptions et belles-lettres en 1663, puis l'Académie des sciences en 1666. L'Académie de peinture et de sculpture, imaginée par Charles Lebrun en 1648, obtient quant à elle l'appui de Colbert, puis de Mazarin, dès 1656 : c'est la future Académie des beaux-arts. Ces

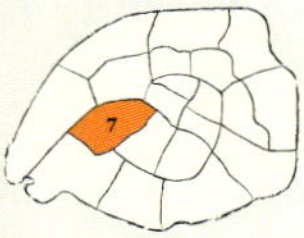

ADRESSE

129, rue de Grenelle, 7e
Tél. : 08 10 11 33 99
Ⓜ Invalides, Varennes, La Tour-Maubourg
@ www.invalides.org

CRÉATION

Achevés en 1706.
MH **M***onument* **H***istorique*

LES INVALIDES

Les « Invalides », ce nom résonne encore comme le bruit sourd des râles et des pleurs de centaines de milliers d'hommes abandonnés à leurs douleurs sur les champs de bataille. Aujourd'hui, c'est un vaste ensemble de monuments dont le dôme doré est le plus célèbre.

1600

IL FAUT SAUVER LES SOLDATS FRANÇAIS !

Au fil des siècles, Henri IV puis Louis XIII se sont intéressés au sort des soldats français ayant offert leur courage et leur vie au royaume. Mais c'est finalement Louis XIV qui décide de la construction d'un hôtel royal des « Invalides » afin d'y accueillir, loger et soigner tous les estropiés et les mutilés de guerre.

Les travaux commencent en novembre 1671. Deux formidables architectes, Libéral Bruant et Jules Hardouin-Mansart, vont œuvrer pour faire de cet hospice l'un des plus beaux monuments de la capitale. Aux longs bâtiments qui entourent une cour magnifique, ils font ajouter deux édifices religieux : l'église Saint-Louis, destinée aux militaires malheureux, et l'église du Dôme, réservée à la monarchie, qui sera transformée en mausolée pour Napoléon un siècle et demi plus tard. L'hôtel des Invalides, ainsi que le dôme dessiné par Jules Hardouin-Mansart, sont achevés en 1706. Le dôme doré est visible de plusieurs kilomètres à la ronde et domine avec majesté les 13 ha de jardins qui l'entourent ! Ce chantier aura été le plus important du règne du Roi-Soleil, après le château de Versailles.

DES KILOS D'OR
Le célèbre dôme des Invalides a été redoré en 1989 à l'occasion du bicentenaire de la Révolution française. Ce sont plus de 12 kg d'or à 24 carats qui ont été appliqués en 550 000 feuilles, par une dizaine de maîtres doreurs.

AUX ARMES !
Au matin du 14 juillet 1789, c'est aux Invalides que les révolutionnaires se sont emparés de fusils en dépôt, avant de partir en direction de la Bastille...

UN VASTE HÔTEL POUR LES PLUS VALEUREUX

L'édifice avait pour but d'assurer aux anciens soldats une vieillesse décente et honorable. Pour y être admis, il fallait avoir dix ans de service. Les Invalides pouvaient accueillir 5 000 à 6 000 soldats – il y en eut même jusqu'à 10 000 ! Au rez-de-chaussée se trouvaient les réfectoires, tandis qu'à l'étage se tenaient les dortoirs et les ateliers. En général, les soldats étaient installés par chambre de quatre ou six lits, tandis que les officiers n'étaient que deux ou trois par pièce. Parmi les milliers de blessés soignés, certains assuraient ensuite la garde aux portes de la capitale, tandis que d'autres partaient travailler dans des ateliers. Les Invalides, ou plus exactement l'Institution nationale des Invalides (INI), créée en 1674

Le long de l'église du Dôme, admirez la reconstitution de la « vallée du Tombeau » où Napoléon était enterré à Sainte-Hélène. On y voit une petite barrière, des saules pleureurs et les dalles qui scellaient son tombeau.

MONUMENT XVIIe siècle

par Louis XIV, accueillent toujours des pensionnaires. Il s'agit d'un établissement national d'hébergement et de soins pour grands invalides de guerre, anciens combattants, victimes de guerre et militaires.

LA DERNIÈRE DEMEURE DE NAPOLÉON

Réservée à l'origine au roi Louis XIV, l'église du Dôme devient le mausolée de Napoléon Ier lorsque le corps de l'empereur est transféré de l'île de Sainte-Hélène en 1840. En attendant la construction de la sépulture, le catafalque est placé dans la chapelle Saint-Jérôme située sous le dôme, sur le côté gauche. Vingt ans vont en effet être nécessaires pour que l'architecte Louis Joachim Visconti fasse exécuter un tombeau digne de celui qui a été le plus puissant homme d'Europe. C'est finalement le 2 avril 1861, devant Napoléon III, que le corps de l'empereur prend place dans un monumental tombeau en porphyre rouge de Finlande, doté d'un socle en granit vert des Vosges. Sur le sol, une mosaïque dessine une étoile avec les noms de 8 principales victoires de l'empereur. Tout autour, 12 colossales statues ailées en marbre de Carrare tiennent dans leurs mains des symboles de victoire.

Dans cette galerie, on peut également voir une statue de Napoléon Ier en costume impérial, avec à ses pieds la tombe de son fils, l'Aiglon, dont le cercueil a été transféré le 15 décembre 1940, cent ans jour pour jour après le retour des cendres de son père.

Une lourde porte en bronze barre l'entrée de cette vaste crypte, avec le fameux texte de Napoléon gravé au-dessus : « Je désire que mes cendres reposent sur les bords de la Seine au milieu de ce peuple français que j'ai tant aimé. »

UN LIEU DE MÉMOIRE

Aujourd'hui, les Invalides accueillent plusieurs musées : l'historial Charles-de-Gaulle, le musée de l'Ordre de la Libération, le musée des Plans-Reliefs et le passionnant musée de l'Armée, créé en 1905. Dans ce dernier, de superbes collections retracent l'histoire militaire de la France, et on peut y voir notamment l'armure et l'épée de François Ier. ◆

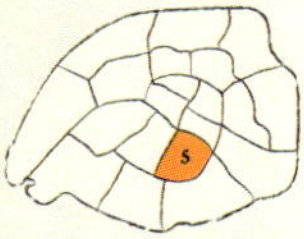

ADRESSE
Place Valhubert, 5e
Tél. : 01 40 79 56 01
Ⓜ Gare-d'Austerlitz, Censier-Daubenton, Jussieu

@ www.jardindesplantes.net

CRÉATION
Créé en 1635.

LE JARDIN DES PLANTES

Installer près de la Seine un jardin cultivé dédié à la recherche scientifique : quelle belle idée !

LE JARDIN ROYAL DES PLANTES MÉDICINALES

L'appellation « Jardin des plantes » étonne par son caractère redondant. Dans un jardin, qu'il soit d'intérieur ou d'agrément, à l'anglaise ou japonais, il y a toujours des plantes ! Même un jardin d'enfants voit grandir de jeunes pousses ! En réalité, ce que l'on nomme aujourd'hui « Jardin des plantes » s'appelait à l'origine le « Jardin royal des plantes médicinales ».

En 1635, le roi Louis XIII décide d'aménager un espace vert entre la Bièvre, rivière aujourd'hui enterrée, et la rue du Faubourg-Saint-Victor (l'actuelle rue Geoffroy-Saint-Hilaire). C'est presque un phénomène de mode ! Il faut savoir que, depuis le XVIe siècle, sous l'impulsion italienne, l'Europe multiplie la création de jardins botaniques, le plus souvent près de facultés de médecine. Louis XIII fait donc acheter un château entouré de ses terres ; Guy de La Brosse, médecin du roi, en est le premier responsable. Ce dernier a beaucoup œuvré pour obtenir l'édit créant ce jardin ; il s'est notamment assuré de puissants appuis dans l'entourage royal, au premier rang desquels figure Richelieu.

Dès le début, ce lieu constitue un réservoir de plantes dotées de vertus curatives. Il est aussi le cadre de cours gratuits de chimie, botanique et anatomie du règne animal dispensés en langue française aux futurs médecins et apothicaires. En 1673, Fagon, le petit-neveu de De La Brosse, devenu lui-même premier médecin de Louis XIV, en est nommé directeur et s'attache à renforcer le pouvoir de cette institution scientifique.

DES SERRES RESTAURÉES

Parmi les trésors d'architecture du Jardin des plantes figurent les serres, et notamment les serres chaudes qui viennent de rouvrir leurs portes au public. C'est au XIXe siècle que l'architecte Rohault de Fleury a construit ces deux serres jumelles tout en verre et acier. L'une d'elles est prolongée par la « serre courbe », et la seconde est complétée par « le jardin d'hiver » construit en 1936 par René Berger.

UN PERSONNAGE CLÉ : BUFFON

Au XVIIIe siècle, le château est surélevé d'un étage pour accueillir un cabinet d'histoire naturelle destiné à recevoir les collections royales de zoologie et de minéralogie. Depuis la fin du Moyen Âge, les rois et les princes possèdent en effet de véritables collections d'animaux et de plantes pour afficher leur toute-puissance et leurs richesses. C'est dans cette logique qu'en 1718 le Jardin royal des plantes médicinales devient « Jardin royal des plantes », puis « Jardin du roi » ! Quelques années plus tard, en 1739, sous le règne de Louis XV, un nouvel intendant est nommé, le comte Georges Louis Marie Leclerc de Buffon. Ce grand travailleur est à la fois un homme d'affaires qui gère ses

Arrêtez-vous un instant près de la galerie de botanique pour admirer le « robinier faux acacia ». C'est le plus vieil arbre de Paris ! S'il pouvait parler, il nous raconterait assurément bien des histoires !

PARC XVIIe siècle

forges, un philosophe, un naturaliste et un écrivain (son œuvre majeure est la célèbre *Histoire naturelle générale et particulière*). Buffon conservera sa charge pendant près d'un demi-siècle, jusqu'en 1788, contribuant à agrandir et à embellir le jardin et permettant la construction en 1787 du formidable amphithéâtre Verniquet (du nom de son architecte, Edme Verniquet) destiné aux enseignements des professeurs du Jardin royal.

LE MUSÉUM D'HISTOIRE NATURELLE

Quelques mois après la mort de Buffon, la Révolution transforme le Jardin du roi en Jardin national. En 1793, la Convention fonde, sous la pression de scientifiques, le Muséum national d'histoire naturelle (p. 108).

Un an plus tard, la ménagerie est créée à la suite d'une décision officielle interdisant les spectacles d'animaux vivants dans Paris. À ces premières confiscations s'ajoutent les animaux provenant des ménageries royales et princières. L'engouement populaire est immédiat. Le public se presse pour apercevoir des animaux exotiques, parmi lesquels la lionne Constantine ou encore les éléphants Hans et Parqui, sans oublier , la célèbre girafe Zarafa offerte au roi Charles X par le vice-roi d'Égypte. L'histoire de cette girafe est édifiante ! Après avoir descendu le Nil en felouque, elle est passée par Alexandrie, puis a embarqué sur un brigantin sarde pour effectuer la traversée de la Méditerranée ! Vingt-cinq jours de navigation et quelques semaines de quarantaine plus tard, cet étrange équipage débarque à Marseille. La fin du voyage se fera par la route, par petites journées de marche. Un éminent spécialiste, Geoffroy Saint-Hilaire, est chargé de mener à bien l'expédition. Après un long périple de 775 km, Zarafa entre enfin dans la capitale le 30 juin 1827… ◆

BUFFON EN ACTION

Au bout du grand jardin se trouve la statue du célèbre scientifique Buffon représenté assis et consultant des documents par le sculpteur Carlus. On lui doit cette fameuse phrase : « Le cheval est la plus noble conquête de l'homme. »

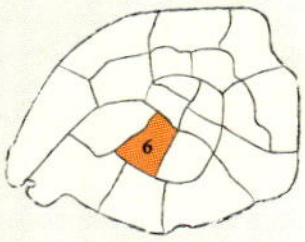

ADRESSE
Rue de Vaugirard, 6e

Odéon, Luxembourg
www.senat.fr/visite/jardin

CRÉATION
Créé en 1612.

LE JARDIN DU LUXEMBOURG

C'est peut-être le plus beau jardin à la française de la capitale, et pourtant le Luxembourg est dû à un architecte florentin proche des Médicis.

1600

LES JARDINS DE MARIE DE MÉDICIS

Le jardin du Luxembourg est le jardin du palais qui abrite aujourd'hui le Sénat (p. 72). Construit entre 1615 et 1620, cet édifice est né de la volonté de Marie de Médicis de posséder une demeure digne de sa fonction – elle est alors régente du futur roi Louis XIII. Elle souhaite très vite l'agrémenter de jardins lui rappelant ceux de son Italie natale. En 1617, elle échange certaines parcelles avec les Chartreux. Plus tard, plusieurs terrains contigus seront achetés pour agrandir le domaine qui finit par atteindre pas moins de 30 ha ! Mais, après cette phase d'expansion, au fil des siècles, le jardin va être grignoté pour tracer de nouvelles rues, comme la rue de Fleurus ou une partie de la rue Madame – toutes deux situées dans le 6e arrondissement –, et bâtir de nouvelles habitations. Aujourd'hui, le parc occupe près de 25 ha, que certains des plus talentueux jardiniers et paysagistes du royaume ont magnifiquement aménagés entre le XVIIe et le XIXe siècle et où Marie de Médicis a fait planter 2 000 ormes.

COUP DE CŒUR
En visitant le palais du Luxembourg, passer par la bibliothèque somptueusement décorée qui offre aux lecteurs privilégiés des trésors de notre histoire... Une histoire qui se construit au présent grâce au travail de cette noble assemblée !

DES ARCHITECTES DE RENOM

Parmi les artistes qui ont œuvré dans ce jardin figure Thomas Francini, un Florentin arrivé en France dans le sillage de Marie de Médicis. C'est à lui que l'on doit nombre de terrasses et de parterres de ce jardin à la française, ainsi que le fameux bassin circulaire qui fait aujourd'hui la joie des enfants et de leurs bateaux ! Thomas Francini était arrivé de Florence en France au moment du mariage de Marie de Médicis avec Henri IV. Devenu Thomas Francine, il est nommé par le roi « intendant des Eaux et Fontaines royales », une charge qui sera reprise par ses descendants jusqu'en 1784. D'ailleurs, ses deux fils François et Pierre feront des merveilles en tant que fontainiers dans le parc de Versailles, auprès d'André Le Nôtre, alors au service de Louis XIV.

D'autres talents ont été mis à contribution dans le jardin du Luxembourg, tels que Boyceau de La Barauderie, qui participa lui aussi au tracé des parterres, l'architecte

Jean-François Chalgrin, à qui l'on doit certaines perspectives, ou, plus récemment, l'ingénieur Alphand chargé par le baron Haussmann, à la fin du XIXe siècle, d'administrer « les grandes promenades de la capitale ».

UN LIEU HÉTÉROCLITE DÉDIÉ À L'ART ET AU DIVERTISSEMENT

Outre les parterres, ce sont les ornementations et les divertissements qui font la spécificité de ce jardin. Au fil des déambulations, on découvre l'Orangerie – transformée en musée –, un kiosque à musique, une roseraie, des ruches, des terrains de tennis, un jardin d'enfants, un manège, un théâtre de marionnettes et de nombreuses sculptures, dont la fameuse fontaine Médicis. Cette œuvre dessinée par Salomon de Brosse a été imaginée en 1620 et portait alors le nom de « *Nymphée* ». Elle fut déplacée à plusieurs reprises, à l'occasion des découpages et redécoupages de ce vaste jardin dus notamment aux tracés de nouvelles rues. D'autres statues ont été ajoutées, parmi lesquelles une version de la célèbre statue de la Liberté de Bartholdi trônant à New York, ainsi qu'une fontaine récupérée lors du percement de la rue de Rennes. Cette dernière, appelée « fontaine du Regard » (car elle avait d'abord été installée rue du Regard, dans le 6e), coule des jours heureux non loin du palais du Luxembourg. ◆

AMUSANT COMME UN ARRACHEUR DE DENTS !
Le « Guignol » du jardin du Luxembourg a été construit en 1933. Laurent Mourguet, le créateur de ce personnage mythique, est né à Lyon en 1769, dans une famille de canuts ; aussi devient-il naturellement tisseur. Mais la Révolution emportant tout sur son passage, il se retrouve sans travail. En 1797, il choisit la profession d'arracheur de dents ; il attire sa clientèle grâce à un petit théâtre de marionnettes monté à côté de l'estrade où il opère. Progressivement, le succès de son théâtre éclipse ses talents d'arracheur de dents. Il décide alors de se consacrer exclusivement à l'incisif Polichinelle et crée de nouveaux personnages, dont « Gnafron » et le fameux « Guignol » !

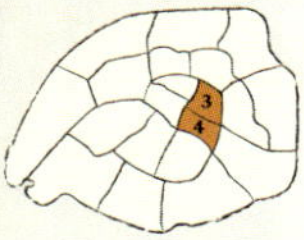

ADRESSE
3e et 4e arrondissements

Ⓜ Saint-Paul, Hôtel-de-Ville, Rambuteau, Arts-et-Métiers

CRÉATION
Urbanisation au XVIIe siècle.

LE MARAIS

Ancien marécage, puis quartier privilégié des rois de France et de l'aristocratie, le Marais, aujourd'hui huppé et branché, se caractérise par sa richesse architecturale.

1600

UN QUARTIER ROYAL

Tout commence en 1190, lorsque le roi Philippe Auguste part en croisade. Avant de quitter la capitale, il ordonne la construction d'une fortification. Dans sa partie nord-ouest, cette enceinte s'installe sur des terres marécageuses. Côté ville, on y trace des chemins, qui vont devenir des rues où s'élèveront plus tard des maisons. Dans le même temps, l'ordre du Temple et certaines congrégations religieuses s'installent à l'extérieur de l'enceinte. Ils défrichent les terrains marécageux pour bâtir leurs maisons et monastères et y planter des cultures maraîchères, ce qui attire commerçants et artisans, et donne naissance à un nouveau quartier. Pour ces petits producteurs, il est intéressant d'être en dehors des limites de la ville, là où les marchandises ne sont pas assujetties aux diverses taxes.

À partir du XVe siècle, et pendant près de deux cents ans, les rois de France vont résider dans cette partie de la capitale. De Charles. V, au XIVe siècle, à Henri. II, au XVIe siècle, ils habitent d'abord à l'hôtel Saint-Pol, puis à l'hôtel des Tournelles, deux résidences royales aujourd'hui disparues. À proximité des rois, princes et seigneurs se font également construire de somptueux hôtels particuliers. C'est pourquoi le quartier du Marais possède de véritables trésors d'architecture – dont l'hôtel de Clisson et l'hôtel d'Angoulême-Lamoignon (qui abrite aujourd'hui la bibliothèque historique de la Ville de Paris). À partir du XVIIe siècle, avec la construction de la place des Vosges (à l'emplacement de l'hôtel des Tournelles), le quartier commence à changer, attirant le monde artistique, sans pour autant chasser les ministres et les magistrats. Sous le

VIDOCQ ET LA POLICE PRIVÉE DU MARAIS

Beaucoup de personnages célèbres ont hanté les rues du Marais. Vidocq, par exemple, a installé ses bureaux rue Cloche-Perce puis rue du Pont-Louis-Philippe. Né le 24 juillet 1775, il fait preuve dès l'adolescence d'un comportement turbulent, volant et bataillant. Pour mettre un terme à ses exactions, son père le fait emprisonner. Ce premier séjour sera suivi de beaucoup d'autres... À chaque fois, Vidocq parvient à s'échapper ! Après quelques années passées à sillonner la France, il propose un marché au commissaire général de la police de Lyon, Dubois : « Je me charge de capturer les assassins et les voleurs de la région, en échange de quoi vous me donnez la possibilité de quitter librement la ville. » Plus tard, Dubois, devenu préfet de police de Paris sous les ordres de Fouché, proposera à Vidocq une mission similaire sur l'ensemble du pays. Vidocq créera alors la police de sûreté. Puis, en 1833, il fonde une police privée et s'installe dans le Marais, un lieu rêvé pour se cacher dans les rues étroites, parmi les passages et les portes cochères...

règne de Louis XIV, de nouveaux hôtels voient le jour, comme l'hôtel de Beauvais, rue François-Miron, ou l'hôtel Guénégaud-des-Brosses (qui accueille le musée de la Chasse).

MALRAUX SAUVE LE MARAIS

Au lendemain de la Révolution, c'en est fini des grandes demeures royales ou princières. Le quartier change de visage, mais pas d'âme. Artisans et commerçants prennent possession des lieux. Et voilà comment les maisons, les jardins et les cours se transforment en ateliers et en arrière-boutiques. La conservation de ce riche patrimoine en pâtit, mais le quartier reste bien vivant. Contrairement à d'autres parties de la capitale, le Marais n'est pas touché par les travaux haussmanniens, et ce n'est qu'au XXe siècle que l'on va agir pour sa préservation. Cet élan porte un nom : André Malraux, le ministre de la Culture du général de Gaulle, alerté par une opinion publique attristée de voir certains de ces trésors voués à la destruction. En 1962, il fait voter la loi sur les secteurs sauvegardés. Trois ans plus tard, la Ville de Paris crée le secteur sauvegardé du Marais… Ouf !

DES MONUMENTS DÉDIÉS À L'ART ET À L'HISTOIRE

Aujourd'hui, beaucoup de ces élégantes demeures ont été transformées en musée : le « quadrilatère des Archives » qui abrite 450 km de rayonnages conservant les Archives nationales ; l'hôtel Salé, rue de Thorigny, devenu le musée Picasso (p. 210), ou encore l'hôtel Carnavalet (p. 38) qui abrite le musée de l'Histoire de Paris. Rue Saint-Antoine se dresse l'hôtel de Sully (p. 50). N'oublions pas non plus, rue Geoffroy-l'Asnier, le mémorial de la Shoah, inauguré en janvier 2005. Il est à la fois centre de la mémoire, avec le mur où sont inscrits les noms des milliers de Juifs français déportés, et centre de documentation et de recherche sur l'histoire de la Shoah. Le Marais a en effet accueilli au fil des siècles une importante communauté juive. On peut en apprendre plus sur leur histoire passée et présente en allant au musée d'Art et d'Histoire du judaïsme, installé dans l'hôtel de Saint-Aignan, rue du Temple, mais aussi en se promenant dans les rues pittoresques des Écouffes, Ferdinand-Duval et des Rosiers. ◆

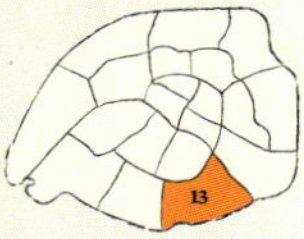

ADRESSE
42, avenue des Gobelins, 13e
Tél. : 01 44 08 53 49
Gobelins
www.mobiliernational.culture.gouv.fr

CRÉATION
Créée en 1601.
Monument **H**istorique

LA MANUFACTURE DES GOBELINS

Quand on parle des « Gobelins » aujourd'hui, on pense tout de suite à un quartier de Paris et à la célèbre manufacture, dont la renommée a dépassé les frontières. Mais il s'agit à l'origine d'une famille…

1600

LA TEINTURERIE DE JEHAN GOBELIN

En 1443, Jehan Gobelin, natif de Reims, s'installe dans une maison à l'enseigne du cygne située rue Mouffetard, dont l'arrière donne sur la Bièvre – rivière à présent enterrée, qui possédait, du moins le croyait-on à l'époque, de grandes qualités pour la teinture des tissus. Père de 13 enfants, Jehan exerce le métier de « teinturier en escarlate », c'est-à-dire qu'il est spécialisé dans le rouge écarlate obtenu grâce à un insecte, la cochenille. Lorsqu'il meurt, en 1476, son établissement prospère s'est agrandi grâce à l'acquisition de maisons du voisinage. Ce qui deviendra par la suite l'une des plus grandes entreprises européennes abrite au départ un commerce aux dimensions modestes, mais qui ne va pas tarder à faire parler de lui.

LA HAUTE LICE AUX GOBELINS
Historiquement, la manufacture des Gobelins utilise des métiers de « haute lice », c'est-à-dire verticaux. Les métiers de basse lice, horizontaux, étaient à l'origine réunis à la manufacture de Beauvais. Le terme « lice » (ou « lisse ») désigne la partie mobile du métier à tisser qui permet de faire passer le fil de trame à travers les deux rangées de fils de chaîne – le fil de trame est horizontal et le fil de chaîne vertical, tous deux étant en général en laine.

LE PROJET DE COLBERT

Du fait des extensions successives, le nom « Gobelin » en vient peu à peu à désigner tout un quartier. Lorsque, à l'aube du XVIIe siècle, Henri IV décide de créer une manufacture de tissage parisienne, il fait venir deux experts flamands qui s'installent dans une maison appartenant aux Gobelin. Quelques décennies plus tard, en juin 1662, Colbert, alors ministre de Louis XIV, convainc son souverain d'acheter « une grande maison sise au faubourg Saint-Marcel, au bout de la rue Mouffetard », dans le but de créer la « manufacture de tapisseries des Gobelins ». Il souhaite y regrouper divers ateliers parisiens de tapisseries, ainsi que celui confisqué au surintendant Fouquet, qui avait créé l'atelier de Maincy, près de son château de Vaux-le-Vicomte, et qui s'en voit privé après son arrestation en 1661. Reprenant l'idée d'Henri IV, le grand Colbert n'en reste pas là et persuade le roi du bien-fondé du rachat d'une grande partie

du quartier des Gobelins, son but étant de créer la « manufacture royale des Meubles et Tapisseries de la couronne ». D'après les directives du ministre, la manufacture a vocation à être « remplie de bons peintres, maîtres tapissiers, orfèvres, fondeurs, sculpteurs, graveurs, lapidaires, menuisiers en ébène, teinturiers et autres ouvriers en toutes sortes d'arts et métiers », et de nombreux élèves doivent y être formés. Son premier directeur n'est autre que le célèbre peintre Charles Le Brun, nommé officiellement à cette charge par Colbert le 8 mars 1663. Louis XIV, qui a confié la décoration de Versailles à ce même peintre, porte un vif intérêt au développement de cette entreprise. Pas moins de 250 tapissiers travaillent à la fabrication de chefs-d'œuvre destinés, pour la plupart, aux châteaux royaux.

En dépit des différents pouvoirs politiques qui se sont succédé depuis le Roi-Soleil, la manufacture des Gobelins a toujours poursuivi son œuvre. Aujourd'hui, on y trouve encore les ateliers de haute lice des Gobelins (aux métiers verticaux), mais aussi une partie des ateliers de basse lice (aux métiers horizontaux) venus de Beauvais après la Seconde Guerre mondiale, ainsi que la manufacture de tapis de la Savonnerie qui a été rattachée aux Gobelins au XIXe siècle.

ENCEINTE DES ARTISANS LICIERS

De nos jours, la manufacture des Gobelins arbore une longue et belle façade située sur l'avenue du même nom. Le bâtiment a été érigé en 1914 et est décoré d'un haut-relief signé Paul Landowski et de quatre cariatides d'Antoine Injalbert. À l'intérieur, on peut voir une statue de Charles Le Brun, mort dans ses appartements de fonction en 1690, ainsi qu'une statue du père fondateur, Colbert, qui assigna comme finalité essentielle à la manufacture de concevoir les plus belles pièces en mettant à profit le savoir-faire national. ◆

L'ESSOR DES COULEURS

La manufacture fabrique elle-même ses couleurs dans l'atelier de teinture. À l'origine n'étaient utilisés que des colorants naturels permettant de composer trois couleurs : le jaune, le bleu et le rouge orangé ou violacé. Puis, peu à peu, les couleurs, les tons et les nuances se sont multipliés pour atteindre le chiffre faramineux de 36 000 ! Avec l'essor de l'industrie chimique, des colorants synthétiques sont arrivés sur le marché et ont remplacé les colorants naturels.

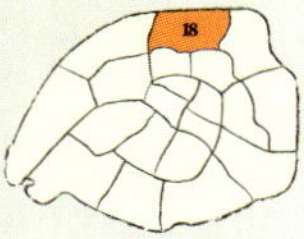

ADRESSE
83, rue Lepic, 18e

Ⓜ Lamarck-Caulaincourt

CRÉATION
Construit en 1622.

LE MOULIN DE LA GALETTE

Il fut un temps où il y avait des moulins à Paris, dont un des plus célèbres est celui de la Galette. Ce symbole de fête à Monmartre fut immortalisé par six grands peintres. Son histoire est vieille de près de quatre cents ans !

1600

LES MOULINS DE PARIS

La plus ancienne mention de moulin à eau dans la capitale date du VIe siècle et figure dans l'acte de fondation de l'abbaye de Saint-Vincent et Sainte-Croix. Cependant, il faut attendre le XIIIe siècle pour qu'apparaissent les imposantes silhouettes des moulins à vent. Au début du XIXe siècle, le chimiste Jean-Antoine Chaptal, alors ministre de l'Intérieur, diligente une enquête qui recense, dans le département de la Seine, 163 moulins (54 moulins à eau et 109 moulins à vent), dont 79 se trouvent en périphérie parisienne, comme le moulin de la Galette. Ce dernier a été bâti en 1622, tout en bois, et est d'abord baptisé « moulin du Palais ». En fait, le tout premier moulin construit sur la butte Montmartre le fut quelques années plus tôt, en 1607, et il s'appelait déjà « moulin du Palais » (du nom d'un lieu-dit tout proche). Aussi, quand le second moulin sort de terre en 1622 sous ce même nom, le plus ancien devient le « moulin vieux du Palais ». Après bien des péripéties, le moulin vieux disparaît en 1860. Quant à l'autre, au fil des années, ses divers propriétaires – qu'ils soient paysans, boulangers ou meuniers – vont transformer son nom en « Bout-à-fin » puis en « Blute-fin » (le verbe « bluter » signifiant tamiser la farine pour la séparer du son), avant de finalement le baptiser « moulin de la Galette » en 1895 (la galette étant ce petit pain de seigle que la famille de meuniers Debray débitaient, accompagné d'un verre de vin frais, à leurs clients).

IL Y A DEUX MOULINS !
Les Debray avaient deux moulins : le « Blute-fin » était situé le plus en hauteur, et c'est celui qui fut la célèbre guinguette au XIXe siècle. Il est toujours situé au n° 75 rue Lepic, mais aujourd'hui sur une résidence privée et on ne peut que l'apercevoir de la rue. L'autre moulin s'appelait le moulin Radet. Menacé un temps de destruction, il a été sauvé mais déplacé au n° 1 rue Girardon, où on peut le voir surplombant l'actuel restaurant.

LA CÉLÈBRE GUINGUETTE PARISIENNE

Le mot « guinguette » désignait jadis des cafés et cabarets situés dans les faubourgs, agrémentés de jardins maraîchers, de vergers et de vignobles. Les Parisiens venaient s'y promener et savourer un vin vert qui avait pour nom « guinguet ». Ainsi sont nées les fameuses « guinguettes » aux prix d'autant plus attractifs qu'elles étaient installées à l'extérieur de la barrière d'octroi et que les vins n'y étaient donc pas taxés. Or

ces cabarets, où l'on aimait boire, manger, danser et s'amuser, trouvèrent notamment refuge dans les moulins des environs de Paris, et particulièrement à Montmartre, où il y avait des vignes !

En fait, c'est dès le début du XIXe siècle que quelques moulins sont transformés en « guinguettes » les dimanches et jours de fête – le reste de la semaine, ils continuent à tourner pour fabriquer de la farine. Mais, au cours de la seconde moitié du XIXe siècle, les meuniers doivent se rendre à l'évidence : en quelques décennies, l'apparition de la machine à vapeur a métamorphosé leur profession. Les moulins cèdent rapidement la place aux minoteries, plus puissantes, plus rapides, et donc plus rentables, et ils disparaissent de l'environnement parisien – d'autant que le développement immobilier offre de belles opportunités aux propriétaires de ces grands oiseaux terrestres ! Les quelques moulins qui résistent à cette tentation spéculative deviennent des lieux entièrement dédiés à la fête, comme le Moulin de la Galette.

LES IMPRESSIONNISTES ET LE MOULIN

En 1895, ce lieu de plaisir devient un bal populaire emblématique, offrant un agréable rendez-vous aux danseurs et devenant même un « personnage de Paris » sous les pinceaux des impressionnistes. Il faut dire que les artistes sont depuis longtemps attirés par ce quartier de Paris. Ainsi, en 1876, c'est bien à Montmartre, rue Cortot, qu'Auguste Renoir loue un atelier – ce qui lui permettra de peindre *Le Bal du Moulin de la Galette,* visible au musée d'Orsay (p. 206). De même, quand Vincent Van Gogh et son frère Théo débarquent de leur Hollande natale pour s'installer à Paris, ils choisissent la rue Lepic pendant deux ans, de 1886 à 1888, et Vincent y crée « son » *Moulin de la Galette* (1886). Plus tard, ce sera au tour d'Henri de Toulouse-Lautrec (également fasciné par le Moulin-Rouge, p. 164) et de Maurice Utrillo, qui a aimé et peint Montmartre comme personne.

Au début du XXe siècle, le Moulin de la Galette attire tout le monde : la haute société et les bas-fonds, les puissants et les modestes, les riches et les pauvres – comme si les barrières sociales disparaissaient à l'ombre de ses ailes puissantes… Aujourd'hui intégré à une résidence privée, on ne peut que l'apercevoir. ◆

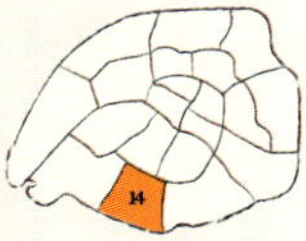

ADRESSE

77, avenue Denfert-Rochereau, 14ᵉ
Tél. : 01 40 51 22 21
Ⓜ Denfert-Rochereau
@ www.obspm.fr

CRÉATION

Créé en 1667.

L'OBSERVATOIRE

Consacré à l'étude des astres célestes, l'Observatoire témoigne du rôle important joué par les avancées scientifiques au XVIIᵉ siècle. Sans cette institution parisienne, il n'y aurait peut-être ni mètre ni kilogramme…

1600

UNE IDÉE DE COLBERT

C'est sous le règne du Roi-Soleil que tout a commencé… Quoi de plus normal pour un observatoire céleste ! Sur les conseils avisés de son précieux ministre Colbert, Louis XIV décide de faire construire un bâtiment scientifique répondant aux besoins de l'époque. En effet, l'importance accordée aux sciences est alors prégnante, comme l'atteste la constitution de bureaux, d'académies (dont l'Académie des sciences, fondée en 1666) et de compagnies ayant pour but de rassembler les scientifiques et de leur permettre d'échanger leurs découvertes.

LE CHEF D'ŒUVRE DE PERRAULT

Le chantier est confié à Claude Perrault (frère du conteur et homme politique Charles Perrault). Les travaux commencent le jour du solstice d'été de l'année 1667, date symbolique pour un observatoire ! Les bâtisseurs redoublent d'ingéniosité, car ils ne peuvent utiliser ni métaux ferreux (pour ne pas dérégler les outils scientifiques) ni bois (pour éviter les incendies). L'orientation du bâtiment ne laisse rien au hasard non plus : ses quatre façades sont tournées vers les quatre points cardinaux.

Comme pour chaque nouvel observatoire, il faut déterminer la méridienne par des calculs très précis. Cette ligne est primordiale pour limiter les risques d'erreur, car elle permet à deux observations consécutives d'être parfaitement comparables. Celle de l'Observatoire de Paris a été calculée et fixée par Jean-Dominique Cassini, un astronome d'origine italienne appelé par Colbert et Louis XIV pour venir diriger le nouvel espace scientifique.

L'HISTOIRE DU MÈTRE

L'Observatoire de Paris va jouer un rôle important dans la création du système métrique. En effet, avant la Révolution, la pléthore de mesures en vigueur en France complexifie beaucoup les échanges et le commerce ; en 1788, on recense ainsi plus de 2 000 mesures sur l'ensemble de l'Hexagone ! Or le peuple s'insurge contre l'injustice qui en découle, car le seigneur local, seul décideur de ces mesures, peut les changer au gré de ses humeurs. C'est pourquoi, lorsque Louis XVI convoque les États généraux en août 1788, les cahiers de doléances exigent qu'il n'y ait qu'un seul

poids et qu'une seule mesure de référence dans tout le pays. Tout le monde semble d'accord sur le principe, la question restant de savoir quelle unité choisir… Le nouvel étalon doit avoir une légitimité pour être accepté par tous. Le corps humain ne peut plus servir de base aux unités de mesure (coudée, pied, paume, brassée…), il faut que la nouvelle référence provienne de la nature. Les scientifiques ont à cette époque deux possibilités : le mouvement du pendule et la taille de la Terre. Mais la première, qui permet d'obtenir une certaine distance pendant un temps d'oscillation donné du pendule, est trop liée à l'emplacement choisi. C'est donc la taille de la Terre qui est retenue. Pour fixer ce que l'Assemblée nationale appelle « une unité de mesure naturelle et invariable », les scientifiques décident de prendre comme étalon un arc de méridien qui n'est autre que le méridien de Paris ! Il est mesuré depuis Dunkerque jusqu'à Barcelone, par deux astronomes, Pierre Méchain et Jean-Baptiste Delambre, qui se partagent la tâche entre 1792 et 1798. L'Observatoire de Paris participe ainsi à la détermination d'une nouvelle unité de mesure qu'une loi de 1793 définit en ces termes : « la dix-millionième partie du quart du méridien, appelée mètre ».

Dès lors sont créées de nouvelles appellations pour toutes les mesures – les autres unités étant définies à partir du mètre. C'est ainsi que le litre désigne la contenance du cube de la dixième partie du mètre ; le gramme est le poids d'un volume d'eau pure égal au cube de la centième partie du mètre ; l'are est la mesure de superficie égale à un carré de 10 m de côté ; et enfin le stère est un volume de bois égal au mètre cube.

L'OBSERVATOIRE ENTRE EN POLITIQUE !

L'édifice scientifique possède ses propres jardins. Or, en 1959, ceux-ci vont connaître une incroyable affaire…

Le 15 octobre, le sénateur François Mitterrand quitte le restaurant de Saint-Germain-des-Prés où il vient de dîner seul et monte dans sa voiture. Se sentant suivi, il s'arrête près des jardins de l'Observatoire et court se cacher. C'est alors qu'une rafale de pistolet-mitrailleur atteint sa voiture…

Cet attentat provoque un immense émoi dans l'opinion. Mais, deux jours plus tard, on apprend qu'il s'agirait d'un coup monté qui aurait été organisé par la pseudo-victime. Le Sénat lève l'immunité parlementaire de Mitterrand, mais il n'y aura aucune suite judiciaire. Cependant, l'affaire aura levé une polémique qui a longtemps marqué la carrière de Mitterrand.◆

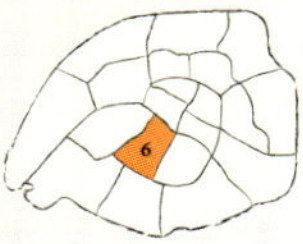

ADRESSE
15, rue de Vaugirard, 6e
Tél. : 01 42 34 20 00
Odéon RER Luxembourg
www.senat.fr

CRÉATION
Construction achevée en 1631.
Monument Historique

LE PALAIS DU LUXEMBOURG

Le palais du Luxembourg évoque aujourd'hui une partie de la « représentation nationale », car c'est là que siège le Sénat français. Mais ce palais est sorti de terre bien avant la création de la prestigieuse assemblée parlementaire…

1600

UN CAPRICE ROYAL

Tout commence lorsque la reine Marie de Médicis, la veuve d'Henri IV et la mère du jeune Louis XIII, déclare ne plus supporter de vivre dans le palais du Louvre en raison des odeurs pestilentielles émanant des eaux de la Seine qui charrient des déchets de toutes sortes. C'est aussi l'occasion pour elle de se faire bâtir un palais à l'italienne, comme le palais Pitti de Florence, sa terre natale !

Marie de Médicis décide donc de déménager. Mais pour aller où ? Quel palais serait susceptible d'accueillir sa Majesté ? Au mois d'avril 1612, elle jette son dévolu sur le « Petit Luxembourg », un bel hôtel bâti au milieu du XVIe siècle, que lui vend le prince de Piney-Luxembourg, dont le nom restera attaché au domaine. Seulement, ce bel hôtel ne suffit pas à une personne de son rang ! Aussi Marie de Médicis achète-t-elle l'année suivante quelques maisons particulières toutes proches afin d'en faire table rase et d'y faire élever un palais à son image. Les travaux sont confiés à l'architecte Salomon de Brosse et débutent en 1615. Il faudra attendre dix ans pour que la reine puisse s'établir dans le palais dont elle occupera l'aile droite.

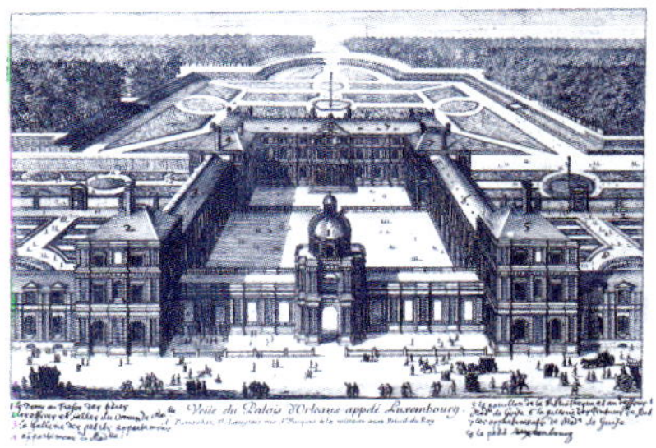

LE PRÉSIDENT DU SÉNAT
Il est le deuxième personnage de l'État. Il est notamment chargé de l'intérim du président de la République et en assure provisoirement les fonctions, comme le fit Alain Poher à deux reprises – en 1969 après le départ du général de Gaulle et en 1974 après le décès de Georges Pompidou.

LES TROUBLES RÉVOLUTIONNAIRES

Par la suite, ce palais baptisé « palais du Luxembourg » ainsi que le Petit Luxembourg attenant vont passer de main en main, et de nobles propriétaires s'y succèdent. Au lendemain de la Révolution, le palais du Luxembourg est momentanément transformé en prison. Puis, vers 1795, il accueille les séances du Directoire, tandis que le Petit Luxembourg devient

En visitant le palais du Luxembourg, passez par la bibliothèque somptueusement décorée. Elle offre aux lecteurs privilégiés des trésors de notre histoire…

MONUMENT XVIIe siècle

1700

l'habitation de certains des directeurs ! Cette idée d'héberger une partie de l'État français dans le palais du Luxembourg va continuer à faire son chemin dans les esprits, notamment chez un certain Napoléon Bonaparte…

UN PALAIS POUR LE SÉNAT

Car c'est bien le futur empereur qui, reprenant l'idée de Sieyès dans la Constitution de 1795 de créer un « Conseil des Anciens », décide d'instituer le « Sénat conservateur » lors de la Constitution de 1799. Ce « Sénat conservateur », alors composé de 80 membres âgés de plus de 40 ans, s'installe au palais du Luxembourg dès 1804. Désormais, le bâtiment devient un lieu de pouvoir abritant l'hémicycle du Sénat, tandis que le président du Sénat loge dans l'hôtel du Petit Luxembourg voisin. Cette tradition se perpétue encore de nos jours.

Au fil du temps, l'assemblée change de nom : elle est appelée « Chambre des pairs », puis « Sénat » et s'installe définitivement dans nos Constitutions à partir de la IIIe République. L'hémicycle que nous connaissons aujourd'hui date de l'agrandissement décidé par Louis-Philippe en 1836. Il faut dire que la salle était devenue trop exiguë : de 80 sénateurs à sa création, le Sénat était passé à… 271 membres ! Il en compte désormais 343. ◆

SEPT GRANDS HOMMES

En visitant le Sénat ou en regardant les retransmissions télévisées hebdomadaires, vous pourrez voir sept statues imposantes derrière le fauteuil du président. Elles représentent sept personnages qui furent tous de grands serviteurs de l'État : Turgot, d'Aguesseau, L'Hospital, Colbert, Mathieu Molé, Malesherbes et Portalis.

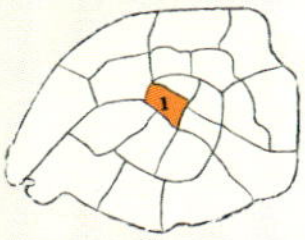

ADRESSE
25, rue de Valois, 1er
Tél. : 01 42 96 15 35
Ⓜ Palais-Royal-Musée-du-Louvre

CRÉATION
Construit en 1639.

LE PALAIS-ROYAL

Ce havre de paix n'a pas toujours été si tranquille : son architecture a plusieurs fois révolutionné la capitale, et il a été le théâtre d'un tournant fondamental de l'histoire de France !

1600

UN RIVAL DU LOUVRE

Le Palais-Royal s'est d'abord appelé Palais-Cardinal, car c'est le cardinal de Richelieu qui est à l'origine de sa construction, de 1633 à 1639, supervisée par Jacques Lemercier. C'est une résidence fastueuse qui sort ainsi de terre, idéalement située, à deux pas du Louvre où réside Louis XIII, bordée par des cours et par les plus grands jardins de la ville. Un tel luxe ne peut que susciter la jalousie du roi ! Aussi, pour ne pas fâcher le monarque, Richelieu lui lègue sa propriété de son vivant, tout en continuant à l'habiter jusqu'à sa mort, en 1642.

C'est ainsi que le Palais-Cardinal est logiquement devenu Palais-Royal ! À la mort de Louis XIII, le palais est brièvement habité par la régente Anne d'Autriche, puis par son fils cadet, le frère de Louis XIV, Philippe, duc d'Orléans. Sa famille le conservera jusqu'en 1848.

POLÉMIQUE AU PLUS HAUT NIVEAU
Le projet des colonnes de Daniel Buren fit l'objet de nombreux recours en justice et de pétitions. Le 29 janvier 1986, Jacques Chirac, alors maire de Paris, prit un arrêté municipal imposant l'arrêt des travaux. Puis François Léotard, en tant que ministre de la Culture, étudia l'hypothèse d'une destruction des travaux en cours. Le 2 mai, Daniel Buren assigna le ministre au tribunal sur le sujet du droit moral de l'artiste sur son œuvre, et François Léotard céda, ordonnant l'achèvement des travaux. Les recours juridiques ne prirent fin qu'en décembre 1992...

LE PALAIS DES PLAISIRS

Le Palais-Royal s'est beaucoup modifié au gré de ses propriétaires successifs, et il a notamment rétréci sous l'action de Philippe IV d'Orléans, futur Philippe Égalité. Dans les années 1780, celui-ci, souhaitant éponger ses lourdes dettes, fait construire des immeubles autour de ses jardins (ce qui revient à les réduire d'un tiers), puis les met en location. Entre 1781 et 1784, 60 pavillons locatifs voient ainsi le jour sous la houlette de Victor Louis, avec une large galerie à arcades au rez-de-chaussée, sous laquelle s'ouvrent une multitude de boutiques. Heureusement, les nouveaux propriétaires sont obligés de conserver l'aspect original des édifices et de

l'entretenir, assurant ainsi l'harmonie de l'ensemble. Le Palais-Royal devient très rapidement un centre de commerce actif… mais aussi un lieu de débauche ! Car il demeure un domaine princier, où la police n'a pas le droit de pénétrer ! Profitant de cette exception légale, d'innombrables maisons de jeux et de plaisirs s'installent dans ce périmètre. Cet endroit joue d'ailleurs un rôle important au cours de la période révolutionnaire, puisque les nouvelles idées peuvent y être défendues sans crainte d'une intervention policière.

AUX ARMES, CITOYENS !

Le 12 juillet 1789, soit deux jours avant la prise de la Bastille, c'est dans le quartier du Palais-Royal que l'agitation parisienne atteint son paroxysme. La veille, le renvoi du ministre des Finances Necker a provoqué la colère des Français, car cet homme politique s'est rendu populaire lors des États généraux réunis à Versailles, en prenant parti pour le tiers état (les élus du peuple). Pendant deux jours, les Parisiens enragent devant cette nouvelle preuve de l'absolutisme royal, mais, faute d'armes et craignant une riposte militaire, ils hésitent quant à la marche à suivre. C'est alors qu'un jeune avocat du nom de Camille Desmoulins bondit sur une table devant le café de Foy, à deux pas du Palais-Royal ; lui qui vient de publier un pamphlet intitulé *La France libre* brandit son épée et harangue la foule, l'appelant à la révolte. Il accroche une feuille d'arbre à son chapeau, la couleur verte étant signe d'espérance : cette « cocarde » deviendra un signe de ralliement à la cause révolutionnaire. C'est le début de l'insurrection, qui aboutira le surlendemain à la prise de la Bastille, et par la suite au renversement de la monarchie…

LES COLONNES DE LA DISCORDE

Aux XIXe et XXe siècles, les arcades entourant le jardin accueillent progressivement des cafés, un restaurant raffiné (le Grand Véfour), ainsi que plusieurs boutiques d'antiquaires, de créateurs d'art et de mode… De prestigieuses institutions s'installent également dans les murs du palais : le Conseil d'État, le Conseil constitutionnel et le ministère de la Culture.

En 1986, le Palais-Royal se trouve à nouveau au centre de la tourmente avec les colonnes de Buren. Cette fois, le tourbillon est aussi bien politique qu'artistique. L'ajout d'art moderne au milieu d'une construction du XVIIe siècle est insupportable à certains. On assiste à une véritable levée de boucliers ; des pétitions circulent, des pamphlets sont publiés, des pressions sont exercées… Mais les colonnes sont installées ! ◆

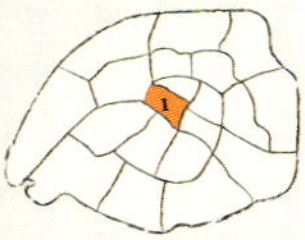

ADRESSE
Place Dauphine, 1er

Ⓜ Cité, Pont-Neuf

CRÉATION
Construction achevée en 1611.

LA PLACE DAUPHINE

Entre le Palais de Justice et le Pont-Neuf, presque à l'extrémité de l'île de la Cité, la place Dauphine est un lieu paisible qui doit son nom au Dauphin, futur Louis XIII.

1600

UNE AUTRE PLACE ROYALE

Au début du XVIIe siècle, ce qui deviendra la place Dauphine est un vaste verger royal aménagé sur trois îlots alluvionnaires à fleur d'eau, l'îlot du Passeur-aux-Vaches, l'île du Patriarche et l'île aux Juifs. On y trouve alors des carrés de fleurs et de légumes, mais aussi des treilles et des arbres fruitiers. La construction du Pont-Neuf (p. 84), de 1578 à 1607, entraîne la réunion de ce petit archipel et son rattachement à l'île de la Cité. Henri IV souhaite y installer une place royale qu'il dédie à son fils aîné, le Dauphin Louis – d'où le nom de « place Dauphine ». Pour accomplir son souhait, le bon roi offre ce terrain, l'ancien verger et les îlots, au premier président du Parlement, Achille de Harlay. Ce « cadeau » a une contrepartie de taille, car le souverain demande au nouveau propriétaire d'y construire des maisons en pierre selon un cahier des charges précis évoquant la hauteur des bâtiments, les toitures, les ouvertures et les arcades – comme ce fut le cas place des Vosges (p. 78). Aujourd'hui, il ne nous reste pas grand-chose de ces « maisons de rapport », car, en l'absence de servitudes royales, les propriétaires successifs ont quelque peu défiguré la place sans respecter l'uniformité d'origine.

À L'ORIGINE
La place originelle comptait 32 maisons similaires de deux étages, construites en briques et en pierres blanches et couvertes d'ardoises, avec un rez-de-chaussée à arcades pleines. Elle était alors close, ne s'ouvrant que par deux passages, dont seul celui situé à l'ouest subsiste, qui débouche sur la statue équestre d'Henri IV.

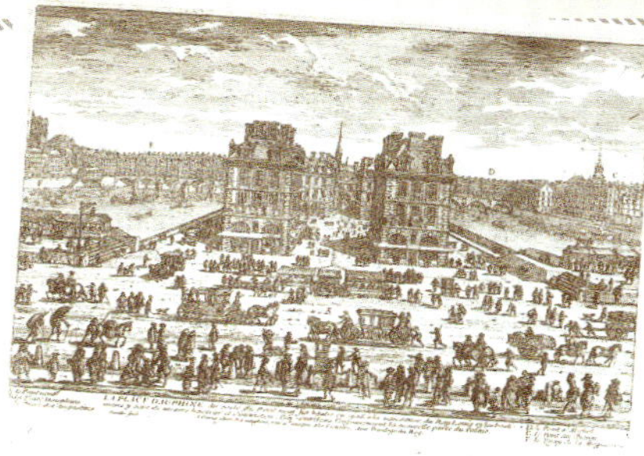

L'HÉRITIER DU TRÔNE DE FRANCE

Le surnom donné au fils aîné et successeur du roi de France était au départ un prénom répandu dans le nord de l'Angleterre sous la forme de Dolfin. Il faut remonter au XIIe siècle pour en comprendre l'origine : la comtesse Mahaut, de souche anglaise, donne alors à son fils Guigues IV un second prénom, Dauphin. Il est donc appelé « Guigues IV Dauphin » et sera comte d'Albon et du Viennois de 1133 à 1142. Les comtes du Viennois qui lui succèderont porteront eux aussi ce prénom qui devient dès lors un titre, leurs territoires étant appelés le « Dauphiné ». Parmi eux, Humbert II nous intéresse tout particulièrement. Né en 1312, il succède à son frère Guigues VIII en 1333 et crée le Conseil delphinal, futur parlement du Dauphiné, ainsi que l'université de Grenoble et la Chambre des comptes. Malheureusement, il perd de manière dramatique son fils unique – une nourrice l'ayant malencontreusement lâché d'une fenêtre ou d'un balcon du château. Inconsolable, ruiné par de folles dépenses et persuadé qu'il n'aura plus de fils, il décide de vendre le Dauphiné au roi de France avant de se retirer dans un couvent de dominicains. Tout heureux d'agrandir ses territoires, Philippe VI de Valois accepte et achète le Dauphiné 120 000 florins d'or. Le comte du Viennois met néanmoins une condition au marché : l'héritier de la couronne devra désormais porter le titre de « Dauphin » et joindre à ses armes celles du Dauphiné, c'est-à-dire trois dauphins. L'accord est finalement conclu par un contrat signé au château de Vincennes le 23 avril 1349. Philippe VI meurt peu de temps après, en 1350. Son fils Jean II lui succède, sans avoir eu le temps de prendre le titre de Dauphin. C'est donc le futur Charles V (1338-1380) qui sera le premier à le porter.

LA MARQUE DE VIOLLET-LE-DUC

Depuis le XIXe siècle et le réaménagement orchestré par Viollet-le-Duc, la place Dauphine n'est plus close, comme l'avaient souhaité ses premiers bâtisseurs ; désormais, elle permet de jouir de la superbe façade du Palais de Justice. Elle accueille de nombreuses galeries d'art et des petits restaurants, ce qui lui assure une relative fréquentation, et plusieurs de ses immeubles sont classés. Derrière leurs fenêtres ont vécu des anonymes et des personnalités, parmi lesquelles figure le couple mémorable Simone Signoret et Yves Montand, deux monstres sacrés que l'on pouvait alors croiser sur ce morceau de terre conquis sur les eaux du fleuve ! ◆

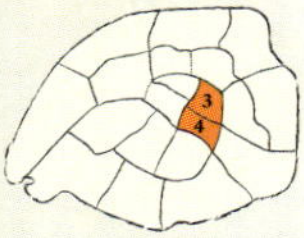

ADRESSE
Place des Vosges, 3e et 4e

Ⓜ Saint-Paul, Bastille, Chemin-Vert

CRÉATION
Inaugurée en 1612.

LA PLACE DES VOSGES

En plein cœur de Paris, la place des Vosges est sans doute l'ensemble architectural le plus élégant de la capitale. Elle est pourtant née à la suite d'un terrible drame...

1600

UNE GRANDE FÊTE À LA MAISON ROYALE DES TOURNELLES

L'histoire de la place des Vosges est marquée par une tragédie dont l'origine remonte au 3 avril 1559. Ce jour-là, le roi Henri II et le roi d'Espagne Philippe II signent le traité du Cateau-Cambrésis, qui met fin aux guerres d'Italie. Cet accord entraîne également plusieurs mariages, dont celui du roi Philippe II, veuf de Marie Tudor, avec Élisabeth de Valois, la fille d'Henri II. Pour célébrer cette union, le souverain français décide d'organiser une grande fête avec un carrousel (une parade équestre) qui doit se dérouler sur le cours Saint-Antoine – aujourd'hui disparue, cette voie donnait dans l'actuelle rue du Faubourg-Saint-Antoine, en bordure de la vaste maison royale des Tournelles. Cette demeure est la clé de notre histoire : elle avait été bâtie en 1388 à la demande du chancelier de France, Pierre d'Orgemont. C'est le mur délimitant la propriété, hérissé de petites tours, qui lui avait donné son nom d'« hôtel des Tournelles ». Achetée par la couronne au XVe siècle, cette résidence prestigieuse était ensuite devenue la « maison royale des Tournelles », puisqu'elle abritait les souverains de passage à Paris.

AU PLUS OFFRANT
La place Royale a été rebaptisée place des Vosges en 1800. Au moment du Consulat, il fut en effet décidé que le département qui aurait payé la plus grande partie de ses impôts à la date du 20 germinal an VIII donnerait son nom à la place principale de la capitale. Voilà pourquoi le département des Vosges, arrivé en tête et jugé le plus patriote, a été mis à l'honneur !

QUAND UNE FUNESTE PRÉDICTION SE RÉALISE...

Le 30 juin 1559 est donc organisée une joute équestre. Dans la tribune officielle, la reine Catherine de Médicis semble tendue : depuis plusieurs années, des astrologues prédisent qu'un drame est susceptible d'arriver au roi lors d'un combat singulier... Pourtant, en début d'après-midi, Henri II s'élance serein pour son troisième affrontement. Malheureusement, la lance de son adversaire, le capitaine de la garde écossaise Gabriel de Montgomery, soulève son casque et le blesse grièvement à l'œil. Le roi est immédiatement transporté à la

maison royale des Tournelles, son agonie va durer dix jours et, malgré l'intervention de grands médecins et chirurgiens de l'époque – dont Ambroise Paré –, il succombera à ses blessures.

LA NOUVELLE DESTINÉE DE LA PLACE

Pour Catherine de Médicis, la maison royale des Tournelles devient alors un lieu maudit, dont elle ordonne la démolition en 1563. Sur le terrain libre s'installe par la suite un marché aux chevaux. Puis, au début du XVIIe siècle, le roi Henri IV décide d'y aménager une grande place pouvant accueillir d'importantes manifestations. Celle-ci fait partie d'un vaste projet d'urbanisation comprenant notamment la création de la « place de France » d'où doivent rayonner des rues portant des noms de provinces françaises. De ce plan ambitieux, jamais mené à son terme, il nous reste encore quelques traces, avec les rues du 3e arrondissement : la rue de Bretagne, la rue du Poitou, la rue de Saintonge ou la rue du Perche…

Mais revenons à la future place des Vosges : son chantier aurait été confié aux architectes Jacques Androuet du Cerceau et Louis Métézeau. Le résultat est splendide, avec la réalisation d'un extraordinaire ensemble de 36 pavillons dont les rez-de-chaussée, avec leurs arcades, offrent de longues galeries de promenade. Cette « place Royale » est inaugurée en avril 1612 à l'occasion des fiançailles du roi Louis XIII avec Anne d'Autriche. À peine deux ans après l'assassinat d'Henri IV, sa veuve, la régente Marie de Médicis, a en effet annoncé en janvier 1612 l'accord passé avec la cour d'Espagne concernant le mariage de son fils avec la fille du roi Philippe III d'Espagne.

UN AMÉNAGEMENT ROMANTIQUE

Ce n'est qu'à partir de 1639 que le centre de la place sera peu à peu aménagé en jardin. C'est d'abord le cardinal de Richelieu qui fait installer au milieu une statue équestre de Louis XIII (en 1829, elle sera remplacée par une nouvelle sculpture de Cortot). Puis, au cours des deux siècles suivants, le cœur de la place est clos par une grille, et des espaces verts sont tracés. En 1829, Cortot et Dupaty créent au centre quatre élégantes fontaines, où 16 têtes de lion rejettent l'eau de l'Ourcq dans un grand bassin. Enfin, des arbres sont plantés tout autour de la place : d'abord des tilleuls, puis des ormes et, depuis 1975, de nouveau des tilleuls, alignés sur trois rangées de 186 arbres. ◆

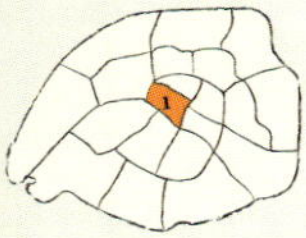

ADRESSE
Place Vendôme, 1er

Ⓜ Opéra

CRÉATION
Achevée en 1810.

LA PLACE VENDÔME

Dans l'axe de la rue de la Paix et de la rue Castiglione se dresse la colonne Vendôme, édifiée à la gloire des armées françaises d'après le modèle d'une colonne impériale romaine.

1600…

UNE IDÉE DU MARQUIS DE LOUVOIS

C'est le marquis de Louvois, surintendant des Bâtiments, Arts et Manufactures, qui est à l'origine du projet de l'actuelle place Vendôme. En 1685, afin de créer « une place qui serait d'un grand ornement à la ville de Paris et d'une grande commodité pour la circulation des rues qui en sont voisines avec la rue Saint-Honoré », il demande au roi Louis XIV d'acquérir le vaste hôtel de Vendôme, né des amours d'Henri IV avec Gabrielle d'Estrées. C'est chose faite pour 660 000 livres – ce qui fait cher la tonne de gravats, car le bâtiment est aussitôt démoli ! Il orchestre ensuite l'expropriation de plusieurs autres habitations, dont un couvent de capucines, pour disposer d'un terrain lui permettant de réaliser ce qu'il a en tête.

SUCCESSION DE STATUES

La statue de Napoléon que nous voyons aujourd'hui au sommet de la colonne Vendôme n'est pas l'originale ! Une première statue de l'empereur créée par Antoine-Denis Chaudet fut détruite à la fin du Premier Empire. Puis, en 1833, Louis-Philippe Ier fit représenter l'empereur en redingote, coiffé de son célèbre bicorne. Cette œuvre d'Émile Seurre fut ensuite déplacée au rond-point de la Défense avant d'être installée définitivement dans la cour des Invalides. Enfin, l'empereur Napoléon III décida de rendre hommage à son oncle en commandant à Augustin Dumont une nouvelle statue : celle qui s'y trouve toujours !

UN SUPERBE ÉCRIN POUR UNE COLOSSALE STATUE ROYALE

Les travaux nécessaires à la création de cette nouvelle voie de circulation débutent en 1686 et s'achèvent vers 1720. Cette durée s'explique à la fois par la disparition de Louvois, le 16 juillet 1691, et par un manque de financement. Entourée de plusieurs hôtels somptueux, la place est dessinée par Jules Hardouin-Mansart, l'architecte du dôme de l'église des Invalides et de la façade du château de Versailles, et par l'un de ses élèves, Germain Boffrand, à qui l'on doit plusieurs hôtels particuliers à Paris.

En 1699, une imposante statue équestre haute de 7 m et représentant Louis XIV en costume romain et en perruque est installée au centre de la place, sur un piédestal de marbre blanc haut de 10 m ! Mais, au lendemain de la Révolution, le 12 août 1792, la statue est renversée et fondue.

UN SYMBOLE DE LA PUISSANCE IMPÉRIALE

En 1803, Bonaparte (qui, depuis sa campagne d'Italie en 1796, est grand amateur d'art italien) décide d'ériger à ce même endroit un monument inspiré de la célèbre

Pensez à prendre des jumelles pour pouvoir observer les moindres détails de la fresque historique qui orne la colonne.

PLACE XVIIe siècle

colonne Trajane de Rome. Cet ouvrage commémore les victoires de l'empereur romain Trajan sur le peuple des Daces grâce à des bas-reliefs en spirale et présentant de nombreux personnages. Le 1er janvier 1806, Bonaparte, devenu Napoléon Ier depuis son sacre en 1804, signe un décret donnant naissance à une colonne qui célébrera les exploits du nouvel empereur français ! Ce monument, œuvre des architectes Lepère et Jacques Gondouin, est d'abord baptisé « colonne d'Austerlitz », ensuite « colonne des Victoires », puis « colonne de la Grande Armée » et enfin « colonne Vendôme ».

UNE NOUVELLE « TAPISSERIE DE BAYEUX » À LA MODE NAPOLÉONIENNE

Pour décorer la colonne, le directeur des Monnaies et Médailles, Dominique Vivant Denon, suggère à Napoléon de fondre les 1 200 canons pris aux Autrichiens et aux Russes sur le champ de bataille d'Austerlitz, en décembre 1805, et de les utiliser pour composer des bas-reliefs célébrant les hauts faits de l'armée française. Avec les 150 t de bronze ainsi récupérées, l'artiste Pierre Bergeret, un élève de David, dessine une frise relatant 76 scènes de la campagne de 1805. Cette frise nous raconte en détail l'épopée militaire d'Austerlitz : l'arrivée de Napoléon à Strasbourg, les batailles de Wertigen et d'Elchingen, les entrées à Vienne et Presbourg, la victoire d'Austerlitz, la rencontre des empereurs et le retour triomphal à Paris ! La colonne repose sur un piédestal lui-même décoré de nombreux bas-reliefs sur lesquels figure un amoncellement de trophées de l'armée autrichienne.

ET LA PLACE RETROUVE UNE STATUE...

Il reste alors aux sculpteurs à symboliser la puissance de l'empereur. Dans le cœur de la colonne est donc créé un escalier de 176 marches (aujourd'hui interdit au public) permettant d'accéder au sommet et de contempler la statue du héros d'Austerlitz. Cette statue montre Napoléon en costume d'empereur romain, couronné de lauriers, tenant dans sa main gauche un glaive et dans sa main droite un globe terrestre surmonté d'une Victoire ailée (déesse symbolisant la victoire sur l'ennemi). Un vrai hommage à la colonne de Trajan ! ◆

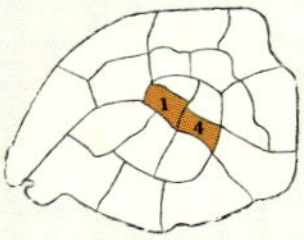

ADRESSE

Pont au Change, 1er, 4e

Ⓜ Châtelet

CRÉATION

Première construction achevée en 1647.

LE PONT AU CHANGE

Il faut un peu d'imagination pour retrouver le pont au Change tel qu'il a été édifié au XIe siècle. Cependant, en découvrant son histoire, vous pourrez peut-être retracer les maisons qui le bordaient et entendre les changeurs qui y faisaient commerce…

1600

LE PONT AU ROY

Après l'érection d'un premier pont à peu près à l'endroit de l'actuel pont au Change, vers l'an 1000, bien des histoires se sont déroulées ! Depuis les dernières incursions des Vikings, venus par la Seine jusqu'à Paris, au cours du IXe siècle, la paix semble s'être enfin installée. Pour ne plus voir ces hommes du Nord détruire Paris, ses maisons et ses quelques ponts, le roi Charles III le Simple signe en l'an 911 le traité de Saint-Clair-sur-Epte offrant au Viking Rollon la région de la Basse Seine, qui va devenir la Normandie (la terre des hommes du Nord, les Nortmanni).

C'est donc dans un État pacifié que le roi Robert le Pieux (le fils d'Hugues Capet) fait construire un pont vers l'an 1000, baptisé le « pont au Roy ». Dès l'année 1141, le roi Louis VII donne l'ordre à tous les changeurs de la capitale de s'y installer, afin de pouvoir y surveiller le commerce et les activités monétaires.

Mais, bien souvent au Moyen Âge, les ponts ne résistent guère au temps qui passe (les deux principaux dangers étant le feu et… l'eau !). Ainsi, au XIIIe siècle, le courant bouillonnant du fleuve emporte avec lui le pont en bois. Ce dernier est rebâti dès 1305, toujours en bois, et recouvert de maisons comportant des commerces au rez-de-chaussée – essentiellement des orfèvres et des changeurs – et des logements dans les étages. Il prend alors le nom de « pont aux Changeurs ».

LE PONT MODERNE

Mais après l'eau, c'est le feu qui détruit le pont au XVIIe siècle, dévorant tout sur son passage, y compris les 50 maisons de commerçants…

Au lendemain de l'incendie, changeurs et orfèvres unissent leurs voix pour demander de reconstruire le pont. Cette fois, il sera édifié en pierre et à leur frais ; en retour, ils souhaitent y installer de nouveau leurs commerces et habitations. L'autorisation

est accordée par le roi Louis XIII, qui accepte même de financer une partie de ce vaste chantier qui se déroule de 1639 à 1647. Il en résulte un pont magnifique et imposant, le plus large de Paris à l'époque ! Désormais appelé « pont au Change », il est réalisé suivant les plans d'Androuet du Cerceau.

Curieusement, à ce moment de l'histoire, le pont au Change est hérissé de maisons alors que le Pont-Neuf (p. 84), qui a été inauguré par Henri IV, le père de Louis XIII, a été construit sans aucune habitation… Il faudra attendre le XVIIIe siècle pour que ces commerces et habitations disparaissent du pont au Change.

Moins d'un siècle plus tard, le préfet Haussmann fait à nouveau reconstruire le pont, lui donnant un axe légèrement différent par rapport au précédent afin de l'aligner avec le boulevard du Palais qui traverse l'île de la Cité. Réédifié sous le règne de Napoléon III, le nouveau pont est orné des fameux « N » impériaux au-dessus de chacune des piles.

LE CARREFOUR DES BOUQUINISTES

Du pont au Change reconstruit sans maisons, on peut voir de nos jours, lorsqu'on se tourne vers l'aval, à gauche la Conciergerie et à droite le Louvre. Et surtout, on distingue, accrochées aux quais, plein d'étranges petites boîtes vertes… Il s'agit des étals des nombreux « bouquinistes », dont l'histoire est ancienne. C'est en fait depuis 1578 que des livres sont exposés sur les bords de Seine, plus ou moins en bon état, sur des tréteaux ou à terre, sur des toiles. D'autres marchands se promenaient également à travers les rues, proposant leurs livres placés dans une boîte qu'ils transportaient devant eux, une courroie attachée autour du cou – ces porteurs sont devenus les col-porteurs ! On en comptait 120 en 1732 et encore plus après la Révolution. La profession fut reconnue en 1822, et de plus en plus de livres vinrent alors peupler les parapets des quais. Cependant, il faut attendre 1891 pour voir les bouquinistes autorisés à laisser toute l'année leur marchandise sur place. De nos jours, leurs boîtes sont toujours attachées aux quais avec des chaînes et des cadenas, car il est interdit de faire des trous dans les pierres des parapets. Pierre Mac Orlan a écrit à leur propos qu'« ils représentent le symbole de l'invitation au voyage immobile ». ◆

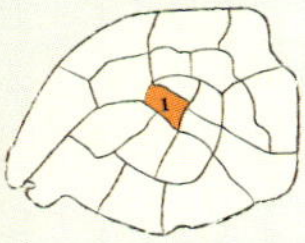

ADRESSE
Île de la Cité, 1er

Ⓜ Pont-Neuf

CRÉATION
Inauguré en 1603.

Monument **H**istorique

LE PONT-NEUF

« Pont-Neuf », drôle de nom pour un pont qui a déjà fêté ses 400 ans d'existence ! Pour comprendre cette appellation, il faut remonter à ses origines, au moment où il entre en service, devenant alors le « nouveau pont de Paris ».

1600

RELIER LE LOUVRE À SAINT-GERMAIN-DES-PRÉS

Au XVIe siècle, les rives de la Seine ne sont rattachées à l'île de la Cité – devenue le centre du pouvoir avec les rois capétiens – que par quatre ponts : le pont Notre-Dame, le pont au Change, le Petit-Pont et le pont Saint-Michel. C'est pourquoi, dès les années 1550, le roi Henri II envisage la construction d'un nouveau passage permettant de relier le Louvre, sur la rive droite, à l'abbaye de Saint-Germain-des-Prés, sur la rive gauche. Mais il va falloir vingt ans pour que le projet aboutisse. En 1577, c'est finalement le roi Henri III qui confie la construction de cet ouvrage d'art à plusieurs architectes, dont les plus célèbres sont Baptiste Androuet du Cerceau et Pierre des Îles. Ce nouveau pont doit prendre appui sur l'extrémité occidentale de l'île de la Cité et relier des petits îlots séparés qui se trouvent à proximité (ils ont pour nom à l'époque l'île des Passeurs-de-Vaches, l'îlot de la Gourdaine et l'île des Juifs). Ceux-ci seront rassemblés pour former, au XVIIe siècle, la place Dauphine.

EMPAQUETÉ
Le Pont-Neuf est une œuvre d'art qui inspire les performances artistiques : ainsi le 22 septembre 1985, il a été « empaqueté » de façon tout à fait spectaculaire par les célèbres Christo et Jeanne-Claude avec 40 000 m² de polyamide beige et 13 000 m de cordages.

INAUGURÉ PAR HENRI III ET ACHEVÉ PAR HENRI IV

En avril 1578, les eaux de la Seine sont assez basses pour permettre la construction des fondations de la première pile du pont. Le 31 mai 1578, Henri III vient solennellement poser la première pierre installée à fleur d'eau. Mais c'est un jour de deuil pour lui, car il vient de perdre deux de ses mignons, Jacques de Caylus et François de Maugiron, tués lors d'un duel qui les a opposés à trois partisans de son cousin de Guise. Tout de noir vêtu, portant un chapelet dont les grains sont de minuscules têtes de mort, le souverain monte dans une barque magnifiquement parée pour rejoindre sa mère, Catherine de Médicis, et son épouse, Louise de Vaudémont. La cérémonie est solennelle : sous la pierre (où sont gravées les armes du roi, de la reine mère et de la ville) sont glissées des pièces d'argent et de cuivre doré à l'effigie du roi et des deux reines.

Lorsque le temps s'y prête, j'aime glisser dans l'une des tourelles en demi-lune installées sur le pont, m'asseoir sur le banc en pierre qui s'y trouve et lire quelques pages, bercé par la circulation routière et fluviale…

Malheureusement, les travaux sont vite arrêtés à cause des guerres de Religion. Il faudra à nouveau attendre vingt ans et l'arrivée sur le trône d'Henri IV pour qu'ils reprennent. En 1599, la paix revenue, le nouveau roi souhaite voir ce pont achevé. Pour trouver les subsides nécessaires, il crée une taxe sur les vins – un impôt qui ne disparaîtra pas pour autant à la fin des travaux ! En quatre ans, tout est terminé et, en 1603, le souverain peut franchir le Pont-Neuf à cheval, comme le rappelle la statue équestre qui le représente aujourd'hui. Cette statue a une histoire tumultueuse… Jugez plutôt ! Un premier bronze d'Henri IV arriva de Florence en 1613, mais il fut renversé et brisé en août 1792… Un second fut alors inauguré le 25 août 1818 – c'est celui que nous connaissons aujourd'hui. À noter que dans le socle du piédestal furent déposés plusieurs documents, comme la copie des procès-verbaux de l'inauguration des deux statues, différents livres (*La Henriade* de Voltaire, une vie d'Henri IV, le récit du retour de Louis XVIII), sans oublier la charte de 1814, les traités de paix de 1814, ainsi que quelques pièces de monnaie et des médailles…

UNE CONSTRUCTION NOVATRICE

À l'époque de sa réalisation, le Pont-Neuf fut jugé révolutionnaire. Tout d'abord, il était en pierre, alors que le bois était plus fréquemment utilisé à l'époque, mais la véritable nouveauté réside dans le fait qu'il fut conçu avec des trottoirs afin de permettre aux piétons de circuler sans danger. En outre, ce pont ne comportait aucune construction, laissant le champ libre à une magnifique vue sur la Seine, sur Paris et ses trésors.

Cet ouvrage splendide fut également novateur par ses proportions : il mesure 238 m de long de la rive droite à la rive gauche et est soutenu par douze arches au total, soit sept arches pour le grand bras de la Seine (entre la rive droite et l'île de la Cité) et cinq arches pour le petit bras (entre l'île de la Cité et la rive gauche).

Au début du XXIe siècle, il a été magnifiquement nettoyé et restauré, afin de mettre en valeur sa pierre blanche qui se reflète dans les eaux de la Seine. ◆

1700

BRÛLÉ VIF

C'est sur l'un des îlots qui seront rattachés au Pont-Neuf que le grand maître de l'ordre du Temple Jacques de Molay a été brûlé vif en mars 1314, après l'arrestation et la condamnation de tous les templiers de France. Une plaque, posée au pied de l'escalier qui descend du pont vers la pointe de l'île, rappelle cet événement, que narre si bien Maurice Druon dans son roman *Les Rois maudits*.

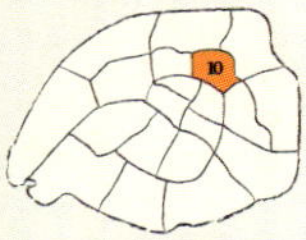

ADRESSE
Boulevard Saint-Denis et boulevard Saint-Martin, 10e

Ⓜ Strasbourg-Saint-Denis

CRÉATION
Érigées en 1672 (Saint-Denis) et 1674 (Saint-Martin).

LA PORTE SAINT-DENIS ET LA PORTE SAINT-MARTIN

Témoignages de victoires de Louis XIV, les portes Saint-Denis et Saint-Martin sont matérialisées par de splendides arcs de triomphe. L'histoire d'anciennes batailles vous y attend…

1600

DES ENTRÉES SYMBOLIQUES

À l'origine, une « porte » désigne l'ouverture pratiquée dans le mur d'enceinte d'une ville. Ce terme a traversé le temps et est utilisé aujourd'hui encore pour désigner les entrées de la capitale tant sur le boulevard périphérique que sur les boulevards des Maréchaux.

À l'emplacement des portes Saint-Denis et Saint-Martin, il existait déjà deux ouvertures dans le mur d'enceinte érigé au XIVe siècle à l'initiative du roi Charles V. Lorsque, trois siècles plus tard, Louis XIV affirma qu'il n'était plus nécessaire de conserver ce rempart protecteur autour de Paris, la décision fut prise d'abattre les fortifications, et les ouvertures d'origine furent remplacées par des monuments.

La porte Saint-Denis, boulevard Saint-Denis, a été construite en 1672 par François Blondel. Quant à l'autre, boulevard Saint-Martin, elle a été édifiée deux ans plus tard par Pierre Bullet. Le Roi-Soleil les a fait ériger pour célébrer les exploits militaires qui ont marqué son règne. De nombreuses décorations, sculptures et bas-reliefs, ornent les façades des deux arcs de triomphe, relatant les victoires de l'armée française. À l'époque, ces arches constituent des entrées symboliques dans Paris ; elles ont vu d'ailleurs passer plusieurs souverains, parmi lesquels Louis XIV, Louis XV, Louis XVIII, Napoléon (de retour de campagne) et la reine Victoria, venue inaugurer l'Exposition universelle de 1855.

LA FUITE PAR LA PORTE SAINT-MARTIN

Parmi les faits marquants qui se sont déroulés, à la porte Saint-Martin, figure le passage de Louis XVI et de la famille royale, lors de la fuite vers Varennes… Ce 20 juin 1791, alors que tout semble dormir aux Tuileries, vers minuit, les époux royaux, leur fils et trois personnes de confiance s'installent dans une voiture attelée qui prend la direction de la porte Saint-Martin. Là, une autre calèche les attend. Le voyage se déroule sans encombre, jusqu'à ce que les six passagers soient arrêtés à Varennes-en-Argonne. Mais, cela, c'est une autre histoire…

LA MORT DE D'ARTAGNAN

L'arc de triomphe de la porte Saint-Denis est orné d'un bas-relief représentant la prise de Maastricht, cette ville des Pays-Bas dont le nom est redevenu célèbre grâce au traité de Maastricht signé en 1992. Or, plus de trois siècles auparavant, cette ville avait déjà marqué l'histoire de France. En effet, alors qu'elle appartenait depuis 1632 aux Provinces-Unies (pays qui correspond

aujourd'hui approximativement aux Pays-Bas), Louis XIV décide de s'en saisir par la force – il faut avouer que cette grande cité du Brabant hollandais est une place forte installée sur la Meuse qui excite les convoitises. Épaulé par Condé, Turenne et Vauban, le souverain entre dans les Pays-Bas espagnols. Après avoir menacé Gand, puis Bruxelles, il se tourne vers l'est, du côté de Maastricht. Parmi les militaires accompagnant le roi, il y a un certain d'Artagnan, qui a inspiré à Alexandre Dumas son personnage romanesque. Devant Maastricht, le 25 juin 1673, le lieutenant général qui commande la bataille sollicite l'aide de quelques mousquetaires afin d'enlever une position clé à l'ennemi. D'Artagnan, qui a déjà lancé un assaut la nuit précédente, répond malgré tout à l'appel. Ses hommes se battent avec panache et finissent par remporter la victoire au prix de nombreuses vies. À leur retour, on s'aperçoit de l'absence du capitaine. Quelques soldats repartent le chercher et découvrent son corps sans vie, gisant entre les deux camps, une balle de mousquet logée au niveau de la gorge. Au péril de leur vie, ils rapporteront son corps, témoignant ainsi de l'attachement et du respect portés à leur chef.

LA PRISE DE BESANÇON

Sur la porte Saint-Martin, c'est la prise de Besançon qui, entre autres batailles, est représentée par un bas-relief. La ville de Besançon, aujourd'hui capitale de la Franche-Comté, est annexée par la couronne espagnole en 1664. Désireux de la récupérer, Louis XIV y envoie ses armées. En 1674, la ville redevient française. La même année, la porte Saint-Martin est en construction ! Pour consolider sa victoire à Besançon, le roi demandera à Vauban d'y construire une citadelle imprenable. Ces travaux s'achèveront en 1711, et leur coût (supporté par le trésor de l'État) sera si élevé que Louis XIV ironisera en demandant si les murs de la citadelle ne sont pas bâtis en or !

Aujourd'hui, ces batailles paraissent sans doute fort éloignées des préoccupations des habitants voisins des portes Saint-Denis et Saint-Martin. C'est un quartier populaire où vit une importante population d'origine kurde, qui a bien d'autres combats à l'esprit ! ◆

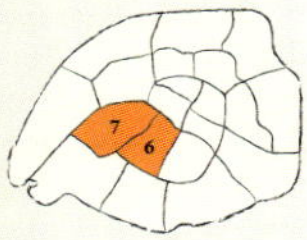

ADRESSE
6e et 7e arrondissements

Saint-Sulpice, Saint-Germain-des-Prés
www.saint-germain-des-pres.com

CRÉATION
Développement du quartier au XVIIe siècle.

SAINT-GERMAIN-DES-PRÉS

Il n'y avait ici, à l'origine, qu'une prestigieuse abbaye et quelques pâturages. Mais Saint-Germain-des-Prés s'est surtout illustré par une vie intellectuelle et artistique trépidante au XXe siècle.

1600

UNE ABBAYE PROSPÈRE

Le nom de « Saint-Germain » remonte au haut Moyen Âge. En l'an 558, le roi Childebert Ier, fils et successeur de Clovis, rentre d'une campagne militaire victorieuse face aux Wisigoths, en Espagne ; il rapporte dans ses bagages une croix-reliquaire en or, ainsi que la tunique de saint Vincent. Alors que le Paris de l'époque est installé sur l'île de la Cité et sur la rive gauche de la Seine (la rive droite étant très marécageuse), il décide de bâtir une abbaye aux abords de l'agglomération pour y conserver ces précieux trésors ; il s'agit de l'église Sainte-Croix-et-Saint-Vincent, consacrée en décembre 558 par Germain, l'évêque de Paris. Ce religieux, sanctifié et enterré dans l'église, lui laissera son nom au VIIIe siècle ; l'abbaye est alors rebaptisée « Saint-Germain-des-Prés », car elle se dresse au milieu des champs. Elle se démarque ainsi des autres édifices portant le même vocable, notamment Saint-Germain-l'Auxerrois, sur la rive droite.

L'abbaye prospère et, au IXe siècle, ses possessions s'étendent sur 10 000 hectares dans tout le pays ! Mais une telle aisance attise les convoitises : en 886, les Vikings, qui ont remonté le cours de la Seine jusqu'à Paris, saccagent et brûlent l'édifice, qui ne renaîtra de ses cendres qu'autour de l'an mille. Le XIe siècle voit l'édification du clocher-porche de l'église, lequel est encore debout dix siècles plus tard. Puis l'abbaye est fortifiée, avec une épaisse muraille, des tours et de larges fossés, tandis que se développe à côté un paisible village, séparé de Paris.

UNE INFLUENCE DÉCLINANTE
Dès le XVIIIe siècle, l'abbaye Saint-Germain-des-Prés a perdu progressivement de son prestige. Pendant la Révolution, elle a été transformée en usine de salpêtre – ce qui l'a beaucoup dégradée. En 1803, elle a obtenu le statut d'église paroissiale, mais a perdu la majeure partie de ses bâtiments à la suite d'importants travaux. Elle a ensuite été partiellement restaurée par l'architecte Victor Baltard au milieu du XIXe siècle.

UN FAUBOURG À LA CROISÉE DES ROUTES

Dès les origines, le peuple vient s'installer à l'ombre de ce pouvoir religieux, et très vite apparaissent le bourg et le faubourg Saint-Germain – qui correspondent à peu près aux 6e et 7e arrondissements actuels. Si quelques belles demeures avaient déjà été édifiées au XIVe siècle, le destin de Saint-Germain change avec l'extension de la capitale et l'installation de la royauté à Versailles au XVIIe siècle. Le faubourg se retrouve alors dans une situation géographique idéale,

sur le chemin menant du Louvre et des Tuileries à Versailles. L'aristocratie et la noblesse décident de s'approprier les lieux et font bâtir, à l'ouest de l'abbaye Saint-Germain, de superbes hôtels particuliers : le Palais-Bourbon (p. 106), l'hôtel Matignon (p. 114) et bien d'autres encore, aujourd'hui occupés par des ambassades, des ministères et des institutions officielles. Les liens unissant le quartier au « pouvoir » ne se sont donc jamais démentis depuis plus de trois siècles.

UN VENT DE LIBERTÉ

C'est également au cours du XVIIe siècle que les premiers « intellectuels » (ce terme étant postérieur à cette époque) se sont installés à Saint-Germain-des-Prés. En effet, la réforme de Saint-Maur s'impose alors à l'abbaye, l'obligeant à consacrer une place importante au travail et à s'adonner à des recherches religieuses, historiques, littéraires… Mentionnons à ce sujet le personnage extraordinaire de Dom Jean Mabillon (1632-1707), qui travailla à Saint-Germain-des-Prés à partir de 1664, notamment en théologie et en histoire. Désormais, le spirituel et l'intellectuel vont marcher main dans la main dans ce quartier de la capitale.

Au cours des années suivantes, autour de cette abbaye où les Lettres ont élu domicile, on voit apparaître de nombreux tréteaux et les auteurs qui vont avec, comme Racine, Molière, Clairon, Voltaire, Marivaux, Talma ou Favart… C'est également à l'ombre de Saint-Germain-des-Prés que naît L'Encyclopédie de Diderot et d'Alembert.

Avec une histoire aussi riche en « cerveaux », comment s'étonner de la prépondérance intellectuelle de ce quartier au XXe siècle ? Les noms de Jean-Paul Sartre et Simone de Beauvoir, mais aussi de Boris Vian, Juliette Gréco, Sydney Bechet, Jean-Luc Godard, François Truffaut, Jacques Prévert ou Alberto Giacometti restent indéfectiblement liés à l'histoire de Saint-Germain. Cela explique le nombre important de librairies et de galeries d'art installées à proximité de l'église, même si la renommée du quartier y a également attiré de multiples enseignes de mode qui les en ont progressivement délogées afin de bénéficier de l'aura de Saint-Germain… ◆

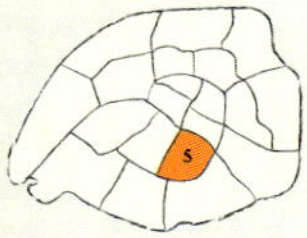

ADRESSE
1, place Alphonse-Laveran, 5e

Port-Royal, Luxembourg
www.valdegrace.org

CRÉATION
Construction achevée en 1667.

LE VAL-DE-GRÂCE

Le « Val-de-Grâce » est aujourd'hui associé à l'hôpital du même nom. Mais ce fut jadis un hôtel particulier, puis un couvent et même une abbaye,dont il nous reste le dôme exceptionnel.

1600

DU PETIT BOURBON AU VAL-DE-GRÂCE

À l'emplacement de l'église et de l'hôpital contemporains du Val-de-Grâce s'élevait jadis un hôtel particulier appelé le « Petit Bourbon », qui fut propriété de la famille royale à partir du XIVe siècle. Au XVIIe siècle, le lieu se transforme sous l'égide de la reine Anne d'Autriche. Fille du roi d'Espagne Philippe III et de Marguerite d'Autriche, Anne a épousé Louis XIII en 1615, à l'âge de 14 ans ! Au fil des années, l'atmosphère du Louvre lui devient de plus en plus pesante, et ses liens avec le roi se distendent – notamment parce qu'elle tarde à lui donner un héritier. Cherchant un lieu de repos loin de la cour, elle fait l'acquisition en 1621 du Petit Bourbon et décide d'y installer les bénédictines de l'abbaye du Val-Profond, fondée au XIe siècle dans la région parisienne. Deux ans plus tard, Anne d'Autriche pose la première pierre du cloître de ce couvent, qui utilise les structures du Petit Bourbon, et y réserve deux pièces pour son usage personnel. Ce n'est encore qu'un lieu de recueillement et de tranquillité, l'abbaye du Val-de-Grâce n'est pas encore née !

LE VAL-DE-GRÂCE ACTUEL

Aujourd'hui, l'abbaye royale du Val-de-Grâce abrite l'École d'application du service de santé des armées, qui constitue avec l'hôpital attenant le premier centre hospitalier universitaire militaire. Y sont également implantés le musée du Service de santé des armées, ainsi que la bibliothèque centrale du Service de santé des armées, deuxième bibliothèque médicale de France, qui comporte plus de 40 000 ouvrages et près de 600 collections de périodiques.

LA CABALE CONTRE ANNE D'AUTRICHE

À la même époque, une ambassade venant d'Angleterre arrive en France avec, à sa tête, le duc de Buckingham. Le jeune homme tombe éperdument amoureux de la reine de France, qui n'est elle-même pas insensible à son charme… Sans l'intervention des célèbres mousquetaires, cette rencontre aurait pu se terminer en affaire d'État, comme nous le raconte Alexandre Dumas dans son roman *Les Trois Mousquetaires*, à travers l'épisode des ferrets de la reine, ces fameux bijoux qui ont tant défrayé la chronique.

L'incident est finalement étouffé et, en juin 1625, Buckingham quitte le sol français. Néanmoins, ce scandale place Anne d'Autriche dans une position délicate. En 1637, le cardinal Richelieu organise même une opération policière à son encontre en faisant fouiller son modeste logement dans le couvent du Val-de-Grâce, afin de découvrir de nouvelles preuves la discréditant

définitivement aux yeux du roi. Richelieu espère ainsi que la reine sera répudiée et qu'il profitera du fait que le souverain n'ait toujours pas de fils pour lui succéder. Mais Anne d'Autriche donne finalement naissance à un enfant, le futur Louis XIV, en 1638 ! Si elle est « réhabilitée » aux yeux du roi, l'entrée du Val-de-Grâce lui demeure cependant interdite...

Après la mort de Louis XIII et de Richelieu, la reine décide de transformer ce petit couvent en une importante abbaye afin de remercier Dieu de lui avoir donné un fils. Louis XIV, alors âgé de 7 ans, pose officiellement la première pierre de la chapelle en 1645. C'est le célèbre architecte François Mansart qui, au départ, est en charge des travaux, puis d'autres architectes lui succéderont. L'une des pièces maîtresses de cette construction est le magnifique dôme, inspiré de celui de Saint-Pierre de Rome ; il est le troisième plus haut de la capitale, après ceux du Panthéon et des Invalides.

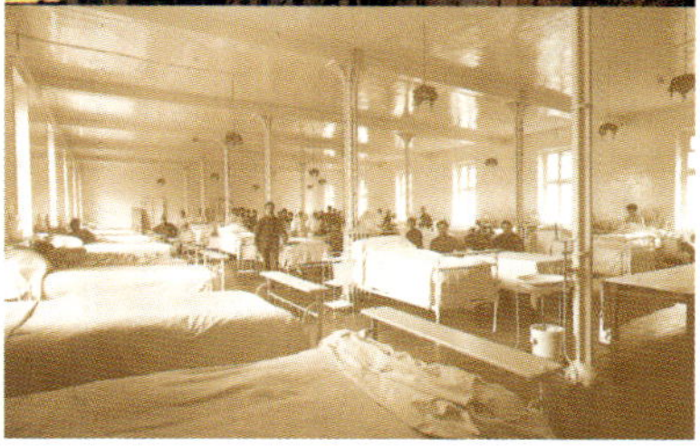

Au fil des siècles, l'abbaye sera transformée. À la de la Révolution, elle devient bien national et est fermée au culte. Elle aurait sans doute été détruite si, le 31 juillet 1793, la Convention nationale n'avait autorisé le ministre de la Guerre à l'utiliser comme hôpital militaire. Aujourd'hui, cet hôpital accueille notamment des personnalités françaises et étrangères. ◆

SOMMAIRE XVIIIe siècle

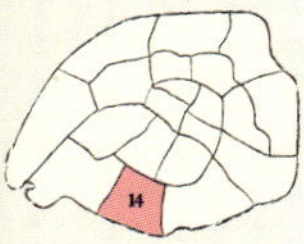

ADRESSE

1, av. du Colonel-Henri-Rol-Tanguy, 14e
Tél. : 01 43 22 47 63
Denfert-Rochereau
www.catacombes-de-paris.fr

CRÉATION

Consacrées en 1786.

LES CATACOMBES

***Catacumba* désignait en latin un cimetière souterrain, allusion aux premières sépultures chrétiennes creusées à Rome surtout jusqu'au règne de l'empereur Constantin, au début du IVe siècle.**

1700

LES OSSEMENTS MENACENT LA SANTÉ PUBLIQUE

C'est un décret du Conseil d'État du 9 novembre 1785 qui décide de la création des catacombes parisiennes dans les vastes excavations de la Tombe-Issoire. Mais pourquoi une telle décision et surtout d'où viennent les ossements ainsi transférés ?

Ce qui est en cause, c'est le cimetière des Saints-Innocents, qui était le plus vaste de la capitale. Ce cimetière et l'église des Saints-Innocents couvraient un large périmètre entre les rues actuelles Saint-Denis, Berger, de la Lingerie et de la Ferronnerie, à l'emplacement du Forum des Halles. Pendant près de dix siècles, ce cimetière a reçu les dépouilles de générations de femmes et d'hommes décédés dans Paris, sans oublier les « trépassés » de l'hôtel-Dieu et les pensionnaires de la morgue.

Dès 1554, les médecins de la faculté de Paris s'élèvent contre l'insalubrité des lieux et les risques d'épidémies. Des craintes sont à nouveau exprimées en 1737 par les riverains et par les médecins de l'Académie royale des sciences. Car à ce cimetière étaient adjoints de vastes charniers où l'on entassait des ossements provenant de diverses fosses communes. L'incident de trop se déroule en 1780, lorsque le mur d'une cave d'un particulier, contigu au cimetière, céda sous la poussée !

UNE DANSE MACABRE

Pendant quinze mois, de 1786 à 1788, les Parisiens ont assisté à un spectacle étrange : des convois de chars funéraires couverts de draps mortuaires traversaient la capitale à la tombée de la nuit, suivis de prêtres chantant l'office des morts, accompagnés de porteurs de torches.

LES MORTS HORS LES MURS !

La même année, le préfet de police Lenoir ferme le cimetière et envisage le déménagement des ossements dans un lieu situé hors les murs, dans les anciennes carrières de la Tombe-Issoire, sous la plaine de Montrouge. Il faut avouer qu'elles sont vastes ! On y a extrait presque toutes les pierres à bâtir de la capitale (calcaire, gypse, craie et argile) jusqu'au XVIIIe siècle. Au fil du temps, les carrières souterraines abandonnées finissent par s'affaisser. En surface, des maisons s'enfoncent, d'autres s'effondrent, et des chaussées se dérobent, emportant piétons et véhicules. La capitale est alors devenue un véritable « gruyère » !

LA DÉCORATION DES CATACOMBES

En 1785, une fois la décision officiellement prise, c'est à l'architecte des bâtiments

royaux Charles Axel Guillaumot de se mettre au travail. Il commence par consolider les espaces avec des piliers, d'imposantes maçonneries et des appareillages ouvragés.

Les catacombes sont consacrées en avril 1786, et les transferts se déroulent entre 1786 et 1788. C'est un rangement symétrique qui est décidé pour servir de « décoration », constituant ainsi murailles et galeries. En avant sont placés les gros os (ceux des bras et des jambes) de sorte que les apophyses forment une surface unie. Par intervalles sont installées des rangées de crânes et derrière ont été glissés les autres ossements et les débris.

Dès la fin du XVIIIe siècle, des excursions « très officielles » s'y déroulent, comme, en 1787, celle du comte d'Artois, le futur Charles X, qui vient accompagné par quelques dames de la cour afin d'y déguster une collation ! À partir du XIXe siècle, les visites publiques sont autorisées et, par la suite, les promeneurs prestigieux s'y succéderont, de l'empereur d'Autriche François II à l'empereur Napoléon III…

De là à penser que ces curiosités macabres permettent à ces visiteurs d'approcher la mort pour tenter de dompter leur propre peur… il n'y a qu'un pas ! ◆

L'ÉGALITÉ DANS LES CATACOMBES

Parmi les ossements de quelque six millions de personnes, il y a sans doute ceux de Colbert, de Danton, de Camille Desmoulins, de Lavoisier, de Robespierre, de Charles Perrault, de Lully, de Rabelais, de Jules Hardouin-Mansart, du Masque de fer, de Jean Racine, de Blaise Pascal, de Montesquieu côtoyant tant d'autres femmes et hommes anonymes !

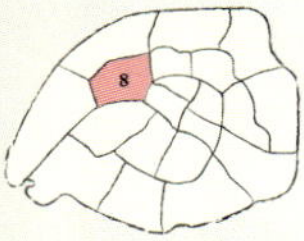

ADRESSE
Avenue des Champs-Élysées, 8e
Ⓜ Concorde, Champs-Élysées-Clemenceau, Franklin-D.-Roosevelt, George-V, Charles-de-Gaulle-Étoile

@ www.champselysees.org

CRÉATION
Tracé actuel achevé en 1724.

LES CHAMPS-ÉLYSÉES

Les Champs-Élysées, tout un mythe ! Mais pourquoi un des emblèmes les plus célèbres de Paris, qui évoque un luxe envié dans le monde entier, porte-t-il un nom tiré de la mythologie grecque ?

1700

LE SÉJOUR DES HÉROS

Pour les Grecs anciens, les champs Élysées offraient un séjour éternel et enchanteur aux héros et aux personnages vertueux des mythologies antiques. Il s'agissait d'un lieu de joie pour les immortels, en opposition avec le sombre royaume des morts. Le poète Homère, l'auteur de *l'Iliade* et de *l'Odyssée,* situe cet endroit « vers le Couchant, très loin, au-delà de l'Océan, à l'extrémité de la Terre ». Il le définit comme « un lieu entouré de vertes prairies où poussent des arbres aux fruits d'or » ! Quel rapport avec la magnifique avenue parisienne, me direz-vous ?

LE NÔTRE À L'ORIGINE DU GRAND COURS

En fait, l'histoire des Champs-Élysées parisiens commence au XVIIe siècle, en 1667 exactement, lorsque le ministre Colbert demande au prince des jardiniers, André Le Nôtre, de dessiner puis de tracer le jardin des Tuileries (p. 44). Dans l'axe de l'allée centrale de ce jardin, Le Nôtre a l'idée de percer une large voie à travers une région boisée, broussailleuse et maraîchère, une voie rectiligne bordée d'arbres et terminée par un grand rond-point qui élargirait la perspective. Cette première partie, appelée le Grand Cours, correspond au bas de notre avenue actuelle, entre la place de la Concorde (p. 122) et le rond-point des Champs-Élysées.

Quelques années plus tard, cette vaste allée est poursuivie jusqu'au sommet de la butte où se trouve aujourd'hui l'Arc de Triomphe (p. 126). Au début du XVIIIe siècle, elle est définitivement inscrite dans le paysage parisien, mais, jusqu'au règne de Louis XVI, elle est encore considérée comme un endroit sans charme, au sol poussiéreux l'été et boueux l'hiver. Il faudra attendre la fin des années 1780 pour voir s'y installer des lieux de plaisir, de jeux et de restauration.

À ses débuts, l'avenue a reçu différents noms de baptême : on a parlé de la « Grande Allée du Roule », de l'« avenue du Palais-des-Tuileries » ou encore de l'« avenue de la Grille-Royale ». C'est finalement en 1789 que cette longue voie prend le nom de Champs-Élysées – l'omniprésence de

LES CENDRES D'UN HÉROS

L'un des grands événements de notre histoire à s'être déroulé sur les Champs-Élysées fut la translation des cendres de Napoléon rapportées de Sainte-Hélène. En 1840, son cercueil descendit les Champs-Élysées devant une foule de plusieurs dizaines de milliers de personnes !

la nature et les nombreux divertissements (cafés, théâtres, cirques, lieux de promenade…) rappelant incontestablement le lieu mythologique.

LA PLUS BELLE AVENUE DU MONDE

Aujourd'hui encore, la première partie de cette avenue est constituée de jardins et de promenades, comme à sa grande époque, au XIXe siècle, où de larges espaces accueillaient des théâtres, le cirque d'Été (le pendant du cirque d'Hiver), des panoramas, des spectacles de marionnettes, des expositions et des jeux de toutes sortes : boules, quilles, paume… Sans oublier les premières auberges qui se transformeront en cafés et en restaurants, comme il en existe encore de nos jours. Le rond-point des Champs-Élysées, qui a lui aussi été dessiné par André Le Nôtre, a été plusieurs fois transformé. On y a d'abord vu une vaste esplanade, puis il fut orné d'un grand bassin. Celui-ci fut détruit, car il gênait la circulation, et seuls les petits bassins qui l'entouraient ont été conservés.

L'avenue Gabriel, qui doit son nom à l'architecte de la place de la Concorde, Jacques Ange Gabriel, a été ouverte en 1818 pour la partie qui sépare les jardins des Champs-Élysées du palais de l'Élysée (p. 116). Jusqu'au percement de cette avenue, le palais de l'Élysée « donnait » directement sur les Champs-Élysées !

La partie supérieure des Champs-Élysées a été développée plus tardivement (en 1800, elle n'était bordée que par six maisons !). C'est seulement à partir de

1840 que de nombreux hôtels particuliers y sont construits, offrant à cette perspective une allure grandiose. Puis, sous le Second Empire, cette voie devient rapidement le lieu chic, l'avenue élégante, l'axe majeur !

Aujourd'hui, les Champs-Élysées demeurent l'une des avenues les plus célèbres du monde, et plus encore la « Voie triomphale » voulue par le président François Mitterrand qui relie sur 7 km la place de la Concorde à l'arche de la Défense. Cette voie emblématique du prestige français est à la fois un lieu de mémoire (elle accueille le défilé du 14 juillet depuis 1915) et un lieu de fêtes (avec l'arrivée chaque année du Tour de France cycliste ou lors de grandes fêtes populaires spontanées, comme en 1998, lorsque l'équipe de France a remporté la Coupe du monde de football). ◆

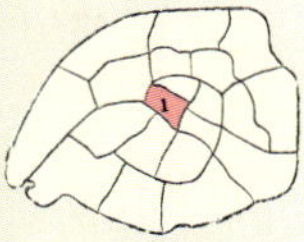

ADRESSE
Place Colette, 1er
Tél. : 08 25 10 16 80
Palais-Royal-Musée-du-Louvre
www.comedie-francaise.fr

CRÉATION
31 mai 1799.

LA COMÉDIE-FRANÇAISE

En passant à côté de ce majestueux bâtiment, on a l'impression de marcher sur les pas de Molière ! Et pourtant le comédien à l'origine de cette scène prestigieuse est mort sept ans avant sa création.

JEAN-BAPTISTE POQUELIN

Celle que l'on nomme aujourd'hui la « maison de Molière » est liée à l'histoire du grand homme né à Paris en janvier 1622. Jean-Baptiste Poquelin est le fils d'un riche tapissier de la rue Saint-Honoré, au cœur du quartier des Halles. Malgré de brillantes études au collège de Clermont – futur lycée Louis-le-Grand –, Jean-Baptiste abandonne les bancs de l'université pour se consacrer au théâtre. Il fréquente alors assidûment les plus célèbres troupes parisiennes de l'époque, celles du Marais et de l'hôtel de Bourgogne, dont le répertoire comporte notamment des œuvres de Corneille, Rotrou et Tristan L'Hermite.

DE L'ILLUSTRE-THÉÂTRE À LA TROUPE DU ROI

En 1643, ayant cédé l'office de tapissier ordinaire du roi à son frère cadet, Jean-Baptiste Poquelin crée avec quelques amis l'Illustre-Théâtre. La jeune troupe s'installe au jeu de paume des Métayers (dans la rue de Seine actuelle) et commence à jouer le 1er janvier 1644. En juin de la même année, Poquelin signe pour la première fois un contrat de son pseudonyme, Molière, dont on ne connaît pas l'origine. En 1658, une représentation est donnée devant le jeune Louis XIV dans la grande salle des gardes du Louvre (l'actuelle salle des Caryatides). Le succès est au rendez-vous : le roi apprécie la pièce, et la compagnie reçoit le titre de « troupe de Monsieur, frère unique du Roi ». Elle partage dès lors la salle du Petit-Bourbon avec les comédiens italiens – en effet depuis le milieu du XVIe siècle, ces derniers sont très présents dans le théâtre français qu'ils ont influencé avec leur fameuse *commedia dell'arte*.

Mais revenons à Molière… En 1660, Louis XIV accepte de lui confier la salle du Palais-Royal, qui s'élève alors à l'angle de la rue de Valois et de la place du Palais-Royal. Cinq ans plus tard, la troupe de Molière obtient le titre très convoité de « troupe du Roi » et reçoit une pension de 6 000 livres. Malheureusement, le 16 février 1673, Molière meurt alors qu'il incarne le malade imaginaire.

LA CRÉATION DE LA TROUPE EN 1680

L'artiste n'a donc pas connu la « Comédie-Française » créée en octobre 1680 par la volonté du Roi-Soleil. Cette décision royale est le fruit d'une politique très centralisatrice : le souverain a obligé deux troupes à s'unir, celle de l'hôtel de Bourgogne et celle de l'hôtel Guénégaud, qui comprenait les comédiens du théâtre du Marais associés à ceux du théâtre du Palais-Royal depuis la mort de Molière.

Les illustres acteurs de la Comédie-Française occupent d'abord plusieurs scènes de la capitale avant de jeter l'ancre près du Louvre. Ainsi peut-on les applaudir au théâtre Guénégaud, d'où ils sont chassés en 1687 à la demande de Louvois, qui ne veut pas que ces saltimbanques et leur public croisent les jeunes élèves du collège des Quatre-Nations tout proche (le futur Institut de France, p. 56). C'est un dur retour aux sources pour cette troupe obligée de se déplacer dans la capitale telle une compagnie ambulante ! On la retrouve ensuite successivement aux Tuileries en 1770 et au théâtre de l'Odéon en 1782…

LA SALLE RICHELIEU

C'est dans le but de remplacer la fameuse salle du Palais-Royal, qui avait disparu dans un incendie en juin 1781, que le nouveau propriétaire, le duc d'Orléans, en fait construire une nouvelle. Il confie les travaux à Victor Louis, architecte du Grand Théâtre de Bordeaux. Sur le terrain d'un ancien jardin, un imposant bâtiment sort de terre entre 1786 et 1790. Occupée d'abord par d'autres compagnies, cette salle de théâtre accueille les Comédiens-Français en 1799.

Le 12 prairial an VII (31 mai 1799), la Comédie-Française s'installe enfin dans son propre théâtre, avec à l'affiche *Le Cid* et *L'École des maris*. Quelques années après, Napoléon Ier s'intéressera à son tour au devenir de cette prestigieuse troupe : en 1812, en pleine campagne de Russie, il prendra le temps de signer le décret de Moscou maintenant l'ancien pacte qui affirme en son article 5 : « Les comédiens de notre Théâtre-Français continueront d'être réunis en société. » Par ce texte officiel, l'empereur impose des statuts qui sont toujours d'actualité deux cents ans plus tard.

Quant au bâtiment d'aujourd'hui à proprement parler, des incendies successifs et des travaux d'amélioration, d'agrandissement et d'embellissement se sont succédé au fil du temps pour nous offrir ce théâtre célèbre dans le monde entier. ◆

LE FAUTEUIL DU MALADE IMAGINAIRE

Le célèbre fauteuil à crémaillère de Molière, précieusement conservé sous verre, n'est visible que lors des représentations, dans le Grand Foyer. Il est entré dans l'histoire en 1673, car c'est sur ce siège que, le soir du 17 février, Molière se mit à perdre du sang par la bouche, au cours de la cérémonie finale du *Malade imaginaire*. Il dissimula l'incident sous un rire, mais, à peine rentré chez lui, l'hémorragie se déclencha et le comédien décéda rapidement.

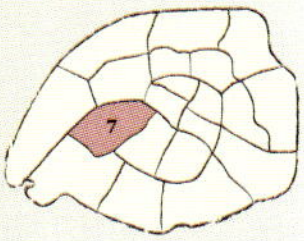

ADRESSE
Avenue de Lowendal, 7e

Ⓜ École-Militaire

CRÉATION
1756.

L'ÉCOLE MILITAIRE

L'École militaire voit le jour à l'initiative de Louis XV, qui veut en faire l'œuvre emblématique de son règne. Mais les circonstances le contraignent à modifier son projet...

1700

LES RÊVES DE LOUIS XV

Toute sa vie, le roi Louis XV a rêvé de régner aussi puissamment que son prédécesseur, le prestigieux Louis XIV. C'est pourquoi le chantier de l'École militaire lui tint à cœur, car il y vit l'occasion d'égaler, voire de dépasser les deux grandes constructions de son arrière-grand-père : le château de Versailles et les Invalides (p. 58).

C'est par un édit concis que le souverain donne naissance à l'École militaire le 22 janvier 1751. Le but est de former 500 jeunes gentilshommes peu fortunés à « toutes les sciences convenables et nécessaires à faire de bons officiers ». Des établissements similaires existent déjà en Europe, notamment à Saint-Pétersbourg et à Berlin. Les élèves sélectionnés pour intégrer l'École sont en général issus d'une aristocratie désargentée se prévalant de quatre quartiers de noblesse – c'est-à-dire possédant quatre ascendants nobles sur leur arbre généalogique. Dans l'esprit de son fondateur, l'École militaire est la première étape d'une longue carrière qui s'achèvera à l'hôtel des Invalides. Le roi fixe l'emplacement de sa future école sur la plaine de Grenelle, dans l'ouest parisien.

UNE CONSTRUCTION LABORIEUSE

Les travaux commencent en 1753, mais ils prennent vite du retard : vingt ans seront nécessaires à l'architecte Jacques Ange Gabriel pour les achever ! Cela s'explique principalement par des raisons financières, car Louis XV y consacre trois sources de revenus plutôt aléatoires – on y trouve à la fois le produit des droits perçus sur les cartes à jouer, le produit d'une loterie et enfin les revenus de l'abbaye de Laon, vacante à l'époque. En attendant la construction des bâtiments, l'École s'installe donc temporairement à Vincennes, où elle accueille ses 80 premiers élèves. Ce n'est qu'en 1756, lorsque les locaux deviennent habitables, qu'elle prend place à Paris.

L'AFFAIRE DREYFUS

L'École militaire a été le théâtre de la célèbre affaire Dreyfus. En 1894, l'état-major répand la rumeur d'une importante fuite de secrets militaires vers l'Allemagne. Un officier accuse le capitaine Alfred Dreyfus (de confession juive), avec pour unique preuve un « bordereau » manuscrit qui lui est attribué. Au terme de son procès commencé en décembre 1894, Dreyfus est déclaré coupable à l'unanimité et condamné à la dégradation – qui se déroule dans la cour de l'École militaire – et à la déportation à vie au bagne de Guyane. À la suite de la campagne de soutien initiée par le « J'accuse » d'Émile Zola en 1898, le capitaine Dreyfus sera gracié et officiellement réhabilité en 1906, l'événement ayant lieu à nouveau dans la cour de l'École militaire.

MONUMENT XVIIIe siècle

1800

La façade classique de la bâtisse se compose d'un pavillon central comportant dix colonnes et d'un fronton orné de deux génies portant les armes de Louis XV, l'ensemble étant surmonté d'un dôme. On retrouve là encore le souci de se mesurer à Louis XIV et au dôme des Invalides. Mais cette course effrénée à la surenchère vide les caisses de l'État, qui sont déjà en grande partie pompées par les guerres…

UN TERRAIN MILITAIRE TRÈS CONVOITÉ

L'École militaire s'élève face au Champ-de-Mars, dont le nom fait référence au dieu romain de la Guerre et du Printemps. Alors que ce n'était qu'une vaste plaine cultivée en bord de Seine, Gabriel la réaménage entre 1765 et 1767 en un immense terrain de manœuvres de 24 ha, pouvant accueillir 10 000 hommes ! Le Champ-de-Mars verra par la suite passer tour à tour des soldats, lors des exercices militaires et des défilés, mais aussi des événements historiques comme la fête de la Fédération en 1790, des courses hippiques, des expériences d'aérostats ou encore des expositions universelles. C'est d'ailleurs à l'occasion de l'Exposition universelle de 1889 que sera érigée la tour Eiffel (p. 180). Devenu jardin public, le Champ-de-Mars demeure aujourd'hui l'un des principaux lieux de rassemblement de la capitale, et la foule s'y presse notamment lors de grands concerts.

UN FONCTIONNEMENT EN DENTS DE SCIE

L'École militaire a fermé ses portes dès 1776 pour des raisons financières. On y installe alors une caserne de gardes du corps. Puis elle rouvre l'année suivante pour accueillir l'École de cadets-gentilshommes, ainsi que les meilleurs élèves des écoles militaires de toute la France. C'est ainsi que, le 22 octobre 1784, parmi les cinq jeunes élèves de l'École de Brienne se trouve un certain Napoléon Bonaparte qui restera un an derrière ces murs…

L'École ferme à nouveau en 1787 pour laisser la place à un dépôt de blé, puis pour être transformée en caserne. Sous le Second Empire, le bâtiment initial est agrandi par de nouvelles constructions avant de retrouver sa vocation première, en 1878, lorsque l'École supérieure de guerre s'y installe. De nos jours, l'École militaire abrite des centres d'enseignement et des instituts militaires. ◆

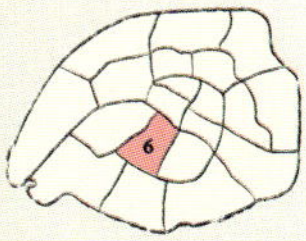

ADRESSE
2, rue Palatine, 6e
Tél. : 01 46 33 21 78
Saint-Sulpice
www.paroisse-saint-sulpice-paris.org

CRÉATION
Consacrée en 1745.

L'ÉGLISE SAINT-SULPICE

Avec sa gigantesque façade, l'église Saint-Sulpice est le deuxième plus grand lieu de culte de Paris après Notre-Dame !

1700

UNE COURSE AU GIGANTISME

Difficile de dire avec certitude à quand remonte la première chapelle édifiée à cet endroit, mais une chose est sûre : la première église paroissiale du bourg Saint-Germain-des-Prés a été construite à la fin du XIIe siècle. Devenue rapidement trop petite, elle est remplacée par un édifice plus vaste au début du XIIIe siècle. Ce lieu de culte est alors dédié à saint Sulpice, qui fut évêque de Bourges entre 621 et 624 et aumônier du roi Clotaire II.

Au XVIIe siècle, l'abbé Jean-Jacques Olier, curé de ce sanctuaire alors baptisé Saint-Sulpice-des-Champs, décide d'user de son influence pour obtenir la construction d'une nouvelle église plus grande, car la population en constante augmentation ne peut plus y être accueillie convenablement. L'abbé Olier s'est fait connaître en créant le séminaire de Saint-Sulpice, où sont formés des ecclésiastiques réputés, les sulpiciens. Fort de ce prestige, il reçoit un avis favorable de sa hiérarchie et de la cour pour faire édifier une église immense : 119 m de long sur 57 m de large – un record pour la rive gauche ! C'est la reine mère Anne d'Autriche, la régente, qui vient en personne poser la première pierre de ce nouveau lieu de culte en février 1646, accompagnée du jeune roi Louis XIV, âgé seulement de 8 ans.

PLUS DE CENT ANS DE CHANTIER !

Ce gigantesque projet est tout d'abord confié à l'architecte Christophe Gamard, mais celui-ci disparaît trois ans plus tard, en 1649. Les commanditaires se tournent alors vers Louis Le Vau, le grand architecte de son temps. Mais c'est un homme pressé, accaparé par d'immenses chantiers tels que le château de Vaux-le-Vicomte, le château de Versailles, le palais du Louvre… Bref, un homme décidément bien trop occupé ! Puis se présente en 1660 le véritable bâtisseur de Saint-Sulpice : Daniel Gittard. C'est à lui que l'on doit l'architecture de cette église, même s'il n'a eu réellement le temps de ne superviser que la construction du chœur et du croisillon nord du transept…

Parmi ses successeurs, citons un autre curé de la paroisse, Jean-Baptiste Languet de Gergy, nommé à ce poste en 1714, et

LES TRÉSORS DE SAINT-SULPICE
Comme suspendue par miracle entre ciel et terre, la chaire de Saint-Sulpice est un chef-d'œuvre signé Charles de Wailly. Deux beaux escaliers en marbre y grimpent de chaque côté. Autres merveilles, près de l'entrée, les deux bénitiers géants sont formés par les valves d'un énorme coquillage, qui fut jadis offert au roi François Ier par la république de Venise.

Jean-François Chalgrin, à qui on doit également l'Arc de Triomphe (p. 128), qui achèvera les travaux juste avant la Révolution… Et encore, lorsqu'on dit « achever », ce n'est pas tout à fait vrai ! Pour s'en convaincre, il n'y a qu'à regarder la façade et ses deux tours de hauteurs différentes. Au nord, la plus haute, qui a fait l'objet de restaurations majeures à la fin des années 2000, grimpe à plus de 70 m. La tour sud, plus basse de 5 m, reste quant à elle à jamais inachevée, la Révolution de 1789 ayant arrêté net les travaux de construction.

UN MYSTÈRE PAS SI MYSTÉRIEUX

À l'intérieur de l'église, on trouve un étonnant « gnomon astronomique », une sorte de cadran solaire commandé par Jean-Baptiste Languet de Gergy à l'horloger et astronome Henry de Sully, composé d'un obélisque et d'une bande de laiton. Cet instrument permet de suivre les variations de la hauteur du soleil à midi, tout au long de l'année de la façon suivante : les rayons solaires entrent par un petit trou creusé dans une plaque en fer de la fenêtre sud du transept, et courent le long d'une ligne représentée sur le sol par la bande en laiton, la ligne « méridienne », en se déplaçant un peu chaque jour. Ce dispositif a longtemps permis de connaître l'heure exacte pour faire sonner les cloches et fixer les fêtes de Pâques. Pour le solstice d'hiver, le 21 décembre, le rayon atteint l'obélisque en marbre installé dans le transept nord de l'église. Contrairement aux illusions des amateurs de fantastique, cette ligne méridienne n'a donc jamais servi de référence internationale comme l'a écrit Dan Brown dans son *Da Vinci Code*…

UNE RENOMMÉE INTERNATIONALE

C'est surtout son orgue qui fait la célébrité de Saint-Sulpice. Il est l'œuvre de François-Henri Clicquot qui l'a installé en 1781 dans un imposant buffet. Quelques années plus tard, entre 1857 et 1861, le génial Aristide Cavaillé-Coll, le plus illustre des facteurs d'orgues, le transformera pour en faire l'un des plus grands jamais construits, pour le bonheur des mélomanes. Parmi les célèbres organistes de Saint-Sulpice, citons Charles Marie Widor, qui officia pendant soixante-trois années, et Marcel Dupré, qui occupa ce poste durant trente-sept ans – soit un siècle à eux deux ! ◆

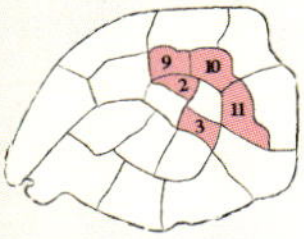

ADRESSE

2e, 3e, 9e, 10e et 11e arrondissements

Ⓜ Grands-Boulevards, Bonne-Nouvelle, Strasbourg-Saint-Denis

CRÉATION

Construction achevée en 1705.

LES GRANDS BOULEVARDS

Difficile d'imaginer aujourd'hui que les Grands Boulevards parisiens, qui évoquent des axes de circulation animés, suivent en partie le tracé des enceintes construites par Charles V puis Louis XIII !

1700

DES FORTIFICATIONS MÉDIÉVALES À UN GRAND BOULEVARD

Au XIVe siècle, le roi Charles V commence à faire élever des enceintes défensives sur la rive droite de Paris, qui seront prolongées à l'ouest entre 1633 et 1636 par Louis XIII. On peut se les représenter sur un plan de Paris actuel en suivant les boulevards Beaumarchais, des Filles-du-Calvaire, du Temple, Saint-Martin et Bonne-Nouvelle. Mais, à la suite de plusieurs victoires militaires déterminantes, Louis XIV décide de détruire ces fortifications, au grand dam de Vauban. Fini les barrières, les enceintes, les remparts… Le Roi-Soleil veut prouver au monde que sa capitale, laissée sans défense, reste tout de même imprenable !

En fait, Louis XIV et son ministre Colbert ont en tête le projet de transformer ces enceintes en de magnifiques promenades. Le roi prend sa décision officielle le 7 juin 1670 : l'espace ainsi créé doit être remplacé par un « cours » planté d'arbres, d'une largeur de 19 toises (environ 36 m de large).

Les transformations se font en deux temps : d'abord disparaît le rempart de Louis XIII, de la rue Saint-Denis jusqu'à la Bastille. Six ans plus tard, les travaux se poursuivent de la porte Saint-Denis (p. 86) jusqu'à la porte Saint-Honoré. Le terme de « boulevard », qui vient du flamand *bolwerc* et qui désignait à l'origine un ouvrage de défense dans un rempart fait de terre et de madriers, est alors attribué à ces vastes espaces.

LE PREMIER CINÉMA DE PARIS

La première séance publique du cinématographe des frères Lumière s'est déroulée à Paris le 28 décembre 1895, dans le salon indien du Grand Café, au 14, boulevard des Capucines !

LA NOUVELLE FRONTIÈRE DE PARIS

La nouvelle promenade s'étend sur 4 km entre la Madeleine et la Bastille, et constitue désormais la limite officielle de Paris sur la rive droite ! Elle est constituée de trois allées : deux piétonnières, séparées par une voie centrale, destinée aux équipages et aux cavaliers. De nombreux arbres y sont plantés pour bien marquer les séparations entre ces trois axes.

Jusqu'au milieu du XVIIIe siècle, ces boulevards constituent un lieu de promenade privilégié, situé à la campagne. Ils ont longtemps été un repère des limites

géographiques de Paris. Le nom de certaines de nos rues actuelles, qui changent de désignation en franchissant ce passage, en témoigne. En effet, par-delà les anciennes enceintes, les rues se transforment en rues de faubourg, car elles sont littéralement « hors du bourg ». Citons l'exemple de la rue du Temple qui devient la rue du Faubourg-du-Temple au-delà des Grands Boulevards, ou encore la rue Saint-Martin, qui se prolonge de la même façon en rue du Faubourg-Saint-Martin...

LES BOULEVARDS S'ANIMENT

Progressivement, des hôtels particuliers vont sortir de terre; des commerces et des habitations commencent à border les élégantes allées. Plusieurs artères apparaissent: boulevard des Capucines, boulevard des Italiens, boulevard Poissonnière, boulevard Bonne-Nouvelle, sans oublier les boulevards Saint-Denis, Saint-Martin, du Temple, des Filles-du-Calvaire et le boulevard Beaumarchais... Aux premières promenades succèdent de larges avenues qui vont métamorphoser Paris au cours du XIXe siècle. C'est l'œuvre du baron Haussmann, nommé préfet de la Seine en 1853 par l'empereur Napoléon III. D'ailleurs, bien des idées haussmanniennes ont été suggérées par l'empereur, ou élaborées en collaboration avec celui-ci, qui avait assisté à la modernisation de la ville de Londres durant son exil de 1848.

Pendant seize ans, le baron Haussmann va donc se consacrer à une transformation en profondeur de la capitale, dégageant les grands édifices du centre-ville, perçant des boulevards traversant la capitale d'est en ouest et du nord au sud et réaménageant les Grands Boulevards. ◆

DRAMES SUR LE BOULEVARD

En 1764, un certain Jean-Baptiste Nicolet construit, boulevard du Temple, la première salle de théâtre en plein milieu d'un marécage! Les constructions vont s'y succéder et, en 1834, on dénombre cinq théâtres proposant surtout de sombres mélodrames, d'où le surnom de « boulevard du Crime » donné au boulevard du Temple. Mais les grands travaux haussmanniens seront fatals au boulevard du Crime!

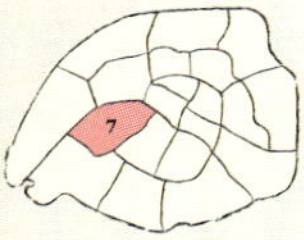

ADRESSE
57, rue de Varenne, 7e
Tél. : 01 42 75 80 00
Ⓜ Rue-du-Bac, Varenne

CRÉATION
Construction achevée en 1724.

L'HÔTEL MATIGNON

Après avoir connu de nombreux propriétaires, ce bâtiment est devenu le siège de la présidence du Conseil en 1935. Si le commun des citoyens ne peut y accéder, l'hôtel Matignon se laisse au moins raconter…

1700

DU CÔTÉ DE VARENNE

L'hôtel Matignon, est situé rue de Varenne. Voilà qui peut faire sourire si l'on songe un instant au village de Varennes où Louis XVI et la famille royale ont été arrêtés le 21 juin 1791, lors de leur fuite vers l'étranger. Mais cette appellation ne renvoie pas au même endroit ! Varenne serait la déformation du mot « garenne », qui désigne un champ en friche où pouvaient gambader les lapins ! Ainsi, le terrain sur lequel sera bâtie l'élégante demeure était à l'origine une ancienne réserve de chasse de l'abbaye de Saint-Germain-des-Prés.

DU PRIVÉ AU PUBLIC

Cette réserve appartenait au duc de Luxembourg, futur maréchal de France, qui s'est hautement distingué durant les guerres de Louis XIV. Il confie à l'architecte Jean Courtonne la construction d'un hôtel particulier sur ses terres en 1721. Mais la demeure est très vite vendue à Jacques Goyon de Matignon, qui lui laissera son nom. L'opération immobilière est familiale : le nouvel acquéreur, gouverneur de Normandie, n'est autre que le mari de la nièce du duc de Luxembourg.

Par la suite, plusieurs propriétaires s'y succéderont. Citons notamment un prince souverain de Monaco, Honoré III de Monaco, et un certain Talleyrand, qui achète cet hôtel prestigieux en 1808 – le ministre est alors chargé par l'empereur Napoléon Ier d'y organiser des dîners et des réceptions pour le corps diplomatique, à l'occasion de visites officielles.

Après le Premier Empire, l'hôtel entre dans le giron de la famille d'Orléans ; il sera notamment le lieu de réception des fiançailles de Marie-Amélie et du prince de Bragance, prince héritier du Portugal. Il accueille ensuite l'ambassade d'Autriche, jusqu'en 1914. Puis, le bâtiment est saisi et mis sous séquestre. En 1920, il est occupé par des tribunaux d'arbitrage instaurés par le traité de Versailles au lendemain de la Première Guerre mondiale. L'État vient d'entrer dans les murs sous la IIIe République et ne va plus les abandonner !

DES PREMIERS MINISTRES AU VERT
L'hôtel de Matignon jouit du plus grand parc « privé » de la capitale. On y trouve une centaine d'espèces différentes. Depuis Raymond Barre, qui a planté un érable à sucre, chaque Premier ministre, à l'exception de Jacques Chirac, y a planté un arbre à son arrivée !

En 1923, l'hôtel est classé monument historique. Onze ans plus tard, sous la présidence d'Albert Lebrun, au terme de quelques échanges entre le président du Conseil Gaston Doumergue et l'Administration, il est convenu que ce lieu devienne le siège de la présidence du Conseil. Après des travaux de réhabilitation, le président du Conseil Pierre-Étienne Flandin s'y installe officiellement en janvier 1935.

Vingt-quatre ans plus tard, le 8 janvier 1959, le général de Gaulle devient le premier président de la Ve République. Le « président du Conseil » est appelé désormais « Premier ministre ». Mais la résidence officielle du nouveau chef de gouvernement reste la même : l'hôtel Matignon. Le jour même, le premier Premier ministre de la nouvelle République, Michel Debré, s'y installe.

LES ACCORDS DE MATIGNON

Bien des décisions historiques et stratégiques ont été prises entre les murs de l'hôtel Matignon. Parmi les plus célèbres, il y a les fameux « accords de Matignon » de 1936. Un tournant de l'histoire sociale française a lieu lors des élections législatives de cette année-là, qui sont remportées par une majorité de gauche, les communistes gagnant 72 sièges devant la SFIO (parti socialiste) de Léon Blum. Le président de la République Albert Lebrun sollicite Léon Blum pour former un nouveau gouvernement. Le 4 juin 1936, on assiste à la naissance du « Front populaire ». Entre le second tour des élections législatives et la fin des pouvoirs de la Chambre précédente, quatre semaines se passent, au cours desquelles les électeurs se demandent si le résultat des urnes va être suivi du changement tant souhaité. Ponctué de nombreuses grèves et de l'occupation prolongée d'usines, « l'été chaud de 1936 » est particulièrement chargé pour le Front populaire. Les principales revendications sociales (hausse des salaires et liberté d'exercice du droit syndical) aboutissent aux accords de Matignon, signés le 7 juin par Léon Blum, en présence de la CGT de Léon Jouhaux et du patronat, à l'hôtel Matignon.

Cela faisait un an que ce lieu était associé au siège du Gouvernement, et déjà il laissait l'empreinte de son nom sur une avancée sociale majeure … ◆

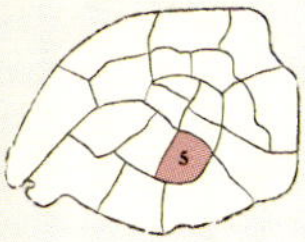

ADRESSE
36, rue Geoffroy-Saint-Hilaire, 5e
Tél. : 01 40 79 36 00
Censier-Daubenton
www.mnhn.fr

CRÉATION
Fondé en 1793.

LE MUSÉUM NATIONAL D'HISTOIRE NATURELLE

Une promenade entre terre et mer, dinosaures et ours blancs, ça vous tente ? Le Muséum renferme plusieurs millions de pièces provenant du monde entier qui émerveillent autant le chercheur que le néophyte.

1700

UN MUSÉUM AU MILIEU DES PLANTES

Dès le milieu du XVIIe siècle, de nombreux « cabinets de curiosités » apparaissent pour contenter la soif de connaissances de beaux et nobles esprits. Dans les grandes demeures et les vastes châteaux, d'étonnantes « cavernes d'Ali Baba » sont créées. On y trouve rassemblés des dizaines d'objets, de plantes, d'herbiers, de fossiles, d'ossements... provenant de tous horizons. Ces cabinets de curiosités sont, chacun à leur façon, de véritables musées particuliers. C'est dans cette logique qu'est fondé en 1729 le Cabinet d'histoire naturelle, lui-même le digne successeur du « droguier » du roi – sorte d'officine où les botanistes étudiaient avec attention les vertus notamment thérapeutiques des plantes.

En juin 1793, au lendemain de la Révolution, les scientifiques obtiennent, par un décret entériné par la Convention, la création d'un muséum censé réunir ce Cabinet d'histoire naturelle et le Jardin royal des plantes, qui se trouvait depuis 1635 à l'emplacement de l'actuel Jardin des plantes (p. 60). Ce décret est le véritable acte de naissance du Muséum national d'histoire naturelle : il en confie l'administration aux scientifiques eux-mêmes et définit les missions qui incombent désormais à cette institution, à savoir la recherche, la conservation et l'enseignement – divisé en 12 chaires. Par la suite, l'équipe professorale s'étoffera au fur et à mesure des découvertes scientifiques, et la botanique, qui était au départ la discipline phare, se trouvera rapidement devancée par la zoologie et la paléontologie.

Au fil des siècles, d'éminents scientifiques ont participé au développement du Muséum et en ont fait un établissement reconnu dans le monde entier. Parmi eux, citons Joseph Pitton de Tournefort, plusieurs membres de la famille Jussieu, Jean-Baptiste de Lamarck,

LES EXPÉDITIONS
De nos jours, le Muséum national d'histoire naturelle continue à organiser des voyages d'études. Des équipes pluridisciplinaires dotées de matériels ultraperfectionnés partent en mission, par exemple dans le cadre du programme d'inventaire de la faune et de la flore en Nouvelle-Calédonie, ou de l'étude de la biologie de la forêt en Guyane.

naturalisés qui permettent aux visiteurs de se rendre compte de leurs tailles. L'actuelle galerie de Paléontologie et d'Anatomie comparée a été construite entre 1894 et 1897. Le XXe siècle voit, entre 1930 et 1935, l'édification de la galerie de Botanique, qui abrite un herbier composé de plusieurs millions de plantes.

Georges Cuvier, Daubenton, Étienne Geoffroy Saint-Hilaire, Étienne de Lacepède, l'abbé Haüy, Eugène Chevreul, Louis Joseph Gay-Lussac, Claude Bernard…

UNE GALERIE APRÈS L'AUTRE…

Au XIXe siècle, plusieurs bâtiments sont édifiés dans l'enceinte du Muséum afin d'abriter les collections et les travaux des scientifiques. La galerie de Géologie et de Minéralogie est bâtie entre 1833 et 1867; elle regorge de pierres, de cristaux et de fossiles. La galerie de Zoologie est, quant à elle, érigée à partir de 1877 puis inaugurée à l'occasion de l'Exposition universelle de 1889 (ce long laps de temps s'explique par le fait que la façade n'a jamais été véritablement achevée, mais le prétexte de l'Exposition universelle fut jugé idéal pour consacrer ce temple des sciences). À la suite d'importants travaux de rénovation, elle deviendra, en 1994, la grande galerie de l'Évolution, célèbre notamment pour sa « promenade d'animaux » – cette fameuse « caravane africaine » constituée de mammifères

UN SIÈCLE FASTE POUR LE MUSÉUM

Au cours du XIXe siècle, le Muséum a été non seulement agrandi par la construction de bâtiments spectaculaires, mais aussi enrichi par la réception d'innombrables objets provenant du monde entier, que l'on doit aux trouvailles de scientifiques ou de simples voyageurs. Les nombreuses expéditions et les lointains voyages, parfois organisés dans le cadre d'une politique coloniale, ont été à l'origine d'importantes découvertes !

Sorte d'inventaire à la Prévert, le Muséum national d'histoire naturelle renferme entre autres quelque 2 000 météorites, 150 000 mammifères, 300 000 roches, 1 million de poissons et de reptiles, 150 millions d'insectes… Pour les uns, c'est un lieu magique de recherche, de conservation et de protection ; pour les autres, un endroit féerique de promenade, de découverte et de savoir. En tout cas, il permet aux scientifiques de travailler, de partir en mission ou en expédition, de publier les résultats de leurs travaux et de transmettre leur savoir en enseignant. ◆

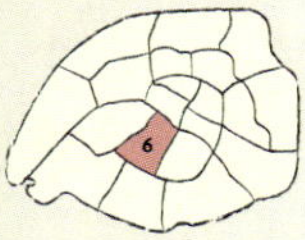

ADRESSE
2, rue Corneille, 6e
Tél. : 01 44 85 40 00
Ⓜ Odéon
@ www.theatre-odeon.fr

CRÉATION
Inauguré en 1782.

LE THÉÂTRE DE L'ODÉON

Que de péripéties dans la vie de ce théâtre qui a connu deux terribles incendies. « Second » de la Comédie-Française sous Louis XVIII, il est aujourd'hui l'un des plus grands théâtres nationaux de France !

LA NAISSANCE DU THÉÂTRE-FRANÇAIS

En 1773, afin de remplacer un théâtre situé rue de l'Ancienne-Comédie qui tombe en ruine, Louis XV fait acheter un ancien hôtel particulier entouré de jardins, l'hôtel de Condé. Mais ce n'est que sous Louis XVI que la construction de la nouvelle salle sera achevée, en 1782. Ce délai s'explique en partie parce que le roi a demandé que le théâtre soit bâti non loin du Luxembourg (p. 62) : ainsi cette salle permettra aux Parisiens de profiter des jardins en sortant des spectacles. Or ce souhait royal a obligé les architectes à repenser tout un quartier en redessinant les principales artères.

Destiné à la troupe de la Comédie-Française (p. 98), le théâtre est baptisé « Théâtre-Français » ; le premier spectacle à y être joué le 9 avril 1782 s'intitule *L'Inauguration du Théâtre-Français*. Mais ce qui est peut-être le plus nouveau, c'est la façon d'installer le public, surtout au parterre ! En effet, depuis le milieu du XVIe siècle (époque où le théâtre se professionnalise véritablement), les spectateurs assistaient aux représentations debout, et le parterre était alors surnommé le « parterre debout ». Cette installation n'a rien d'étonnant car, dans les anciens jeux de paume – les premières salles à avoir accueilli des comédiens –, le public entrait par une porte unique au fond et emplissait l'espace dépourvu de fauteuils au fur et à mesure. Il faut attendre Richelieu et l'aménagement du futur Palais-Royal (p. 74) pour que soient ouvertes deux entrées latérales près de la scène. Le public du parterre, souvent de modeste condition, avait la réputation d'être très turbulent, réagissant au quart de tour – mais ces spectateurs agités bougeaient parfois uniquement pour éviter la cire brûlante des bougies des lustres ! En 1782, tandis que le Théâtre-Français, inauguré par la reine Marie-Antoinette, ouvre ses portes, on tente d'assagir ce public en le faisant s'asseoir : c'est le « parterre assis ». Les sièges ne sont alors ni des chaises ni des tabourets, mais de simples bancs qui se transformeront au fil du temps : on y ajoutera d'abord un dossier, puis ils seront remplacés par des fauteuils.

LES SUCCÈS DE BEAUMARCHAIS

En avril 1784, ce public vif et enthousiaste assiste à la première représentation d'une nouvelle pièce de Beaumarchais, *Le Mariage de Figaro ou La Folle Journée*, interprétée par « Les comédiens français ordinaires du Roi ».

Ce n'est pas le premier rendez-vous de Beaumarchais avec ces artistes… Ce fils

d'horloger, né en 1732, est venu tardivement au théâtre : il ne s'est essayé à la littérature qu'à l'âge de 35 ans. Après des échecs et quelques succès d'estime, il compose *Le Barbier de Séville*. La censure – étape obligée à l'époque – donne son accord pour que cet opéra-comique (p. 112) soit représenté, mais la troupe des Comédiens italiens refuse de le jouer, estimant qu'il ne s'agit pas d'une œuvre théâtrale assez pure ! Elle est alors transformée en pièce en cinq actes et finalement créée à la Comédie-Française en 1775. Le succès est immédiat. Beaumarchais, voulant profiter de ce contexte favorable, réfléchit à une suite qui permettrait de retrouver son héros Figaro. L'annonce de la représentation du *Mariage de Figaro ou La Folle Journée* fait grand bruit ; dès l'ouverture de la location, des queues interminables se forment devant le théâtre, duchesses et laquais s'y côtoyant. À l'entrée, des grilles sont brisées et des femmes étouffées par la foule. La première a donc lieu au Théâtre-Français, devant une salle comble et des spectateurs enthousiastes. Le succès de la comédie de Beaumarchais était lancé !

L'ODÉON-THÉÂTRE DE L'EUROPE

À la Révolution, le théâtre ferme ses portes, pour les rouvrir en 1794. Le nom d'« Odéon » s'impose à cette période (1796), à la suite de soirées présentées comme étant des fêtes données dans le style des anciens Grecs – qui appelaient ainsi de petits théâtres où se présentaient poètes et musiciens.

La suite de l'histoire est tourmentée : fermeture et incendie, reconstruction et rénovation scandent la vie du théâtre. Un premier incendie le détruit entièrement en mars 1799. Huit ans plus tard, l'architecte Chalgrin lui redonne vie, et le théâtre rouvre ses portes en 1808. Malheureusement, en 1818, les flammes ravagent de nouveau en grande partie l'édifice qui est encore reconstruit. C'est ce théâtre de 1819 que l'on peut aujourd'hui apprécier, à l'exception des éléments restaurés et modernisés au fil du temps.

Longtemps considéré comme le second théâtre français car sous la tutelle de la Comédie-Française, il s'en affranchit totalement par décret au début des années 1990. L'État lui donne alors pour mission spécifique de « vivifier le patrimoine dramatique de l'Europe ». Aujourd'hui encore la découverte d'auteurs contemporains et la programmation de spectacles en langues étrangères surtitrées font la renommée incontestée de l'Odéon. ◆

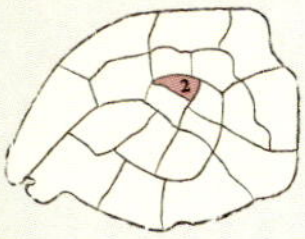

ADRESSE
5, rue Favart, 2e
Tél. : 01 42 44 45 40
Ⓜ Richelieu-Drouot
@ www.opera-comique.com

CRÉATION
Inauguré le 28 avril 1783.

L'OPÉRA-COMIQUE, SALLE FAVART

L'Opéra-Comique fut inauguré à la fin du XVIIIe siècle par Marie-Antoinette. Mais c'est en fait le troisième Opéra-Comique, les deux précédents ayant disparu dans les flammes…

1700

UNE LONGUE HISTOIRE DE TRÉTEAUX…

En règle générale, le théâtre, quel qu'il soit, doit beaucoup aux Italiens. Car c'est bien sur la terre italienne qu'une forme théâtrale célèbre a vu le jour : la *commedia dell'arte*. Dès la seconde moitié du XVIe siècle, des acteurs de métier ont cherché à se démarquer du théâtre antique, purement littéraire. En intégrant des dialectes locaux et des expressions populaires à leurs pièces, ils transforment alors des personnages antiques et figés en masques. La première troupe professionnelle se constitue en 1545 à Padoue. Au nombre de huit, ses comédiens la baptisent *Fraternal Compania*. Ils s'inspirent de la comédie populaire, des masques de carnaval, de l'improvisation des mimes et des bouffons. Puis, ce style de théâtre va très vite débarquer en France, aidé par des raisons « matrimoniales » : en effet grâce aux mariages de Catherine de Médicis avec Henri II, puis de Marie de Médicis avec Henri IV, les coutumes et les arts italiens prennent le chemin de Paris ! Cette *commedia dell'arte* s'organise autour de comédiens de métier qui créent de véritables troupes itinérantes ; leur jeu est primordial, car il n'y a aucun décor.

Ces compagnies d'acteurs italiens se multiplient ; elles jouent devant les églises et sur des tréteaux lors des foires – dont la foire Saint-Germain, à Paris. Le public, bien que ne comprenant pas la langue, s'amuse beaucoup du jeu des artistes, qui remportent un franc succès. C'est pourquoi les comédiens italiens commencent à gêner les comédiens français… Aussi, en 1697, Louis XIV décide-t-il de chasser les comédiens italiens de Paris, prenant le prétexte d'un futur spectacle intitulé *La Fausse Prude*, dans lequel Mme de Maintenon est attaquée. Les acteurs français en profitent pour reprendre à leur compte les masques, les personnages et les intrigues de la *commedia dell'arte* en y glissant des passages chantés parodiant des chansons célèbres ! C'est alors que les mots « opéra comique » entrent dans le langage théâtral pour désigner à la fois une troupe de comédiens et un style théâtral et

musical caractérisé par ses farces, ses satires et ses dialogues parlés (et non pas uniquement chantés) – ce nom le distinguant de l'opéra traditionnel, appelé aussi *opera seria* (« opéra sérieux »), dépourvu de dialogues.

CHARLES-SIMON FAVART ET LA SALLE DES ITALIENS

Un an après la mort de Louis XIV, en 1716, les comédiens italiens reviennent en France : la guerre des théâtres, des styles et des genres va durer pendant tout le XVIIIe SIÈCLE ! La « querelle des bouffons » voit s'affronter les partisans de la musique française et les admirateurs du style italien. À coups de portées et de notes, cette lutte sans merci se terminera en apothéose avec la fusion de la troupe de l'Opéra-Comique (dont les racines remontent aux troupes qui donnaient des représentations à la foire Saint-Germain) et de la Comédie italienne. Très vite, cette nouvelle compagnie inscrit à son répertoire des œuvres de Charles-Simon Favart. Ce grand auteur dramatique né à Paris en 1710 a fait ses débuts en 1732 au théâtre des Marionnettes de la foire Saint-Germain, puis a connu la célébrité grâce à son opéra comique *La Chercheuse d'esprit*.

Après bien des difficultés et bien des errances, c'est au cours des années 1780 qu'est construite pour la troupe une nouvelle salle de théâtre sous la direction de l'architecte Jean-François Heurtier. Bâti sur un terrain appartenant au duc de Choiseul, ce théâtre trône au cœur des rues d'Amboise, Saint-Marc, Favart, Grétry et Marivaux.

Ce premier théâtre officiel de l'Opéra-Comique, alors baptisé « salle des Italiens », est inauguré le 28 avril 1783, en présence de la reine Marie-Antoinette. Mais, une cinquantaine d'années plus tard, en 1838, il est ravagé par les flammes. La salle Favart ouvre à nouveau ses portes deux ans après, proposant un tarif accessible à toutes les bourses : 1 franc suffit alors pour avoir une place à l'amphithéâtre, et 6 francs permettent d'être assis aux premières loges. Malheureusement, un nouvel incendie se déclare en 1887, en pleine représentation, causant la mort d'une centaine de personnes. Un troisième théâtre est inauguré en 1898, en présence du président Félix Faure.

Au cours du XXe siècle, cette célèbre salle va connaître nombre de turpitudes, fermant puis rouvrant à plusieurs reprises à la suite de difficultés financières ; mais il y aura toujours une grande âme pour la sauver. Désormais inscrite sur la liste des théâtres nationaux, elle est aujourd'hui une scène incontournable du paysage théâtral, musical et lyrique de la capitale ! ◆

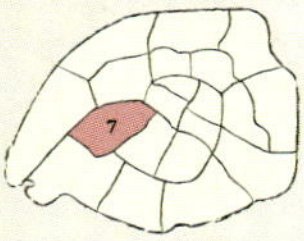

ADRESSE
126, rue de l'Université, 7e
Tél. : 01 40 63 60 00
Ⓜ Assemblée-Nationale, Invalides
@ www.assemblee-nationale.fr

CRÉATION
Construction achevée en 1728.

LE PALAIS BOURBON

Aujourd'hui temple de la représentation nationale et des lois, symbole de la démocratie, le palais Bourbon fut d'abord une résidence princière, comme en témoigne encore son nom.

1700

UNE ORIGINE ROYALE

Au XVIIe siècle, le Roi-Soleil cède quelques arpents de terre situés en bord de Seine à l'une des filles qu'il a eue avec Mme de Montespan, Louise-Françoise, duchesse de Bourbon, dont le nom restera attaché au futur palais. Devenue veuve à l'âge de 37 ans après avoir été mariée à l'un de ses cousins, Louis de Bourbon, la duchesse se retrouve à la tête d'un vaste domaine parisien. Poussée par le jeune comte de Lassay auquel elle est très liée, elle fait bâtir deux magnifiques hôtels. Plusieurs architectes se succèdent et, après six années de travaux de 1722 à 1728, apparaissent deux splendides demeures : le palais Bourbon et l'hôtel de Lassay, qui deviendra, bien plus tard, la résidence du président de l'Assemblée nationale.

Plusieurs fois vendu et racheté, le palais Bourbon est confisqué à la Révolution, en 1791, et affecté à une assemblée baptisée le « Conseil des Cinq-Cents ». À cette occasion, deux architectes transforment les grands salons de réception en une salle de séances – qui diffère de celle d'aujourd'hui.

LA DÉCEPTION DE L'EMPEREUR
En voyant le résultat de la façade du palais Bourbon, Napoléon, mécontent, a regretté de n'avoir pas « livré ce ridicule paravent à ses artilleurs ».

LE PENDANT DU PALAIS BOURBON
L'église de la Madeleine a été construite dans le même style néogrec que le palais Bourbon. Elle est entourée de 52 colonnes cannelées, dont 8 font face aux 12 colonnes de l'Assemblée nationale.

Mais cette première assemblée à siéger au palais Bourbon ne va pas résister au vent de l'histoire. Sa courte existence prend fin sous le bruit des bottes du général Bonaparte…

BONAPARTE SE FAIT URBANISTE

Bonaparte, devenu en 1804 l'empereur Napoléon Ier, souhaite transformer le visage du centre de Paris. En 1806, il engage des travaux à la fois à la Madeleine, rive droite, et au palais Bourbon, rive gauche. À l'origine, il veut faire de la Madeleine un temple à la gloire « de son armée victorieuse sous ses ordres et par son génie » (en toute simplicité !). Mais, désireux d'harmoniser ce monument avec le palais Bourbon – qui se trouve dans son axe, de l'autre côté de la place de la Concorde et du pont de la Concorde –, il décide d'offrir également une nouvelle façade au palais pour mettre en scène un véritable face à face architectural.

Les travaux du palais Bourbon sont ainsi confiés à Bernard Poyet. L'architecte

Le palais Bourbon fait face au pont de la Concorde. C'est tout un symbole, car il faut donc franchir la Concorde pour entrer dans ce lieu de la discorde et du débat politique...

MONUMENT XVIIIe siècle

imagine un péristyle faisant pendant à la future église de la Madeleine (conçue elle par Pierre-Alexandre Vignon) et réalise un placage décoratif sur la façade existante (que l'on distingue parfaitement sur une photographie aérienne). La première pierre est posée le 22 novembre 1806. Pour faire croire à un parfait alignement du palais avec le pont de la Concorde, l'axe de cette façade est en décalage de 17° par rapport à l'hémicycle.

UN HOMMAGE À LA PATRIE

Le péristyle comprend 12 colonnes corinthiennes placées sur un perron, au sommet d'un très large escalier de 25 marches. Ces colonnes soutiennent un attique supportant un vaste fronton triangulaire sculpté en 1841 par Jean-Pierre Cortot et représentant la France entre la Liberté et l'Ordre public, appelant vers elle les génies du Commerce, de l'Agriculture, de la Paix, de la Guerre et de l'Éloquence. La France tient dans sa main gauche la devise de la République, « Liberté, Égalité, Fraternité », au-dessus de l'inscription « Assemblée nationale ». Bref, tous les symboles qu'un tel lieu peut transmettre sont réunis !

Au pied du vaste escalier se trouvent quatre sculptures de personnages historiques français, qui tous furent de grands serviteurs de l'État : Michel de L'Hospital, chancelier de France au XVIe siècle, et Jean-Baptiste Colbert, célèbre ministre de Louis XIV, sur le côté droit ; le duc de Sully, ministre et conseiller d'Henri IV, et François d'Aguesseau, magistrat et homme politique des XVIIe et XVIIIe siècles, sur le côté gauche.

UN INTÉRIEUR SANS CESSE ENRICHI

À l'intérieur du palais Bourbon, de nombreux travaux d'amélioration et d'aménagement ont été entrepris, notamment au XIXe siècle. L'hémicycle a été mieux sonorisé et mieux aéré, et on a construit une nouvelle tribune pour accueillir le public, ainsi que plusieurs salles, comme la salle des pas perdus ou la célèbre salle des Quatre-Colonnes où se déroulent, aujourd'hui encore, tant d'interviews de députés.

Au fil du temps, de nombreux artistes ont été sollicités pour décorer ce temple de la démocratie, tels qu'Eugène Delacroix ou Horace Vernet. Plus récemment, à l'occasion du bicentenaire de la Révolution française, Jean Le Gac, Olivier Debré et Pierre Alechinsky ont également été mis à contribution. ◆

UN FAUTEUIL ANCESTRAL
Dans l'hémicycle, sur le perchoir, le fauteuil du président de l'Assemblée nationale est le même depuis 1799, époque où Lucien Bonaparte, frère de Napoléon, présidait le Conseil des Cinq-Cents.

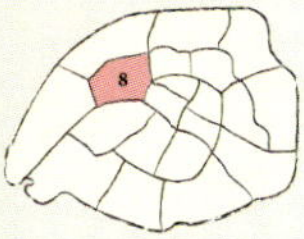

ADRESSE

55, rue du Faubourg-Saint-Honoré, 8e
Tél. : 01 42 92 81 00
Champs-Élysées-Clemenceau
www.elysee.fr

CRÉATION

Construction achevée en 1720.

LE PALAIS DE L'ÉLYSÉE

Lieu de pouvoir emblématique pour les Français et le monde entier, le palais de l'Élysée possède une longue et tumultueuse histoire…

1700

UN HÔTEL TRÈS PARTICULIER

À l'origine, le palais de l'Élysée était un hôtel particulier qui appartenait à Henri de La Tour d'Auvergne, comte d'Évreux, cinquième fils du duc Godefroy de Bouillon, grand chancelier de France, et de Marie-Anne Mancini, l'une des nièces du cardinal Mazarin. Pour acquérir le « terrain des Gourdes » mesurant une trentaine d'arpents (soit une dizaine d'hectares), situé au faubourg du Roule, autrement dit en rase campagne, au-delà des actuelles rues Royale et Boissy-d'Anglas, il cède sa terre de Tancarville au banquier John Law contre la somme de 730 000 livres. Sur ce terrain, le comte confie à l'architecte Armand Claude Mollet la construction d'un hôtel, achevé en 1720 et appelé tout naturellement « hôtel d'Évreux » en son honneur. La même année, un grand bal y est donné. Deux ans plus tard, l'architecte Jules Hardouin-Mansart achève de le décorer.

PIQUÉ AU VIF

Réputé pour son ambition, le comte d'Évreux était un courtisan désargenté. Lorsqu'il sollicita auprès du régent Philippe d'Orléans la capitainerie des chasses de Monceaux, celui-ci, moqueur, lui rétorqua : « Je vous l'accorderai lorsque je pourrai vous en porter moi-même le brevet dans un hôtel à vous ! » Ce qui incita le comte à se faire construire son hôtel, futur palais de l'Élysée…

L'ÉLYSÉE AUX MAINS DES FEMMES

À la mort du comte d'Évreux, en 1753, l'hôtel est acheté par la marquise de Pompadour. La favorite du roi Louis XV prévoit de nombreux travaux, tant à l'intérieur qu'à l'extérieur de l'édifice, parmi lesquels la création d'un potager. Près de 2 hectares sont alors retranchés des Champs-Élysées afin d'assouvir ses volontés, ce qui provoque de vives contestations et plusieurs manifestations populaires. À sa mort, Mme de Pompadour lègue sa demeure au roi, mais celui-ci refuse l'héritage, ne voulant pas devenir le légataire de sa maîtresse, et il préfère acheter l'hôtel pour la somme de 750 000 livres. Dans un premier temps, cette résidence est destinée à recevoir des ambassadeurs de marque, mais, comme il en vient très peu, le roi décide d'utiliser cet espace comme garde-meubles de la couronne en attendant que le bâtiment prévu à cet effet soit achevé (il se trouve encore aujourd'hui place de la Concorde, p. 122).

La longue histoire des propriétaires des lieux ne s'arrête pas là puisque, en septembre 1773, la couronne vend l'hôtel d'Évreux au banquier Nicolas Beaujon, qui le revendra treize ans plus tard au roi

Observez la fameuse grille du Coq, située avenue Gabriel. Cette entrée d'apparat fut conçue à la demande du président Émile Loubet. Il attendait de nombreuses visites officielles à l'occasion de l'Exposition universelle de 1900.

MONUMENT XVIIIe siècle

Louis XVI, qui le cédera à sa cousine la duchesse de Bourbon, qui cherchait une nouvelle demeure, s'étant séparée de son mari. Cette duchesse donne son nom à l'hôtel qui devient l'Élysée-Bourbon. Pour la première fois, le nom d'Élysée – qui s'explique par la proximité de l'avenue des Champs-Élysées – est attaché à cette maison.

LA DEMEURE DU CHEF DE L'ÉTAT

Pendant la Révolution et sous l'Empire, cet hôtel abrite tour à tour l'Imprimerie nationale, un dépôt national de meubles, une salle de jeux, un théâtre de marionnettes, des commerces et des appartements à louer ! En 1806, le prince Murat (beau-frère de l'empereur grâce à son mariage avec Caroline Bonaparte) en devient le propriétaire. Cependant, en juillet 1808, Napoléon le nomme roi de Naples à condition que le couple princier cède tous ses biens à la couronne française. L'empereur a alors une idée bien précise en tête : récupérer l'Élysée pour sa convenance personnelle ! Il y séjournera à plusieurs reprises, et notamment le 22 juin 1815, date à laquelle il signe son abdication, à la suite de la défaite de Waterloo. C'est donc pour la première fois sous Napoléon Ier que l'Élysée est devenu la demeure d'un chef d'État.

Quelques années plus tard, le 20 décembre 1848, Louis Napoléon Bonaparte fait, à son tour, son entrée solennelle dans ce lieu chargé d'histoire en tant que président de la République. Mais, comme le titre la presse de l'époque, « l'Élysée-National » (nom attribué temporairement à cette demeure pour affirmer son caractère républicain) est alors en bien mauvais état. C'est la raison pour laquelle Napoléon III, devenu empereur, préfère s'installer aux Tuileries. Sous la IIIe République, le président Adolphe Thiers choisit, lui, la préfecture de Versailles et se rend très peu à l'Élysée. Puis son successeur, Patrice de Mac-Mahon, s'y établit en septembre 1874. Et c'est au moment de son départ que le palais est officiellement affecté à la présidence de la République, par une loi votée le 22 janvier 1879.

Par la suite, les présidents de nos Républiques vont s'y succéder en faisant profiter le palais, ses dépendances et ses jardins (soit environ 30 000 m^{2}) des dernières avancées techniques : sous Raymond Poincaré, l'électricité est installée ; Albert Lebrun, dernier président de la IIIe République, fait poser le chauffage central ; et viendra ensuite s'ajouter la construction des abris antiaérien et antiatomique. ◆

1800

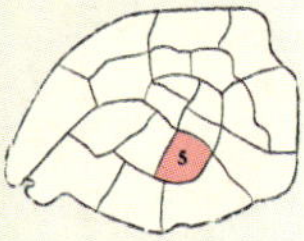

ADRESSE
Place du Panthéon, 5e
Tél. : 01 44 32 18 00
Maubert-Mutualité, Cardinal-Lemoine
www.pantheon.monuments-nationaux.fr

CRÉATION
Construction achevée en 1790.

LE PANTHÉON

Quelques mots suffisent à définir ce lieu de mémoire ; inscrits sur le fronton, ils indiquent : « Aux grands hommes, la patrie reconnaissante. » Ils résonneront longtemps dans le cœur et la tête des promeneurs...

1700

TOUT COMMENCE PAR UN VŒU !

En 1744, le roi Louis XV tombe malade à Metz, durant la guerre de Succession d'Autriche. Invoquant la protection de sainte Geneviève, il finit par recouvrer la santé. Comme c'est alors l'usage, il décide de rendre grâce en faisant un pèlerinage dans l'église de l'abbaye Sainte-Geneviève, fondée par Clovis en l'an 507, qui renferme les reliques de la sainte patronne de Paris. Plus de mille deux cents ans après la fondation de ce lieu de culte devenu vétuste, Louis XV accepte de financer la reconstruction de l'église abbatiale. Après quelques années, c'est contre toute attente Jacques-Germain Soufflot qui est choisi pour ce travail, et non l'architecte du roi Jacques Ange Gabriel. Encore une fois, la politique s'est mêlée d'art, car Soufflot est soutenu par le surintendant des Bâtiments du roi, qui n'est autre que le frère de Mme de Pompadour, la maîtresse du roi !

Mais tout se met en place très lentement, et il faudra vingt ans pour établir des plans définitifs ! La première pierre est finalement posée par Louis XV en personne, en septembre 1764. Pour ne rien arranger, les travaux sont très longs. Il faut d'abord installer de solides fondations pour soutenir le monument. Or, en creusant, on découvre une suite de puits et de tunnels qui rendent le sol et le sous-sol fragiles. Et puis les plans imaginés par Soufflot, qui allient architectures grecque et gothique, sont très critiqués. Son idée d'élever un dôme immense sous lequel seraient installées les reliques de sainte Geneviève déchaîne les passions. Les critiques fusent de toutes parts et c'est un homme incompris et épuisé qui meurt le 5 janvier 1780.

Lorsqu'éclate la Révolution, en 1789, la nouvelle église Sainte-Geneviève est enfin en cours d'achèvement. Dès 1790, le marquis de Villette réclame ce lieu pour y placer la sépulture de son ami Voltaire, disparu en 1778. Mais son idée va au-delà d'un simple hommage rendu à l'écrivain, il souhaite

UN BALLET DE CÉLÉBRITÉS

Si les corps de nombreux personnages illustres sont « entrés » au Panthéon, beaucoup en sont également « sortis », aussi étonnant que cela puisse paraître ! Mirabeau a été le premier admis (suivi de près par Voltaire) et le premier exclu ! Il a été « chassé » du temple républicain le 21 septembre 1794 et remplacé par Jean-Paul Marat. Par ce geste symbolique, le pouvoir en place souhaitait donner une leçon de civisme à la population. Cependant, cinq mois plus tard, le corps de Marat sera à son tour exclu du Panthéon...

créer un lieu où la nation entière célébrerait la mémoire de ses grands hommes, comme le faisaient les Grecs et les Romains de l'Antiquité.

L'idée fait son chemin et elle est finalement adoptée le 4 avril 1791. L'Assemblée nationale constituante décide de transformer la nouvelle église et d'offrir ses cryptes aux sépultures des Français qui se sont illustrés par leur talent, leur savoir, leur courage et leur patriotisme. Un nouvel architecte est nommé pour faire du bâtiment religieux un panthéon. Dans le même temps, on inscrit sur le fronton ces mots inoubliables : « Aux grands hommes, la patrie reconnaissante. »

ÉGLISE CATHOLIQUE OU TEMPLE RÉPUBLICAIN ?

À partir de 1806, sous le Premier Empire, et jusqu'en 1885, sous la IIIe République, ce lieu va à plusieurs reprises changer de fonction, tour à tour transformé en église ou en panthéon, au gré des régimes politiques.

Finalement, le 22 mai 1885, le Gouvernement déclare par décret que l'édifice renoue avec sa vocation républicaine à l'occasion du décès de Victor Hugo. Le 1er juin 1885, cet illustre poète est inhumé au Panthéon.

Vingt-trois ans plus tard, en juin 1908, c'est au tour d'Émile Zola d'être « panthéonisé ». C'est dans ce même caveau qu'Alexandre Dumas a été officiellement accueilli en novembre 2002 ; sixième écrivain à avoir été ainsi honoré, après Voltaire, Rousseau, Hugo, Zola et Malraux, il est, à ce jour, le dernier « grand homme » entré au Panthéon. Il repose au milieu de 76 personnalités.

Aujourd'hui, le Panthéon demeure un symbole fort de la République, comme en témoigna la visite du président François Mitterrand, le 21 mai 1981, jour de son entrée en fonction, venu y déposer trois roses sur les tombes de Jean Jaurès, de Jean Moulin et de Victor Schoelcher. ◆

LA TERRE TOURNE SOUS LA COUPOLE

Sous la coupole du Panthéon se trouve le « pendule de Foucault » ; il est le souvenir d'une célèbre expérience scientifique menée par Léon Foucault en mars 1851, première preuve tangible (et expérimentale) de la rotation de la Terre. Cette expérience, qui a réellement eu lieu au sein du Panthéon, a permis de mettre en évidence la rotation de la Terre sans aucune observation astronomique extérieure.

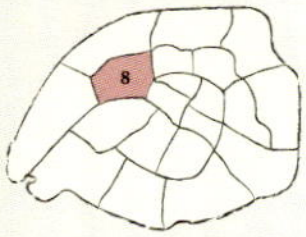

ADRESSE

28, boulevard de Courcelles, 8e
Tél. : 01 47 63 40 97
Ⓜ Monceau
@ www.parcmonceau.org

CRÉATION

Inauguré en 1861.

LE PARC MONCEAU

L'oasis de verdure du parc Monceau constitue à la fois un lieu d'histoire, de promenade et de détente.

1700

LA « FOLIE » DE CARMONTELLE

Au XVIIIe siècle, sous le règne de Louis XVI, la région située au nord-ouest de Paris était une vaste plaine d'où émergeaient quelques moulins aux longs bras. Le nom « Monceau » provient en fait du village de Mousseaux, qui se trouvait alors à l'endroit même du parc actuel. En 1778, les terrains appartenant au fermier général Grimod de La Reynière sont achetés par Louis-Philippe d'Orléans, duc de Chartres. Il confie à l'auteur dramatique Louis Carrogis dit Carmontelle le soin de les aménager. Architecte paysagiste à ses heures, l'artiste en fait un jardin extraordinaire. Ce « pays d'illusions » est rebaptisé « folie de Chartres » en hommage à son propriétaire (le terme « folie » est à prendre dans le sens historique du XVIIIe siècle, qui l'associait au latin folium signifiant « feuille » ; il servait à désigner des résidences champêtres). Cette folie crée l'événement en raison de son aspect hétéroclite : des temples grecs y côtoient des pagodes chinoises, des kiosques, des pavillons, des moulins, des bois, des vignes, une rivière, des bassins, des îles, mais aussi des obélisques, des pyramides, de fausses ruines antiques, des serres, des jeux et des balançoires. De tels aménagements sont alors à la mode.

En 1787, cette folie de Chartres est rognée par la construction du mur des Fermiers-Généraux, sorte de protection autour de Paris destinée à réglementer la circulation des marchandises. En différents endroits, des pavillons d'octroi sont élevés par l'architecte Claude Nicolas Ledoux (à qui l'on doit la fameuse saline d'Arc-et-Senans). L'un d'entre eux, appelé le « pavillon de Chartres », est une rotonde à colonnades qui a subsisté dans l'enceinte du parc.

LA NAUMACHIE DU PARC

À l'origine, la naumachie désigne la reconstitution d'un combat naval présentée au public dans un cirque où l'arène a été remplacée par un vaste bassin. C'est ce spectacle qui a donné son nom au bassin du parc Monceau.

DÉCLIN ET RENAISSANCE

Confisquée à la Révolution, la folie de Chartres est ensuite utilisée sous la Convention, on y installe alors des jeux et des divertissements. Quelques années plus tard, Napoléon offre l'ensemble à Cambacérès, qui finit par rendre cet immense jardin trop coûteux. Sous la Restauration, Louis XVIII fait don de ce domaine à la famille d'Orléans. Puis Louis-Philippe Ier en redevient le propriétaire jusqu'en 1852, date du décret qui découpe le parc en deux : une partie de 9 ha demeure un jardin et revient à la Ville de

Paris, 10 autres hectares sont attribués aux frères Pereire qui y bâtissent plusieurs luxueux hôtels.

Amputé de plus de la moitié de sa surface initiale, le parc doit être repensé entièrement. En 1854, le baron Haussmann confie son réaménagement à l'ingénieur Jean-Charles Alphand. Ce dernier parvient à sauvegarder plusieurs vestiges de la folie de Chartres, dont l'ancienne rotonde des gardiens d'octroi, la rivière, la grotte, le pont, les tombeaux et surtout la « naumachie », ce grand bassin ovale entouré d'une colonnade corinthienne provenant d'une chapelle que Catherine de Médicis aurait fait bâtir près de la basilique Saint-Denis – mais le conditionnel s'impose, car rien n'est sûr ! Alphand met également en valeur l'arcade Renaissance (qui, à l'origine, faisait partie de l'hôtel de ville de Paris), ainsi que des arbres centenaires. Conçu comme un lieu de divertissement, le parc est agrémenté d'une aire de jeux et d'une piste de patinage.

LE GRAND SAUT DE GARNERIN

Au détour d'une allée, on peut observer une plaque commémorant un incroyable événement qui a eu lieu en 1797. Cette année-là, un certain André-Jacques Garnerin a atterri en parachute dans le parc Monceau ! Le jeune homme alors âgé de 28 ans a suivi avec intérêt les cours dispensés par les grands scientifiques de l'époque, entre autres Gaspard Monge, Antoine de Lavoisier ou encore Jacques Charles. Ce dernier, physicien hors du commun, est le premier à effectuer une ascension en ballon gonflé à l'hydrogène. Fasciné par ce moyen de transport, Garnerin propose à la jeune République née de la Révolution française de mettre au point une utilisation militaire des ballons. L'idée est simple : il s'agit d'utiliser les aérostats pour espionner l'ennemi à la longue-vue. Le 24 novembre 1793, le Comité de salut public décide de la construction d'un ballon capable de transporter deux observateurs. Après de nouveaux essais réussis, une première compagnie d'aérostiers est créée en avril 1794. Trois ans plus tard, Garnerin projette de sauter en parachute à partir de l'un de ces ballons. Pour cet exploit, il choisit le parc Monceau. En octobre 1797, il monte dans un ballon et, arrivé à une hauteur de 500 toises (soit 1 000 m), il saute. Il parviendra à se poser sain et sauf dans le parc sous les yeux ébahis de dizaines de spectateurs ! ◆

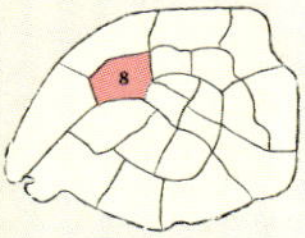

ADRESSE
Place de la Concorde, 8e

Ⓜ Concorde

CRÉATION
Construction achevée en 1772.

LA PLACE DE LA CONCORDE

Au carrefour des Champs-Élysées, des jardins des Tuileries, du palais Bourbon et de la Madeleine, cette somptueuse esplanade créée au siècle des Lumières a aussi connu des heures sombres...

1700

TOUTE UNE PLACE POUR UNE STATUE !

En 1748, la municipalité cherche un lieu susceptible d'accueillir une statue équestre du roi Louis XV, commandée pour fêter le rétablissement du roi, qui était tombé malade à Metz. L'architecte Jacques Ange Gabriel est chargé de transformer ce qui n'est alors qu'un terrain à l'abandon. Il conçoit une place et imagine, autour de la future statue, un vaste terre-plein ceint de balustrades et entouré par un fossé de 20 m de large enjambé par six ponts en pierre ; le tout aurait la forme d'un octogone, aux angles duquel seraient bâtis huit petits pavillons ! En quelques années, tout se met en place : la statue équestre est inaugurée le 20 juin 1763 et la « place Louis-XV » est achevée en 1772.

Mais Gabriel ne s'arrête pas là, il projette également la construction, au nord de la place, de deux imposants hôtels : l'un, d'abord destiné au garde-meuble de la couronne, deviendra le siège du ministère de la Marine et le second, de l'autre côté de la rue Royale, sera loué au duc d'Aumont avant d'être cédé au duc de Crillon, qui lui a laissé son nom – conservé par le célèbre palace qui s'y trouve de nos jours. Le pont de la Concorde, quant à lui, est construit entre 1789 et 1790, les pierres utilisées provenant en partie de la démolition de la forteresse de la Bastille.

De cet ensemble, certains éléments vont disparaître, notamment la statue de Louis XV qui est renversée le 11 août 1792, puis fondue. Il faut dire que, la veille, les sans-culottes ont envahi le palais des Tuileries et mis fin à la monarchie. Quelques mois plus tard, une imposante statue de la Liberté portant le bonnet rouge est érigée, avant d'être remplacée en 1836 par l'obélisque (p. 156). D'autres éléments ont été, eux, conservés, en particulier les huit petits

UNE PLACE ROUGE SANG

À de nombreuses reprises, la guillotine a été installée sur cette place : en octobre 1792, le 21 janvier 1793 à l'occasion de l'exécution du roi, puis de mai 1793 à juin 1794. Au total, plus d'un millier de personnes ont été guillotinées à cet endroit, dont la reine Marie-Antoinette, la comtesse du Barry, Camille Desmoulins, Danton, Robespierre et Charlotte Corday.

pavillons aujourd'hui surmontés de sculptures de femmes représentant huit villes de France. Ces statues, imaginées dès le XVIIIe siècle, furent réalisées sous le règne de Louis-Philippe Ier afin d'exacerber le sentiment national.

LES TRIBULATIONS DES CHEVAUX DE MARLY

La place de la Concorde recèle également les fameux chevaux de Marly dont l'histoire est tumultueuse… À l'origine, Louis XIV les avait commandés au sculpteur Antoine Coysevox afin de décorer le grand abreuvoir du château de Marly. À la mort du Roi-Soleil, ces statues sont déplacées devant les Tuileries. Pour les remplacer, le roi Louis XV sollicite le sculpteur Guillaume Coustou, lequel réalise des chevaux cabrés tenus par des palefreniers, l'un représentant l'Europe et l'autre l'Amérique. Ces sculptures sont installées à leur tour près de l'abreuvoir du château de Marly, mais, à la destruction de ce dernier, en 1794, elles migrent au bas des Champs-Élysées. Depuis 1986, les chevaux de Marly que l'on contemple sur la place de la Concorde sont des copies que l'on doit au sculpteur Michel Bourbon. Les originaux sont au musée du Louvre.

LES DEUX FONTAINES

En 1832, le réaménagement de la place de la Concorde est confié à l'architecte Jacques Ignace Hittorff. Deux imposantes fontaines à double vasque sont installées de chaque côté de l'obélisque ; elles symbolisent les navigations fluviale et maritime. La première est ornée de six personnages figurant le Rhône et le Rhin, la Moisson et la Vendange, la Récolte de fleurs et celle de fruits. À l'étage supérieur, on peut admirer une personnification de la navigation fluviale, de l'agriculture et de l'industrie, qui témoigne du rôle économique des fleuves en tant que voies de communication commerciales. La seconde fontaine est située plus près du pont de la Concorde. Sur sa partie inférieure se trouvent représentés l'Océan et la Méditerranée, la Pêche des perles, des coquillages, des poissons et des coraux. Au-dessus, on peut contempler des personnifications de la navigation maritime, du commerce et de l'astronomie.

Ces deux fontaines ont été restaurées à la fin du XXe siècle tandis que l'obélisque était chapeauté d'or ! ◆

UN NOM SYMBOLE DE PAIX

Cette place a plusieurs fois changé de nom au fil du temps et des changements de régimes. Elle est d'abord baptisée place Louis-XV, puis place de la Révolution en 1792 et enfin place de la Concorde en 1795. Après quelques hésitations, c'est finalement ce nom qu'elle porte depuis 1830, symbole de paix, de fraternité et d'entente souhaitées après tant de sang versé durant la Révolution et la Terreur.

SOMMAIRE
XIXe siècle

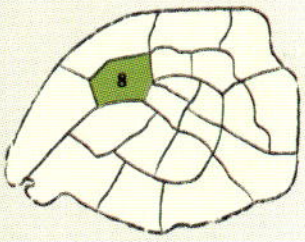

ADRESSE

Place Charles-de-Gaulle, 8e
Tél. : 01 55 37 73 77
Ⓜ Charles-de-Gaulle-Étoile
@ www.arc-de-triomphe.monuments-nationaux.fr

CRÉATION

Inauguré le 29 juillet 1836.

L'ARC DE TRIOMPHE

La construction de l'Arc de Triomphe, dédié à la célébration des victoires impériales, n'a pas été aisée, le cours de l'histoire ayant longtemps retardé son inauguration...

1800

AU SOMMET D'UNE COLLINE

En arrivant sur la place Charles-de-Gaulle-Étoile, une immense esplanade circulaire de plus de 240 m de diamètre s'offre aux regards. À cet endroit culmine le sommet d'une colline qui s'inscrit dans une longue perspective s'étendant de l'arche de la Défense à la pyramide du Louvre en passant par les Champs-Élysées et la place de la Concorde !

Cette colline a été en partie aplanie sous le règne de Louis XV, à la fin du XVIIIe siècle. L'idée était de l'abaisser d'environ 5 m afin d'obtenir une pente régulière entre son sommet et le pont de Neuilly. Avant même que les travaux de terrassement soient achevés, certains créateurs font des suggestions décoratives. C'est ainsi qu'un ingénieur propose de construire un éléphant triomphal, tandis que d'autres imaginent un obélisque ou un imposant cadran solaire. En 1799, un concours officiel est même lancé. Treize projets sont déposés, mais aucun n'est retenu.

UNE IDÉE DE NAPOLÉON Ier

Au lendemain de la bataille d'Austerlitz, Napoléon Ier décide d'y faire bâtir un arc de triomphe en l'honneur des victoires des armées impériales. À l'origine, cet arc devait s'appeler l'arc d'Austerlitz tandis que celui du Carrousel (p. 128) devait être nommé l'arc de Marengo, autre victoire française. Napoléon reprend ainsi l'idée des empereurs romains consistant à ériger de véritables portes monumentales pour accueillir un chef militaire lors de son retour triomphal.

À l'Étoile, la première pierre du monument est posée le 15 août 1806, jour du 37e anniversaire de Napoléon, sans cérémonie officielle. Le ministre de l'Intérieur Champagny a désigné Jean-François Chalgrin comme architecte (ancien architecte de Louis XVI et du comte de Provence, il a travaillé notamment à l'agrandissement du palais du Luxembourg et du Collège de France).

Cet immense chantier nécessite l'ouverture d'une carrière dans l'actuelle avenue George-V. Malheureusement, de nombreux

UN AVION SOUS L'ARC

Bien des événements se sont déroulés sous cet Arc de Triomphe, comme le premier défilé du 14 juillet 1919, au lendemain de la Première Guerre mondiale. C'est Georges Clemenceau qui avait souhaité que le défilé passe sous l'Arc. Les seuls oubliés de ces festivités furent les aviateurs, et c'est pour venger cet affront que le pilote Charles Godefroy passa sous l'Arc de Triomphe à bord de son biplan « Newport », le 9 août 1919 !

J'aime monter au sommet de l'Arc de Triomphe et me sentir « prince du vent et roi de Paris » en contemplant les Champs-Élysées.

MONUMENT
XIXe siècle

obstacles ralentissent les travaux. Les bâtisseurs sont d'abord confrontés à de grandes difficultés pour creuser les fondations. Alors, afin de mieux se rendre compte du résultat, ils font installer une maquette grandeur nature en lieu et place du futur monument à l'occasion de l'entrée solennelle de Napoléon et de sa seconde épouse Marie-Louise, le 2 avril 1810. L'année suivante, l'architecte Chalgrin disparaît et l'intérêt de Napoléon pour cette construction s'émousse, d'autant que ses revers militaires vont se multiplier. L'avenir de l'arc naissant semble compromis…

UNE INAUGURATION TARDIVE

Ce sera finalement le roi Louis XVIII qui réclamera la reprise des travaux en octobre 1823. Fidèles au souhait de Napoléon, qui avait validé le projet de Chalgrin comprenant de nombreuses scènes ornementales, plusieurs sculpteurs réalisent le décor habillant les façades, notamment *Le Départ des volontaires de 1792*, œuvre de Rude (aussi appelée *La Marseillaise*) rappelant la conscription obligatoire voulue par la Constituante, et *Le Triomphe de 1810* de Cortot en l'honneur de Napoléon.

L'Arc de Triomphe est finalement inauguré sous le règne de Louis-Philippe Ier, en juillet 1836. En 1840, il connaît son premier triomphe avec le retour des cendres de l'empereur de Sainte-Hélène. En 1885, couvert de voiles noirs, il porte le deuil de Victor Hugo.

Depuis 1921, on y trouve la tombe du Soldat inconnu sur laquelle brûle la flamme du Souvenir, ravivée chaque soir à 18 h 30, lors d'une cérémonie solennelle. Toute cette histoire a commencé en 1918. De nombreux anciens combattants réclamaient la construction d'un monument symbolique où serait inhumé un soldat anonyme. En novembre 1919, les députés adoptent une loi permettant « la translation et l'inhumation des restes d'un soldat français non identifié ». Une fois le corps choisi, le cercueil est transporté à Paris où il est d'abord placé dans une chapelle ardente installée dans l'Arc de Triomphe, le 11 novembre 1920, avant d'être enterré deux mois plus tard sous l'Arc. Mais, rapidement, la tombe semble abandonnée au cœur de la circulation parisienne, sans rien pour la signaler aux passants… C'est alors que le journaliste et poète Gabriel Boissy imagine d'y faire brûler une flamme. Plusieurs projets sont présentés et c'est celui conçu par l'architecte Henri Favier qui remportera les suffrages. ◆

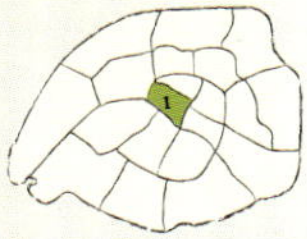

ADRESSE
Place du Carrousel, 1er

Ⓜ Palais-Royal-Musée-du-Louvre

CRÉATION
Construit en 1808.

L'ARC DE TRIOMPHE DU CARROUSEL

À Paris, on n'a pas le triomphe modeste, comme en témoigne l'arc de triomphe du Carrousel qui s'inscrit aujourd'hui dans la magnifique perspective s'étendant du Louvre jusqu'à l'arche de la Défense.

1800

UN MONUMENT CÉLÉBRANT LA GRANDE ARMÉE

La construction de cet arc a été décidée au cours d'un simple déjeuner ! Nous sommes alors en février 1806, l'empereur Napoléon Ier rencontre aux Tuileries l'architecte Pierre Fontaine. La discussion porte sur la réunion du palais des Tuileries (p. 44) – qui sera détruit sous la Commune, en mai 1871, lors d'un incendie – et du Louvre (p. 20). Cette idée trotte dans l'esprit des souverains français depuis longtemps. Au XVIe siècle déjà, la reine Catherine de Médicis fait construire une galerie de communication entre le Louvre et les Tuileries, la Grande Galerie qui est située le long de la Seine. Mais, cette fois, il s'agit de créer une entrée d'honneur au palais des Tuileries. Au cours de cette entrevue, l'empereur suggère de faire dresser deux « portes d'honneur » en hommage à la Grande Armée, victorieuse l'année précédente à Austerlitz (1805). L'une serait consacrée à la guerre et l'autre, à la paix. Seule la seconde a finalement vu le jour, l'arc de triomphe du Carrousel ! Les fonds provenant de la conquête de la Hollande, ainsi qu'un crédit d'un million de francs accordé par l'empereur, financent sa construction, qui s'achèvera en 1808.

UN MARIOL SUR L'ARC DE TRIOMPHE !
L'homme qui a posé pour immortaliser le sapeur, parmi les divers corps militaires, était un certain Dominique Gaye-Mariol, surnommé « l'Indomptable ». C'est à ce soldat de l'empereur que l'on doit peut-être la célèbre expression « faire le mariol » ! En effet, ce géant de 2 m, voulant sans doute impressionner la galerie, portait un affût de canon dans ses bras lors de la présentation des armes à Napoléon en 1807, après la bataille de Friedland.

LA PURETÉ ANTIQUE COMME MODÈLE

Contrairement à ce que l'on pourrait penser aujourd'hui, ce monument n'a pas été conçu pour mettre en valeur la perspective liée aux Champs-Élysées et à l'arc de triomphe de l'Étoile, car le palais des Tuileries – dont il était la grandiose porte d'entrée – était encore debout, obstruant la future perspective. Son plan a été réalisé par les architectes Pierre Fontaine et Charles Percier (à qui l'on doit les travaux d'embellissement de la Malmaison en 1800). Comme pour beaucoup de constructions voulues par

MONUMENT XIXe siècle

1900

l'empereur français, on y trouve de nombreuses références à l'antiquité et à l'Empire romain : l'arc du Carrousel s'inspire ainsi largement des arcs romains de Constantin et de Septime Sévère. Mais, à la différence de ses lointains ancêtres, cet arc – un parallélogramme ajouré par trois arcades – est percé longitudinalement, ce qui lui confère une certaine légèreté en dépit de ses dimensions imposantes...

UN QUADRIGE QUI VOYAGE

Au sommet de l'édifice figurait à l'origine le quadrige, un char attelé de chevaux, provenant de l'église Saint-Marc de Venise. À l'époque de sa campagne d'Italie, en 1798, Bonaparte l'avait fait expédier à Paris. Mais, en 1815, le vent de Waterloo change le cours de l'histoire, et les Alliés, installés dans Paris, le reprennent. Un nouveau quadrige en bronze, réalisé par François Joseph Bosio, est installé en 1828. Il s'agit de *La Restauration guidée par la paix* ; la Restauration – période qui s'étend de 1814 à 1830 et qui correspond aux règnes des deux frères de Louis XVI, les rois Louis XVIII et Charles X – y est symbolisée conduisant un char traîné par quatre chevaux qui semblent s'élancer vers le Louvre.

Les huit colonnes corinthiennes en granit rose ornant l'arc triomphant proviennent du « château vieux » de Meudon, construit en 1522 et démoli en 1804 à la suite d'un incendie. Les bas-reliefs qu'on y voit représentent plusieurs événements historiques : la capitulation devant Ulm, l'entrée dans Munich et dans Vienne, la paix de Presbourg ou la victoire d'Austerlitz. Les nombreuses sculptures, quant à elles, rendent hommage aux différents corps militaires qui ont participé à ces campagnes ; on peut admirer notamment un dragon, un grenadier, un chasseur, un canonnier ou encore un sapeur... ◆

UN CARROUSEL DISPARU

Le nom de « Carrousel » vient logiquement de l'emplacement de l'arc bâti place du Carrousel. Pour comprendre son origine, il faut remonter au XVIIe siècle : afin de fêter la naissance de son premier enfant en 1662, Louis XIV fit donner des fêtes somptueuses et notamment les 5 et 6 juin 1662 une mémorable fête équestre, un carrousel, qui nécessita l'aménagement d'une vaste esplanade. Depuis, le nom est resté !

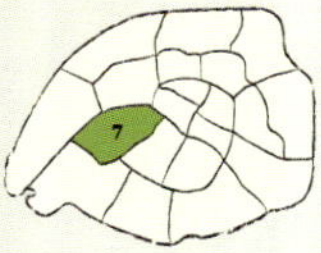

ADRESSE
24, rue de Sèvres, 7e
Tél. : 01 44 39 80 00
Ⓜ Sèvres-Babylone
@ www.lebonmarche.com

CRÉATION
Inauguré le 2 avril 1872.

AU BON MARCHÉ

Aujourd'hui symbole du luxe, « Le Bon Marché » fut pourtant le premier grand magasin populaire, à l'origine de nos grandes surfaces.

1800

DES DÉBUTS PROMETTEURS

C'est un certain Aristide Jacques Boucicaut qui est le père d'une véritable révolution commerciale : le grand magasin. Fils d'un modeste chapelier de Bellême, dans l'Orne, il décide à 18 ans de tenter sa chance loin de la boutique paternelle. Il s'associe tout d'abord à un marchand ambulant de laine et de cretonnes et, pendant sept ans, apprend patiemment les ficelles du métier.

À 25 ans, il « monte » à Paris où il trouve une place de commis dans un magasin appelé le « Petit Saint Thomas », rue du Bac. Son savoir-faire fait merveille, et il est rapidement promu second commis, puis chef du comptoir des châles.

À la même époque, la future Mme Boucicaut, Eugénie-Marguerite Guérin – une orpheline recueillie à l'âge de douze ans par son oncle porteur d'eau – débute comme apprentie chez une blanchisseuse. Travailleuse, elle obtient la gérance d'une crèmerie à Paris. C'est

justement là qu'Aristide Boucicaut vient déjeuner… Il tombe sous le charme de la crémière et l'épouse en 1839.

L'INVENTION DE LA RÉCLAME

Une nouvelle taxe imposée aux magasins à rayons multiples, puis la révolution de 1848, dramatique pour le petit commerce, entraînent la ruine du « Petit Saint Thomas ». L'ascension sociale du jeune couple est arrêtée nette. Chômeurs, les Boucicaut ne baissent pas les bras pour autant…

En 1852, un voisin propose à Aristide de s'associer avec lui pour exploiter un magasin de nouveautés en mercerie d'environ 25 m^2 baptisé « Au Bon Marché », situé rue de Sèvres. Le jeune homme accepte à condition d'y expérimenter ses nombreuses idées commerciales. Il décide notamment d'installer une banderole annonçant : « On reprend toute la marchandise qui a cessé de

L'HÔPITAL BOUCICAUT

Depuis 1832, il existe une rue Boucicaut, dans le 15e arrondissement. Elle porte le même nom que l'hôpital voisin (dont l'entrée se situe au 78 de la rue de la Convention), créé par Mme Boucicaut. C'est en effet la crémière modeste des débuts qui légua à sa mort, en 1887, 8 millions de francs-or à l'Assistance publique pour le construire.

plaire ! » Mais la vraie nouveauté, c'est que la clientèle découvre les prix affichés sur les articles ! On ne vend plus « à la tête du client ».

Le succès est rapide. On vient de partout, même de la rive droite, pour voir ce qu'on appelle déjà un « grand magasin ». Il s'agit d'une révolution, tant pour les commerçants concurrents qui vont devoir s'aligner sur cette nouvelle façon de vendre, que pour les clientes !

Boucicaut n'hésite pas à baisser les prix, en réduisant sa marge à 13,5 % alors que celle des petits commerçants s'élevait habituellement à plus de 41 %. Il s'y retrouve grâce aux quantités écoulées et à la rotation des marchandises. D'ailleurs, ses affaires marchent si bien qu'il rachète les boutiques voisines et finit par posséder tout le pâté de maisons.

LE NOUVEAU BON MARCHÉ

Mais toujours à l'étroit, Boucicaut décide de faire construire un immense magasin inauguré le 2 avril 1872. L'immeuble possède au centre un grand escalier, véritable colonne vertébrale qui entraîne ses visiteurs vers la charpente métallique que l'on doit au maître en la matière : Eiffel ! Installées sur plusieurs étages, les marchandises sont présentées au public sur les premiers « rayons » de l'histoire du commerce. En l'espace de soixante ans, la superficie de ce grand magasin est passée de 25 m^2 à 25 520 m^2 ! L'entrepreneur y poursuit ses innovations commerciales ; il invente notamment la première « exposition de blanc », dont il a l'idée en voyant la couche de neige qui recouvre les rues de Paris en janvier. Un service de livraison est également proposé, dont les voitures « vont aussi loin qu'une Parisienne peut habiter » ; il compte 90 véhicules hippomobiles et une écurie de 150 chevaux.

Aujourd'hui, près d'un siècle et demi après sa création, cette « révolution commerciale et populaire » est devenue un temple commercial incontournable dédié au luxe et à l'art de vivre.

UNE SOURCE D'INSPIRATION

L'ascension fulgurante de Boucicaut ne pouvait pas laisser les artistes de son temps indifférents. C'est ainsi que, en 1883, pour écrire son roman *Au Bonheur des Dames* (l'un des 20 titres de la série « Les Rougon-Macquart »), Émile Zola s'est inspiré du « Bon Marché ». Il y parle de « la cathédrale du commerce moderne, solide et légère, faite pour un peuple de clientes ». Son héros, Octave Mouret, venu chercher fortune à Paris, deviendra le patron du grand magasin « Au Bonheur des Dames ». ◆

DES INNOVATIONS SOCIALES

Aristide Boucicaut fut à l'origine de nombreuses innovations sociales. Grâce à lui, fini les commis travaillant de 7 heures à 21 heures, du lundi au samedi, ainsi que le dimanche matin ! Dans son grand magasin, il instaura le repos hebdomadaire, les congés annuels, le service médical gratuit, la caisse de retraite, la cantine gratuite...

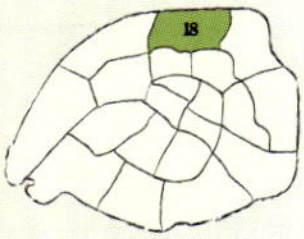

ADRESSE

35, rue du Chevalier-de-la-Barre, 18e
Tél. : 01 53 41 89 00
Anvers, Abbesses
www.sacre-coeur-montmartre.com

CRÉATION

Inaugurée en 1891.

LA BASILIQUE DU SACRÉ-CŒUR

La basilique du Sacré-Cœur se dresse au-dessus de la capitale, semblant veiller sur la « fourmilière » parisienne. Son apparente sérénité contraste avec le contexte historique à l'origine de son édification…

1800

UN VŒU EN TEMPS DE GUERRE

La basilique n'a pas encore fêté ses 100 ans. Son histoire commence en 1870, alors que fait rage en Europe la guerre franco-prussienne. Les troupes françaises sont malmenées, et l'ennemi tend à s'imposer, ce qui incite les catholiques français à prier pour la protection de leur nation. Nombre d'entre eux effectuent des pèlerinages (à Chartres, Lourdes, Paray-le-Monial…) dans le but de sauver la France du désastre annoncé. Certains croyants évoquent l'idée d'un vœu par lequel ils s'engageraient à faire construire une nouvelle église à Paris, si l'avenir redevenait souriant pour la France et si le sort du pape Pie IX, en grande difficulté à Rome, s'arrangeait. En effet, élu par ses pairs en 1846, le pape a accepté avec réticence l'unification italienne. Mais les solutions d'intégration de l'État du Vatican au nouveau royaume divisent les Italiens, et les Piémontais ont décidé de frapper un grand coup. Ils sont entrés dans Rome en septembre 1870 afin de supprimer définitivement l'État du Vatican…

LA PLUS GROSSE CLOCHE DE FRANCE

Parmi les trésors de la basilique, le campanile renferme la plus grosse cloche de France : la Savoyarde, d'un poids de 19 t, sans compter son battant qui pèse à lui seul 850 kg ! Elle est surnommée ainsi car elle fut offerte par la Savoie sur l'initiative de l'archevêque de Chambéry, monseigneur Leuillieux. Fondue dans les ateliers Paccard à Annecy, lors d'une coulée mémorable le 13 mai 1891, elle fut acheminée en 1895 jusqu'à la gare d'Annecy grâce à douze paires de bœufs et à trois chevaux. À Paris, son transport depuis la gare de Montmartre fut effectué sur un camion attelé de 28 chevaux.

LE SACRÉ-CŒUR DE JÉSUS

Dans un tel contexte, l'idée d'un « vœu » fait son chemin. Un premier texte est écrit par Alexandre Legentil, qui sera adopté le 18 janvier 1872 par le cardinal archevêque de Paris, monseigneur Guibert : « En présence des malheurs qui désolent la France et des malheurs plus grands peut-être qui la menacent encore. En présence des attentats sacrilèges commis à Rome contre les droits de l'Église et du Saint-Siège et contre la personne sacrée du vicaire de Jésus-Christ. Nous nous humilions devant Dieu et réunissant dans notre amour l'Église et notre

Patrie, nous reconnaissons que nous avons été coupables et justement châtiés. Et pour faire amende honorable de nos péchés et obtenir de l'infinie Miséricorde du Sacré-Cœur de Notre Seigneur Jésus-Christ le pardon de nos fautes ainsi que les secours extraordinaires qui peuvent seuls délivrer le souverain pontife de sa captivité et faire cesser les malheurs de la France, nous promettons de contribuer à l'érection à Paris d'un sanctuaire dédié au Sacré-Cœur de Jésus. »

UNE ÉGLISE D'UTILITÉ PUBLIQUE !

Le cardinal Guibert se lance à cœur perdu dans sa tâche et choisit Montmartre comme lieu de future implantation. Mais pour bâtir un tel édifice il faut de l'argent, beaucoup d'argent. Alors on fait appel au bon cœur de chacun : des collectes sont organisées dans tous les diocèses et les paroisses, au sein des ordres et des congrégations.

En 1873, l'Assemblée nationale vote un texte de loi proclamant d'utilité publique la construction d'une église consacrée au Sacré-Cœur (n'oublions pas que la loi de séparation de l'Église et de l'État ne date que de 1905). Un concours est officiellement lancé, 78 projets sont déposés et, le 28 juillet 1874, la décision tombe : c'est le projet de Paul Abadie qui est retenu, cet architecte ayant déjà bâti plus d'une dizaine d'églises et en ayant restauré une vingtaine d'autres, dont les cathédrales de Périgueux et d'Angoulême.

La première pierre de la nouvelle basilique est posée le 16 juin 1875, mais sa consécration n'aura lieu que le 16 octobre 1919, au lendemain de la Première Guerre mondiale. Même si aujourd'hui on ne conçoit pas Paris sans la silhouette du Sacré-Cœur, son architecture d'inspiration byzantine ne fera pas l'unanimité tout de suite.

UN LIEU DE CULTE AVANT TOUT

Avec sa vaste nef et à son chœur imposant orné d'une gigantesque mosaïque représentant le Christ en Gloire (l'une des plus grandes mosaïques au monde avec ses 475 m^2), la basilique du Sacré-Cœur est devenue un lieu touristique de première importance. Elle n'en conserve par moins son caractère religieux. En effet, outre ses dimensions imposantes, ce qui surprend peut-être le plus les visiteurs du monde entier, c'est la ferveur de la communauté qui s'y relaie jour et nuit, 24 heures sur 24, pour participer à l'Adoration perpétuelle. Parmi ses membres, on trouve des laïcs, venus d'un peu partout, ainsi que les bénédictines du Sacré-Cœur de Montmartre qui sont présentes dans la basilique depuis 1885. ◆

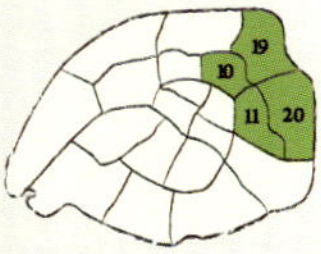

ADRESSE

Situés à cheval sur les 10e, 11e, 19e et 20e arrondissements

Ⓜ Jourdain, Belleville

CRÉATION

Annexés à Paris en 1860.

BELLEVILLE ET MÉNILMONTANT

Quelle perpétuelle animation à Belleville et à Ménilmontant ! Peut-être les visiteurs viennent-ils dans les ruelles pittoresques sur les traces d'un Paris populaire…

1800

DEUX ANCIENS VILLAGES

À l'origine, Ménilmontant était un hameau du village de Belleville. Ce dernier s'étendait sur de petites collines aux pentes assez abruptes en bas desquelles vivaient des ouvriers. Baptisé tout d'abord « Mesnil Mautemps » (le mesnil étant une habitation de campagne), le hameau devint « Ménilmontant » en raison de la forte montée qu'il fallait emprunter pour y accéder ! Ces pentes, favorables à la culture de la vigne, expliquent d'ailleurs le tracé des voies de cette partie de Paris.

C'est en 1860 que Belleville – et donc Ménilmontant – a été rattaché à Paris. Situé au cœur des 19e et 20e arrondissements, le quartier d'aujourd'hui fourmille encore de trésors souvent dissimulés derrière une porte cochère : échoppes, ateliers, bistrots à l'ancienne, souvenirs de guinguettes, villas et cités-jardins, témoignages du passé ouvrier. Autour de la rue de Belleville, importante artère qui coupe en deux l'ancien village, de petits immeubles agrémentés de jardinets semblent avoir échappé miraculeusement aux grands travaux de rénovation. Plus au sud se trouve une autre grande artère du quartier, la rue de Ménilmontant. Entre les deux voies, de nombreux passages serpentent : ils suivent le tracé d'anciens sentiers reliant jadis les parcelles de vigne.

ENCORE UN COUP DE CARTOUCHE !

C'est dans l'un des nombreux cabarets de Ménilmontant que s'est achevée l'histoire de Cartouche, célèbre bandit de grand chemin ! Il était né dans le hameau en 1693 et fit sa première fugue dès l'âge de 12 ans. Il se lia avec une troupe de bohémiens, puis, à l'âge de 21 ans, se lança dans le banditisme.
Sa méthode de « travail » était basée sur le renseignement. Il recrutait ses agents parmi les domestiques et les aubergistes qui étaient intéressés aux affaires. Sa notoriété était telle qu'une prime de 20 000 livres fut lancée pour sa capture. Et il ne tarda pas à être dénoncé…
Le 15 octobre 1721, au matin, une petite troupe de policiers se rendit à Belleville, au cabaret du Pistolet, où elle cueillit Cartouche au lit… Emmené au Châtelet (p. 178), le bandit y fut interrogé avant d'être condamné à mourir en place de Grève (p. 52) le 28 novembre 1721.

DES EXPÉRIENCES À BELLEVILLE

Avant la Révolution, dans le village de Belleville, le château de Saint-Fargeau et son parc occupaient une grande superficie s'étendant de la rue Pelleport au boulevard

Mortier. Cette propriété qui appartenait à la famille des Le Peltier de Saint-Fargeau fut le lieu d'une expérimentation étonnante : le télégraphe ! Son « père », Claude Chappe (1763-1805), avait élaboré un moyen pour correspondre avec ses frères pendant les vacances. Le mécanisme était simple : une règle tournant sur un pivot portait à chaque extrémité une autre règle mobile permettant d'émettre des signaux grâce à un code préétabli. Avec le soutien de son frère aîné, député de la Sarthe, Claude expose son invention devant la Convention, en mars 1792. Séduits, les députés lui confient la direction du premier essai officiel. En septembre de la même année, les habitants de Belleville observent, étonnés et inquiets, des ouvriers montant une surprenante machine dans le parc du château de Saint-Fargeau. Mais les villageois, craignant que les messages envoyés soient destinés à la famille royale, alors enfermée au Temple, se ruent sur le dangereux appareil et le détruisent… En juillet 1793, muni cette fois de toutes les autorisations, l'inventeur réitère son expérimentation. Devant les commissaires de la Convention, des « dépêches » sont ainsi transmises en onze minutes entre Belleville-Ménilmontant et un poste situé 35 km plus loin.

De cette propriété, il ne subsiste plus aujourd'hui que les arbres, qui s'élèvent dans l'actuel cimetière de Belleville, où une plaque rappelle aux promeneurs ces expériences. Le métro parisien rend également un hommage à Claude Chappe avec la station « Télégraphe », sur la ligne n° 11.

LE DESTIN D'UN GAMIN DE MÉNILMONTANT

Parmi les enfants célèbres du quartier figure Maurice Chevalier, né en 1888 à Ménilmontant. Son père ne tarda pas à déserter le foyer, et Maurice fut contraint de gagner sa vie très tôt, mais il n'avait qu'une seule passion, la scène. Il proposa ses services au patron du café des Trois Lions, boulevard de Ménilmontant. La gouaille de ce garçon de 12 ans séduisit, et il signa peu après son premier contrat au casino des Tourelles. Maurice Chevalier était lancé, l'enfant de Ménilmontant allait devenir une étoile du music-hall… Précisons que c'est également dans ce quartier qu'Édith Piaf a vu le jour en 1915.

Aujourd'hui encore, le quartier conserve un côté « populaire », avec ses commerçants, ses artisans et ses artistes. C'est d'ailleurs cette authenticité qui attire une population plus aisée, séduite par l'aspect « carte postale ancienne ». ◆

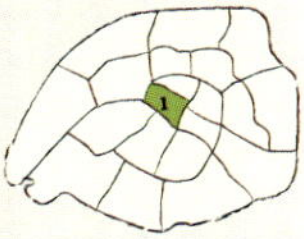

ADRESSE

2, rue de Viarmes, 1er
Tél. : 01 55 65 39 27
Ⓜ Louvre-Rivoli, Les Halles
RER Châtelet-Les Halles

@ www.ccip.fr

CRÉATION

Inaugurée le 24 septembre 1889.
MH **M**onument **H**istorique en 1986

LA BOURSE DE COMMERCE

La Bourse de commerce – à ne pas confondre avec la Bourse du palais Brongniart – est un imposant bâtiment circulaire non loin du forum des Halles. Entre scandales et incendies, elle a bien failli ne jamais voir le jour…

1800

TERRAIN À VENDRE !

Situé en plein cœur de Paris, le terrain sur lequel est bâtie la Bourse de commerce a de tout temps attisé les convoitises. De nombreux hôtels particuliers s'y sont dressés successivement depuis le XIIIe siècle. En 1572, la reine Catherine de Médicis s'y fait à son tour ériger une demeure, appelée l'« hôtel de la Reine ». Celui-ci deviendra par la suite l'hôtel de Soissons lorsqu'il sera racheté par le comte de Soissons. Après la disparition de ce dernier en 1612, c'est à son gendre Thomas de Savoie, prince de Carignan, que revient cet hôtel qui va rester dans la famille jusqu'au milieu du XVIIIe siècle. Finalement, en 1748, la demeure est entièrement détruite à la demande des créanciers du dernier propriétaire, qui souhaitent récupérer de l'argent grâce à la vente des matériaux !

DE LA BOURSE AUX COURSES

Dans son roman *Notre-Dame de Paris*, Victor Hugo évoquait cette Bourse de commerce en la comparant à une casquette de jockey. Quand on sait qu'il y avait là jadis du grain et peut-être un peu de paille, on se dit que les chevaux n'étaient pas loin !

UN ENTREPÔT POUR LES CÉRÉALES

Resté libre, cet emplacement privilégié est acheté par la Ville de Paris. En 1763, le prévôt des marchands décide d'y faire bâtir, sous la direction de l'architecte Nicolas Le Camus de Mézières, une construction destinée à entreposer du blé et de la farine. Il s'agit de remplacer l'ancienne halle au blé qui se trouvait rue de la Tonnellerie et qui était devenue trop petite pour alimenter une population de plus en plus importante.

Achevée en 1766, cette nouvelle halle conçue en pierre et en brique avec des renforts en métal se présente sous la forme d'un bâtiment circulaire percé de 25 arcades, inspiré peut-être par le Colisée de Rome. Comme le cœur de cette rotonde est sans toit, donc ouvert à tous les vents et à toutes les intempéries, une large coupole en bois de près de 40 m de diamètre est installée par-dessus pour protéger le grain entreposé. Malheureusement, un terrible incendie détruit la coupole en 1802. On décide alors d'en reconstruire une autre en 1811, en fer cette fois. Mais, décidément, le feu ne respecte rien, et il ravage à nouveau l'ensemble du bâtiment au milieu du XIXe siècle. Tout est à refaire !

DU BLÉ AU COMMERCE

La question se pose alors : est-il nécessaire de conserver une halle pour le blé ? Pourquoi rebâtir un bâtiment devenu inutile en raison d'une trop faible activité du commerce des grains ? Finalement, décision est prise de remplacer la halle au blé par une Bourse de commerce, une Bourse officielle des marchandises. Le nouveau bâtiment, inauguré en 1889, est l'œuvre de l'architecte Henri Blondel, qui a conservé la disposition initiale. En cette fin de XIXe siècle, la nouvelle Bourse est plus grande que la halle d'origine, grâce au creusement d'un sous-sol. Elle est désormais éclairée par une vaste verrière parfaitement étanche posée sur l'armature métallique, qui diffuse la lumière du jour pour mettre en valeur l'immense décor peint de l'intérieur. En effet, cinq artistes ont été mandatés pour embellir les murs de fresques : Mazerolle – également auteur du plafond de la Comédie-Française (p. 98) –, Luminais, Laugée, Clairin et Lucas. Ces cinq peintres ont assemblé leur savoir-faire pour réaliser une œuvre monumentale de 1 500 m² illustrant « l'histoire du commerce entre les continents », véritable ode au progrès technique de l'époque avec le train, l'électricité et le télégraphe…

Aujourd'hui, cette Bourse de commerce, logiquement installée dans le quartier marchand des Halles, accueille des bureaux de la chambre de commerce et d'industrie de Paris, ainsi que de nombreuses expositions temporaires de toutes sortes, sous sa grande coupole. ◆

LA COLONNE DE LA REINE

Juste à côté de la Bourse de commerce se dresse une étrange colonne cannelée, qui fut construite à l'époque où la reine Catherine de Médicis habitait les lieux. C'est la colonne de la Reine, également appelée « colonne de Soissons » ou « colonne Médicis ». Il s'agit vraisemblablement d'une « colonne astrologique » qui permettait aux mages et aux astrologues proches de la reine d'étudier les astres depuis une hauteur raisonnable – plus de 30 m de hauteur. Elle renferme un escalier de 147 marches, mais il est aujourd'hui impossible d'y accéder.

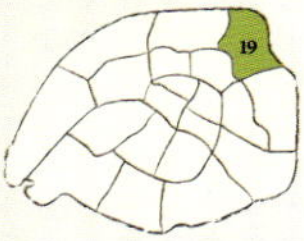

ADRESSE
1, rue Botzaris, 19e
Laumière, Buttes-Chaumont, Botzaris
www.butteschaumont.free.fr

CRÉATION
Inauguré le 1er avril 1867.

LES BUTTES-CHAUMONT

Les Buttes-Chaumont étaient à l'origine un mont chauve qui est devenu grâce à de nombreux aménagements un lieu de promenade prisé dans ce quartier de la capitale.

L'EXPOSITION UNIVERSELLE DE 1867

Le 1er avril 1867, le monde entier est convié à l'ouverture de l'Exposition universelle qui se déroule à Paris. Plus de 100 000 visiteurs invités par l'empereur Napoléon III, parmi lesquels de nombreux chefs d'État, assistent à l'inauguration officielle. De multiples stands et pavillons attendent les curieux sur le Champ-de-Mars, et une exposition agricole est proposée au bois de Boulogne. Pour une telle occasion, on a travaillé durant plusieurs années à embellir la capitale, en construisant notamment d'élégants immeubles, comme l'« hôtel Moderne » situé place de la République, et en aménageant des espaces verts pour permettre à la ville de « s'aérer », comme le parc des Buttes-Chaumont. Cette création s'inscrit dans la logique souhaitée par Napoléon III, qui avait été séduit par Londres et ses grands parcs lors de son séjour en Angleterre.

LE « MONT CHAUVE »

Le nom « Chaumont » désigne, à l'origine, un « mont Chauve » accidenté sur lequel se dressaient plusieurs monticules culminant à 80, voire 100 m – ce qui explique les différences de niveau importantes que nous retrouvons encore dans le parc. Depuis la Révolution, on y trouvait des carrières de gypse entourées de fours à plâtre – le gypse étant la roche utilisée dans la fabrication de ce matériau.

Mais l'endroit a mauvaise réputation depuis le Moyen Âge, car un peu en contrebas se dressait le sinistre et terrible gibet de Montfaucon. Par la suite, de douloureux souvenirs de guerre ont continué à entacher la réputation du mont Chauve : en mars 1814, les soldats de la garde nationale y essuient une défaite face à la coalition prussienne, autrichienne et russe, qui aboutira à la capitulation du 31 mars…

Et puis, une quarantaine d'années plus tard, sous le Second Empire, les carrières de gypse laissées à l'abandon et les galeries souterraines creusées par les ouvriers deviennent le refuge de bandits et de malfrats. Il faut avouer que de telles anfractuosités sont parfaites pour se cacher et ainsi échapper aux forces de l'ordre qui, bien souvent, n'osent pas s'aventurer dans de tels dédales… Bref, le mont Chauve a longtemps été un lieu maudit de Paris, laissé à l'abandon.

DES ARBRES CENTENAIRES
Dans le parc, plusieurs kilomètres de sentiers sont longés par des arbres exceptionnels, à l'image du platane d'Orient qui date de 1862 et qui a donc pu être contemplé par l'empereur Napoléon III.

L'ŒUVRE D'ALPHAND ET DE BARILLET

Mais Napoléon III décide de réinvestir l'endroit et d'en chasser les vieux démons. Le terrain étant jugé instable et dangereux, il est impossible d'y bâtir des immeubles, c'est pourquoi il est transformé en lieu de promenade. En 1854, le préfet Haussmann, maître d'œuvre des souhaits de l'empereur, choisit d'y créer un grand parc et sollicite pour ce faire l'ingénieur Jean-Charles Alphand et le jardinier Jean-Pierre Barillet (auxquels on doit entre autres l'aménagement du parc Montsouris, p. 162). D'importants travaux sont menés entre 1864 et 1867, année de l'ouverture du parc au public. Les créateurs ont creusé au cœur d'un paysage verdoyant des allées sinueuses. De grandes plantations sont prévues, qui nécessitent d'apporter des tonnes de terre végétale. Il a également fallu faire venir de l'eau depuis le canal Saint-Martin pour créer une imposante cascade de 32 m de haut. Celle-ci se déverse sur les rochers d'une grotte jusqu'au lac et côtoie un escalier de 200 marches taillé dans la roche et appelé le « chemin des Aiguilles », car il est très raide ! Au milieu du lac se trouve une île, que l'on peut rejoindre par un pont suspendu et un pont de pierre au surnom malheureux de « pont des Suicidés ». L'île abrite aussi le temple de la Sibylle, copie du temple romain de Tivoli, qui porte le nom d'une célèbre prêtresse et prophétesse qui s'était consacrée au dieu Apollon.

Les travaux titanesques ont été finalement récompensés puisque, près d'un siècle et demi plus tard, on découvre toujours avec bonheur le « jardin romantique des Buttes-Chaumont ». Celui-ci a par ailleurs inspiré plusieurs artistes, dont le poète Louis Aragon qui évoque ce lieu magique dans son livre *Le Paysan de Paris*, publié en 1926. ◆

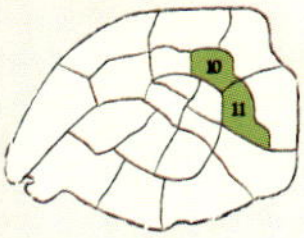

ADRESSE

10e et 11e arrondissements
Ⓜ Bastille, Bréguet-Sabin, Richard-Lenoir, Saint-Ambroise, Jaurès
@ www.paris.fr

CRÉATION

Inauguré en 1825.

LE CANAL SAINT-MARTIN

Certainement le plus romantique des canaux parisiens, le canal Saint-Martin est une partie d'un très vaste réseau permettant à la fois l'approvisionnement en eau de Paris et la traversée de la ville par voie fluviale tout en évitant le centre.

1800

UN PROJET DE FRANÇOIS Ier

L'idée de dévier les eaux de l'Ourcq et de la Marne vers Paris pour approvisionner la capitale remonte au XVIe siècle. On y songe déjà sous le règne de François Ier ! En 1590, sous Henri IV, des études sont lancées, mais leur réalisation sera abandonnée par la suite, notamment à cause de la disparition de Pierre Paul de Riquet, grand spécialiste en la matière qui a creusé le canal du Midi, puis du ministre Colbert, qui aurait pu financer une telle entreprise…

En 1790, c'est l'Assemblée nationale qui prend un décret ordonnant l'ouverture d'un canal entre le confluent de deux cours d'eau, la Marne et l'Ourcq, et la bourgade de La Villette. Mais, cette fois encore, le projet tombe à l'eau !

Puis, sous l'impulsion de Bonaparte, on décide d'embellir les bords de Seine du centre de Paris par de larges quais, des promenades plantées, des ponts élégants et des bâtiments majestueux, tout en repoussant les activités économiques à la périphérie, ce qui ferait alors du canal Saint-Martin un axe incontournable.

Ces projets ambitieux sont finalement repris en 1802 lorsqu'un décret décide de la création d'un ensemble de navigation comprenant le canal de l'Ourcq, le canal Saint-Denis et le canal Saint-Martin.

UN CHANTIER PHARAONIQUE

À la tête de cet immense chantier se trouve un célèbre ingénieur des Ponts-et-Chaussées, Pierre-Simon Girard, qui participa à l'expédition d'Égypte aux côtés de Bonaparte. Les canaux doivent former un « Y » : au nord-est le canal de l'Ourcq, long de 108 km ; au nord-ouest le petit canal Saint-Denis, long de 6,6 km ; ces deux branches doivent relier le canal Saint-Martin au sud, long de 4,5 km et ponctué de neuf écluses (quatre doubles et une simple) permettant de franchir une dénivellation de 25 m. Il rejoint le cours de la Seine au niveau de la place de la Bastille. Toutes ces constructions ont pour but de permettre le « contournement » de Paris par voie fluviale, en coupant une boucle de la Seine.

Les travaux débutent par l'aménagement de l'Ourcq à la fois en rivière canalisée sur 11 km puis en canal sur 97 km. Puis il faut creuser le bassin de la Villette, destiné à

J'aime m'installer sur la passerelle qui enjambe le canal Saint-Martin et me tourner vers l'hôtel du Nord, puis fermer les yeux et écouter les bruits de la ville, de l'eau et peut-être… la voix d'Arletty !

alimenter des voies navigables, vers le port de l'Arsenal (le port de plaisance de Paris) et vers Saint-Denis, ainsi que des points d'eau de la capitale. Pendant ce temps, on agence le canal Saint-Denis, inauguré le 13 mai 1821.

La construction du canal Saint-Martin est la dernière étape de ce vaste ensemble ; elle commence le 2 décembre 1808, place de la Bastille (p. 166). La Ville doit acheter 168 propriétés situées sur le tracé du canal, et il faudra dix-sept ans avant qu'il soit inauguré en 1825.

LES AMÉNAGEMENTS ULTÉRIEURS

Cet ouvrage monumental présente cependant quelques failles. Le canal Saint-Martin, ponctué d'écluses, était en effet à l'origine entièrement à ciel ouvert, ce qui coupait Paris en deux et ralentissait considérablement la circulation.

Pour ne pas en faire un barrage naturel alors que la capitale s'agrandit, les ingénieurs et urbanistes Haussmann et Belgrand suggèrent de le couvrir pour le rendre souterrain sur 1 510 m entre la Bastille et l'avenue de la République. Le nouveau chantier commence en 1859. Des travaux de terrassement permettent tout d'abord d'abaisser le lit du canal de 5,5 m, puis une immense voûte en béton armé vient le recouvrir (elle sera prolongée de 300 m en 1906).

Dans l'impressionnant tunnel créé, la voie d'eau est large de 16 m et entourée de deux trottoirs de halage. Au fil de l'eau, on passe sous la colonne de la Bastille, sous le boulevard Richard-Lenoir et on ressort à l'air libre pour découvrir les célèbres ponts tournants de la rue Dieu et de la rue de la Grange-aux-Belles, dont le tablier peut pivoter horizontalement pour laisser passer les bateaux, ainsi que la fameuse écluse double des Récollets, près de l'hôtel du Nord. On peut y admirer la passerelle d'où Arletty lança sa très populaire réplique : « Atmosphère, Atmosphère, est-ce que j'ai une gueule d'Atmosphère ? » dans le film de Marcel Carné *Hôtel du Nord* (1938). Ce dernier fut en réalité tourné en studio, mais l'ambiance reconstituée de ce quartier pittoresque et romantique eut un tel succès que ce long-métrage a indéniablement contribué à faire du canal Saint-Martin un célèbre lieu de promenade. ◆

GRAND NETTOYAGE
Tous les huit ans, la mairie de Paris fait vider le canal Saint-Martin pour en nettoyer le fond : on arrête son alimentation, l'eau est pompée, et les poissons sont attrapés à l'épuisette et relâchés dans le canal de l'Ourcq. Le fond du canal est ensuite dragué sous le regard de plusieurs milliers de curieux !

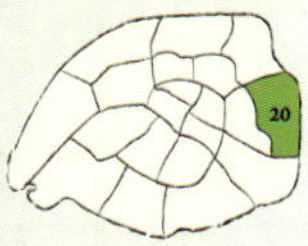

ADRESSE
16, rue du Repos, 20e (entrée principale : boulevard de Ménilmontant)
Tél. : 01 55 25 82 10 (visites guidées)
Ⓜ Père-Lachaise, Philippe-Auguste

@ www.pere-lachaise.com

CRÉATION
Ouvert en 1804.

Monument **H**istorique

LE CIMETIÈRE DU PÈRE-LACHAISE

Le cimetière du Père-Lachaise est non seulement l'un des cimetières les plus célèbres de France, mais c'est également l'un des lieux les plus visités de la capitale !

1800

LA FIN DES CIMETIÈRES PAROISSIAUX

Pendant des siècles, cimetières et églises ont cohabité. Les privilégiés et les puissants avaient le droit d'être inhumés dans les églises tandis que les autres étaient enterrés dans les cimetières à proximité. Mais, à partir du XVIIIe siècle, des voix se font entendre pour réclamer plus d'hygiène.

En 1776, une ordonnance royale prise par Louis XVI interdit les inhumations dans les églises. En contrepartie, il est possible d'acheter des emplacements dans les cimetières et d'y faire construire de véritables monuments funéraires. C'est ainsi que vont naître les futures « concessions ». Peu de temps après, le 30 mai 1780, le mur de la cave d'une maison adjacente au cimetière des Innocents s'écroule sous la pression d'une fosse commune contenant environ 2 000 corps. Rapidement, le préfet de police de Paris ordonne la fermeture définitive des cimetières paroissiaux, ce qui entraîne la création de nouveaux cimetières confiés aux communes.

UN CIMETIÈRE DE PEOPLE

Dans ce lieu calme et reposant, nombreux sont les promeneurs qui viennent découvrir les tombes de célébrités. Tout d'abord, des personnalités historiques inhumées à l'origine en d'autres lieux y furent transférées, telles Héloïse et Abélard – symboles d'une grande histoire d'amour –, Molière, Jean de La Fontaine ou encore Louise de Lorraine, la veuve du roi Henri III... Y reposent également Édith Piaf – au côté de son dernier mari Théo Sarapo –, Guillaume Apollinaire, Pierre Brasseur, Jean-François Champollion, Frédéric Chopin, Yves Montand et Simone Signoret, Jim Morrison, Alfred de Musset, Marcel Mouloudji, Antoine Parmentier, Camille Pissarro... et tant d'autres !

TROIS GRANDS CIMETIÈRES PARISIENS

En 1801, le préfet de la Seine Nicolas Frochot prévoit de créer trois grands cimetières autour de la capitale. C'est ainsi que, le 21 mai 1804, ouvre le cimetière de l'Est – les deux autres apparus à la même époque étant celui du Nord (Montmartre) et celui du Sud (Montparnasse).

Pour le cimetière de l'Est, le préfet Frochot achète un lieu baptisé Mont-Louis : une belle propriété champêtre de 17 ha située au carrefour de trois anciens villages (Belleville, Ménilmontant et Charonne). Cet endroit était connu au XIIe siècle sous le nom de « champ de l'Évêque », car il appartenait à l'évêque de Paris qui y avait installé

un pressoir. En 1626, cette même colline est achetée par les jésuites pour y construire une maison de repos. Et, un demi-siècle plus tard, en 1676, Louis XIV y fait bâtir une jolie maison destinée à son confesseur, le père François d'Aix de La Chaise (qui léguera son nom au cimetière de l'Est devenu « du Père-Lachaise »). Plusieurs propriétaires s'y succéderont encore jusqu'en 1804, année où le préfet achète les 17 ha pour 180 000 francs.

Une fois le terrain trouvé, il confie les travaux d'aménagement de ce nouveau cimetière à un archéologue, Quatremère de Quincy, et à un architecte, Alexandre Brongniart (qui bâtira plus tard le palais de la Bourse). Ce dernier est chargé de se transformer en paysagiste pour organiser le vaste territoire du futur cimetière du Père-Lachaise. Il décide de conserver certaines cultures pour donner un aspect plus bucolique à ce champ du dernier repos.

LA GUERRE CIVILE AU PÈRE-LACHAISE

Le cimetière du Père-Lachaise sert de dernière demeure à un grand nombre de personnalités. Mais il a aussi marqué l'histoire lors d'un funeste épisode de la Commune. Au cours des mois d'avril et de mai 1871, une guerre oppose les versaillais et les communards. L'armée versaillaise et ses 100 000 hommes bien équipés se trouvent face à la garde nationale fédérée constituant l'armée de la Commune, avec officiellement 200 000 hommes, mais seulement quelque 25 000 combattants.

À la fin du mois de mai 1871, l'armée versaillaise entre dans la capitale par la porte de Saint-Cloud. Peu à peu, elle reprend Paris, quartier après quartier, et, dans cette lutte sans merci, 200 fédérés se font enfermer au sein du cimetière du Père-Lachaise. Immédiatement, les troupes versaillaises tirent au canon ; des hommes, tous Français, s'entre-tuent sur des tombes, dans de véritables scènes d'apocalypse. Finalement, à l'aube du 28 mai 1871, les 147 communards survivants sont fusillés sans jugement contre un mur du cimetière – le fameux « mur des Fédérés ». ◆

LE PLUS GRAND CIMETIÈRE PARISIEN

Aujourd'hui, le cimetière du Père-Lachaise s'étend sur 44 ha. C'est le plus grand cimetière de Paris intra-muros : 1 million de personnes y ont été inhumées.

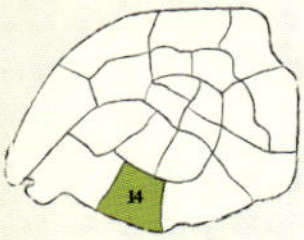

ADRESSE
3, boulevard Edgar-Quinet, 14e
Tél. : 01 44 10 86 50
Ⓜ Edgar-Quinet, Montparnasse-Bienvenüe, Raspail

CRÉATION
Première inhumation le 25 juillet 1824.

LE CIMETIÈRE MONTPARNASSE

Le cimetière Montparnasse fait partie des trois plus importantes nécropoles de Paris. Dernière demeure de nombreux artistes et écrivains, il est fidèle à l'esprit du mont Parnasse originel.

LE GRAND CIMETIÈRE DU SUD DE LA CAPITALE

Le cimetière Montparnasse a été créé en 1824, à peu près à la même époque que ceux du Père-Lachaise (p. 142) et de Montmartre. Ces aménagements correspondent à une vraie volonté politique de salubrité publique, qui avait déjà entraîné la fermeture des nécropoles attenantes aux églises parisiennes.

Le nouveau grand cimetière du sud parisien (qui vient remplacer deux anciens petits cimetières, ceux de Vaugirard et de Sainte-Catherine) est installé, d'après le souhait du préfet Frochot, sur plusieurs petits terrains appartenant à des ordres religieux et à des institutions hospitalières. Mais il ne fait pas que des heureux dans son voisinage : du côté de Montrouge, les tenanciers de cabarets et de guinguettes craignent notamment pour leur chiffre d'affaires…

UN GRAND ESPACE VERT
Le cimetière Montparnasse est le deuxième en importance de Paris, juste après le fameux Père-Lachaise. Il couvre 19 ha, ce qui en fait l'un des plus grands espaces verts de la capitale, et comporte 1 200 arbres.

UN MONT DÉDIÉ À L'ART

Si le quartier dans lequel se trouve le cimetière porte le nom de « Montparnasse » depuis le XVIIe siècle, il faut remonter à la Grèce antique pour en comprendre l'origine : « Parnasse » désignait alors une montagne, située en Phocide, qui surplombait le célèbre sanctuaire de Delphes où l'on venait consulter la pythie afin de connaître l'avenir. D'abord demeure de certaines divinités de la mythologie grecque, le mont Parnasse devint par la suite le lieu de séjour des 9 Muses – Calliope (la poésie épique), Clio (l'histoire), Érato (le chant choral et lyrique), Euterpe (la musique), Melpomène (la tragédie), Polymnie (la pantomime), Terpsichore (la poésie légère), Thalie (la comédie) et Uranie (l'astronomie). Si ce nom est échu à un quartier parisien, c'est en raison de sa fréquentation par les artistes et les étudiants.

Aujourd'hui, les noms qu'on trouve sur les tombes rappellent ces personnalités liés aux arts et au spectacle qui habitaient Montparnasse. Citons notamment celles de Charles Garnier, l'architecte du palais Garnier (p. 160) bercé lui aussi par toutes les muses ; de Maurice Leblanc, inséparable

de son héros Arsène Lupin ; d'Auguste Bartholdi (sans sa statue de la Liberté !) ; de Camille Saint-Saëns, un virtuose ; de Jules Dumont d'Urville, qui baptisa la terre Adélie du prénom de son épouse ; de Jean-Paul Sartre et de Simone de Beauvoir, couple emblématique de la vie intellectuelle de la deuxième moitié du XXe siècle...

LES SERGENTS DE LA ROCHELLE

Au cœur des 30 divisions du cimetière a été tracée l'avenue principale menant à un vaste carrefour où l'on peut voir une statue représentant le Génie du Sommeil éternel. À quelques mètres de là, se trouve l'allée des Sergents-de-La Rochelle, dont les corps ont été déplacés et inhumés dans la 8e division. Ces quatre sergents du 45e régiment de ligne sont entrés dans l'histoire en 1821. Alors en garnison à Paris, Bories, Goudin, Raoulx et Pommier fondent ensemble, au sein de leur unité militaire, une « vente » de Carbonari. Ces « Carbonari » (nom qui signifie « charbonniers » en italien) sont les membres d'une société secrète formée à Naples en 1807, dont le but était de lutter contre l'envahisseur napoléonien. Cette société secrète était composée de groupuscules baptisés « ventes » qui comportaient chacun une vingtaine de membres.

Dans la péninsule italienne de ce début du XIXe siècle, l'organisation active déclenche plusieurs soulèvements de la population. Et son influence ne tarde pas à s'étendre en France à partir de 1818. En janvier 1822, le régiment des quatre sergents est envoyé à La Rochelle, où ils sont démasqués, immédiatement arrêtés et jugés avec leurs complices, puis condamnés à la peine capitale par la cour d'assises de la Seine.

Mais ce jugement est incompris par la population qui soutient ces quatre hommes qui n'ont, de fait, participé à aucune rébellion. Ceux-ci deviennent des martyrs et même un véritable enjeu politique dans la lutte qui oppose libéraux et royalistes. Pourtant, ils sont tous les quatre guillotinés en place de Grève le 21 septembre 1822, puis inhumés au cimetière Sainte-Catherine, avant que leurs corps soient translatés à

CI-GÎT AUSSI UN MOULIN

Il subsiste encore dans le cimetière une tour de l'un des nombreux moulins à farine qui s'élevaient auparavant sur les quartiers de Montsouris et de Montparnasse. Elle a été classée monument historique par un arrêté du 2 novembre 1931.

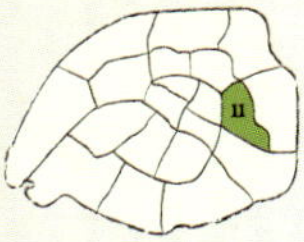

ADRESSE
110, rue Amalot, 11e
Tél. : 01 47 00 28 81
Filles-du-Calvaire
www.cirquedhiver.com

CRÉATION
Inauguration le 11 décembre 1852.

LE CIRQUE D'HIVER

En décembre 1852, tandis que vient d'être proclamé le Second Empire – faisant de Louis-Napoléon Bonaparte l'empereur Napoléon III –, le « cirque d'Hiver » ouvre ses portes. Il est alors baptisé « cirque Napoléon ».

UN PENDANT AU CIRQUE D'ÉTÉ !

Premier monument civil achevé au début du Second Empire, le cirque d'Hiver a été créé par décision du duc de Morny, alors ministre de l'Intérieur et grand amateur de chevaux. En réalité, le ministre a surtout cédé aux pressions amicales de Louis Dejean, directeur du cirque d'Été situé sur l'avenue des Champs-Élysées. D'abord érigé en bois, ce cirque d'Été a été reconstruit en 1841 sous la forme d'un cirque monumental en pierre meulière pouvant contenir 6 000 spectateurs. Puis, en raison des troubles politiques des derniers mois de l'année 1851 qui ont poussé les Parisiens à descendre dans la rue pour s'opposer au coup d'État de Louis-Napoléon Bonaparte, ce bâtiment a été réquisitionné par la troupe chargée de rétablir l'ordre. Pour son propriétaire, c'est l'occasion de rebondir ! Puisque son cirque d'Été est ouvert au public uniquement du 1er mai au 1er novembre (comme son nom l'indique), Louis Dejean est obligé depuis plusieurs années, afin d'éviter l'inactivité pendant la saison hivernale, de quitter la capitale avec ses artistes et ses chevaux pour sillonner les routes d'Europe. C'est une lourde contrainte pour son entreprise. Aussi profite-t-il de la réquisition de son cirque pour réclamer la création d'un second bâtiment, un cirque d'hiver, qui serait ouvert, lui, du 1er novembre au 30 avril !

L'HIVER PLUS RÉSISTANT QUE L'ÉTÉ ?
Contrairement au cirque d'Hiver, toujours très actif de nos jours, le cirque d'Été déclina à partir de l'Exposition universelle de 1889, et il a complètement disparu une décennie plus tard.

UN SYMBOLE DU QUARTIER DES SPECTACLES

En 1852, l'autorisation de la construction obtenue, Louis Dejean confie le projet à l'architecte Jacques Ignace Hittorff, l'homme à qui l'on doit notamment la façade de la gare du Nord (p. 148) et les fontaines de la place de la Concorde (p. 122). Il lui passe commande en ces termes : « Bâtissez-moi là-dessus un cirque pour 5 000 spectateurs, une écurie pour 200 chevaux, et arrangez-vous pour que tout cela soit un monument ! » Le terrain est situé près du célèbre boulevard du Crime (p. 105), dans le quartier du faubourg du Temple, dont le nom n'est pas sans rappeler la présence de nombreux théâtres réputés pour leur programmation mélodramatique. Auparavant, il était occupé par un immense réservoir alimenté par les eaux de Belleville. Huit mois de travaux intensifs sont nécessaires à Hittorff pour achever le

Lors de l'entracte, rendez-vous au bar pour découvrir les boxes à chevaux qui rappellent que l'art équestre est à l'origine de l'art du cirque…

cirque d'Hiver, qui ouvre enfin ses portes le 11 décembre 1852 : le nouveau bâtiment circulaire peut accueillir jusqu'à 3 900 personnes – un nombre légèrement en deçà des attentes de Louis Dejean, mais tout de même très important pour l'époque !

DE DEJEAN AUX FRÈRES BOUGLIONE

Vingt ans plus tard, fatigué, Louis Dejean décide de passer la main. Il choisit comme successeur Victor Franconi, issu d'une grande lignée de gens du cirque, qui prend ses fonctions le 1er janvier 1873. Après lui, le cirque d'Hiver connaîtra quelques turpitudes !

UN CIRQUE NAUTIQUE

Sous la piste du cirque d'Hiver se trouve une piscine. Construite en 1933, elle mesure 4,20 m de profondeur et fut inaugurée par Mistinguett, une grande vedette du music-hall, meneuse de revue et chanteuse qui eut un immense succès. À la fin des années 1990, cette piscine a été entièrement restaurée pour accueillir le spectacle nautique *Crescendo* de Muriel Hermine, une grande championne de natation synchronisée, devenue à son tour une remarquable « meneuse de revue nautique », proposant aux spectateurs des numéros exceptionnels.

Pendant dix ans, il devient le temple du cinéma, avec la société Pathé-Frères. Le tragédien Firmin Gémier est ensuite chargé d'y créer des spectacles où alternent théâtre, cirque, jeux athlétiques, chants et danses. Puis, en 1923, le monument redevient un cirque à part entière et les frères Bouglione prennent la direction du lieu en 1934 ! Ces quatre frères – Joseph, Firmin, Alexandre et Sampion – ont grandement contribué à la renommée du nom Bouglione ; deux d'entre eux étaient dompteurs, le troisième s'occupait de l'administration et le quatrième était responsable du dressage de la cavalerie. Aujourd'hui, la famille Bouglione est toujours aux commandes de cette belle maison et perpétue un art du cirque plusieurs fois centenaire. À noter que, depuis quelques années, ce « cirque immobile » est aussi devenu une salle accueillant d'autres formes de spectacles et même des réunions politiques. ◆

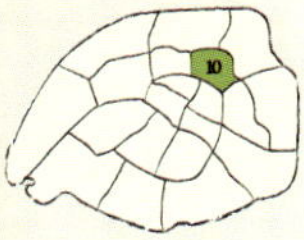

ADRESSE
112, rue Maubeuge, 10e

Ⓜ Gare-du-Nord, La Chapelle

CRÉATION
Inaugurée le 14 juin 1846.

LA GARE DU NORD

La gare du Nord est la plus ancienne des six gares de la capitale. Ce symbole des progrès de la révolution industrielle est aujourd'hui à la pointe de la modernité.

1800

LES PREMIÈRES LIGNES DE CHEMIN DE FER

Grâce aux travaux de James Watt, Joseph Cugnot, Richard Trevithick et George Stephenson (le père de Robert Stephenson, qui travailla à ses côtés), la première ligne de chemin de fer est officiellement créée le 27 septembre 1825 en Grande-Bretagne. Le voyage inaugural accueille 600 personnes installées dans 34 wagons ; le convoi de 90 t roule à la vitesse, incroyable pour l'époque, de 20 km/h. C'est le début d'une formidable épopée qui va profondément modifier le paysage européen ! Dès 1827, le Français Marc Seguin commande deux locomotives à George Stephenson, pour la première ligne ferrée française destinée à transporter du minerai de Saint-Étienne à Lyon (elle date de 1833). En 1837, la France inaugure, entre Paris et Saint-Germain-en-Laye (dans les Yvelines), sa première ligne de chemin de fer accueillant des passagers. Pour le premier voyage, les organisateurs ont souhaité que le train transporte un passager exceptionnel, le roi Louis-Philippe Ier en personne. Mais les ministres et les Chambres s'opposent à la montée du roi dans cette effrayante machine, soulignant le danger de cette expédition : le roi n'a pas le droit de faire courir un tel risque au royaume ! C'est donc la reine Marie-Amélie, son épouse, et leurs trois enfants qui sont chargés de le remplacer le 24 août 1837. Le train roule alors à 60 km/h ! Le succès est phénoménal et, très vite, des décisions politiques sont prises afin de multiplier les lignes et d'étendre le réseau ferroviaire.

LIAISONS NORDIQUES
Chacune des statues ornant la façade de la gare du Nord a été confiée à un artiste ayant obtenu le prix de Rome. Tout en haut, on peut contempler les grandes villes européennes symbolisées par des femmes : Francfort, Amsterdam, Varsovie, Bruxelles, Londres, Vienne, Berlin et Cologne. Un peu plus bas, d'autres statues immortalisent les villes du nord de la France telles que Dunkerque, Laon, Arras, Lille, Beauvais, Rouen, Amiens, Valenciennes, Boulogne, Compiègne ou encore Douai !

LA PREMIÈRE GARE PARISIENNE

La Compagnie des chemins de fer du Nord est l'une des toutes premières à se former en France. De petites lignes construites dès 1838 autour de Saint-Waast sont mises en commun en 1845 pour fonder le « chemin de fer du Nord » qui est finalement relié à Paris l'année suivante, en 1846 ! Cette même année est créée la première gare du Nord – mais elle ne porte pas encore le nom de « gare ». Sur un vaste terrain acheté en 1818 par la Ville de Paris est construit un « embarcadère », véritable tête de pont de la ligne de chemin de fer menant à la

frontière avec la Belgique. Imaginé et réalisé par Léonce Reynaud, architecte ingénieur des Ponts et Chaussées, il est inauguré le 25 juin 1846, mais va bien vite se révéler trop petit en raison de la densification du trafic. À peine quinze ans après sa construction, l'embarcadère est donc transformé en une gare. Le nouveau chantier est confié, entre autres, au célèbre architecte Jacques Ignace Hittorff, attaché à la Ville de Paris et au gouvernement depuis 1830. Après avoir restauré la salle Favart et l'Opéra-Comique (p. 112), il conçoit l'église Saint-Vincent-de-Paul, puis la gare du Nord, avant de s'atteler à la décoration de la place de la Concorde (p. 122) et des Champs-Élysées (p. 96), sans oublier ses plans concernant le bois de Boulogne (p. 188).

Lors de la démolition de l'embarcadère, les maîtres d'œuvre font démonter pierre par pierre la façade afin qu'elle puisse être rebâtie à l'identique à Lille. Le nouveau bâtiment, aux allures de palais, abrite, lui, un plus grand nombre de voies. La façade est imposante ; en pierre de taille et en verre, elle est ornée de nombreuses sculptures représentant les principales destinations de ses trains.

Jusqu'à aujourd'hui, l'architecture de l'édifice est restée inchangée, même si d'importants travaux d'adaptation ont été réalisés à la fin du XXe siècle – car le trafic, lui, n'a cessé d'augmenter. Le nombre des trains partant et arrivant à la gare du Nord est en effet en nette croissance depuis plusieurs années. Avec ses TGV, ses Thalys et ses Eurostar, elle est plus que jamais un incontournable nœud ferroviaire avec des trains très performants ! Et on entend beaucoup de parlers du Nord comme le ch'ti, mais aussi l'anglais, le flamand, l'allemand, le néerlandais… ◆

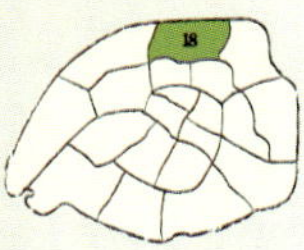

ADRESSE

Rue des Rosiers, Saint-Ouen
Tél. : 08 92 70 57 65
Ⓜ Porte-de-Clignancourt
@ www.marchesauxpuces.fr

CRÉATION

Développement dans les années1860.

LES MARCHÉS AUX PUCES

Libres depuis des siècles de récupérer toutes sortes d'objets laissés sur les trottoirs, les chiffonniers ont vu leur activité évoluer avec l'arrivée des boîtes à ordures que l'on doit au préfet Eugène Poubelle. Ils se sont alors regroupés dans des « marchés aux puces », à proximité de l'enceinte fortifiée qui entourait la capitale sous Louis-Philippe Ier...

1800

LES CHIFFONNIERS DE PARIS

Depuis que Paris existe, ses habitants n'ont jamais hésité à jeter tout ce qui les encombre. Au Moyen Âge, il n'y avait rien de plus simple : il suffisait de « balancer » par la fenêtre ou de laisser dans la rue ce dont on ne voulait plus, car d'autres ramassaient les détritus. Ces « autres » étaient les chiffonniers, les biffins, les crocheteurs, les piqueurs, les trieurs, ceux que les poètes surnommaient joliment les « pêcheurs de lune » ! Ils arpentaient les rues à la recherche de vieux papiers, de cartons ou de chiffons... Ils en venaient parfois même à se chamailler pour conserver leurs trouvailles, et certains se battaient comme... des chiffonniers ! Ces ramasseurs d'objets revendaient à leur tour leurs trouvailles sur les marchés.

Mais au fil des siècles, avec le développement constant de la population de la capitale, les ordures se sont accumulées, les détritus se sont amoncelés, les objets et vêtements usagés sont devenus innombrables. C'est donc une question d'encombrement, de propreté et d'hygiène qui a motivé l'intervention des pouvoirs publics.

LES POUBELLES D'EUGÈNE

Dans l'histoire de la récupération des déchets, le préfet Eugène Poubelle tient un rôle important. En novembre 1883, alors qu'il est préfet de la Seine, il met en vigueur un arrêté instaurant l'usage de boîtes à ordures ménagères, dont voici un extrait : « Le propriétaire de chaque immeuble devra mettre à la disposition de ses locataires un ou plusieurs récipients communs pour recevoir les résidus de ménage. » En avance sur son temps, le préfet instaure même avant l'heure un dispositif de tri sélectif et prévoit trois récipients différents : l'un dédié aux matières putrescibles, l'autre aux papiers et aux chiffons et enfin le dernier au verre, à la faïence et aux coquilles d'huîtres. Les boîtes à ordures sont vidées chaque matin dans des tombereaux spéciaux dont l'arrivée est annoncée au son d'une corne. L'objectif est de mettre de l'ordre dans les rues parisiennes et de les rendre plus propres. Mais ce dispositif bouleverse les chiffonniers, qui ne bénéficient plus de la même liberté d'aller et venir, de farfouiller, d'emporter et de revendre...

LES « PUCES »

En fait, depuis 1860, les chiffonniers ont déjà commencé à se regrouper pour revendre leurs marchandises. Ils ont choisi les terrains vagues qui longent l'enceinte fortifiée érigée sous Louis-Philippe Ier (les « Fortifs »), vaste zone décrétée inconstructible et donc inhabitable, baptisée tout simplement la « Zone ». La légende raconte que c'est à l'occasion d'un large déballage que quelqu'un aurait lancé à la cantonade : « C'est un véritable marché aux puces ! » L'expression se répand alors par le bouche-à-oreille.

Après 1883, en dépit du décret institué par le préfet Poubelle, les richesses déposées sur les trottoirs de la ville sont encore nombreuses et leur ramassage se poursuit ; une véritable hiérarchie des tâches réparties entre les maîtres chiffonniers, les brocanteurs et les revendeurs se développe alors. Chacun doit rester à sa place et ne pas empiéter sur les prérogatives des autres ! D'abord installés à la sauvette dans la « Zone », les marchands se fabriquent progressivement de modestes baraquements, puis des constructions en dur.

LE PLUS GRAND MARCHÉ D'ANTIQUITÉS DU MONDE

À partir du XXe siècle, des hommes à l'image de Romain Vernaison ou Malik Hajrullac vont faire l'acquisition de milliers de mètres carrés pour y ériger des préfabriqués qui deviendront des stands, donnant naissance au « marché Vernaison » et au « marché Malik ». En 1920, Romain Vernaison crée le plus vieux marché de brocante et permet aux chiffonniers de s'installer dans un lieu fixe. Dans la foulée, Malik Hajrullac fait de même en achetant un café, puis un terrain de 3 000 m^2 sur lequel il installe des dizaines de stands dédiés principalement aux vêtements.

Après la disparition des « fortifs » et de la « Zone », les chiffonniers doivent de nouveau déménager. En 1925, sur la commune de Saint-Ouen, à proximité de la rue Biron, des marchands des puces investissent un vaste terrain dédié jusque-là à la culture maraîchère. De véritables boutiques y sont construites. Depuis, le marché Biron, spécialisé dans la marchandise haut de gamme (meubles, tapisseries, miroirs, luminaires et art de la table datant des XVIIIe, XIXe et XXe siècles), est devenu l'un des plus importants marchés d'antiquaires du monde, avec des millions de visiteurs par an. ◆

ADRESSE
18e arrondissement
Ⓜ Anvers, Pigalle, Abbesses, Lamarck-Caulaincourt
@ www.montmartre-paris-france.com

CRÉATION
Annexé par Paris en 1860.

MONTMARTRE

Peuplé d'artistes depuis le XIXe siècle, Montmartre raconte une vie de bohème et de village, dont on peut encore retrouver l'ambiance dans certaines petites rues.

1800...

LES MARTYRS DE MONTMARTRE

Initialement appelée *mons Mercurii*, la colline de Montmartre servait, durant l'Antiquité, de lieu de culte à Mercure, dieu romain, protecteur des commerçants et des voyageurs. C'est sur cette colline, que, d'après la légende, saint Denis et deux de ses compagnons, le diacre Éleuthère et le prêtre Rustique, auraient été martyrisés. Chargé de venir évangéliser le nord de la Gaule, Denis fut arrêté par des soldats romains, puis torturé avant d'être placé sur le gril et finalement condamné à être décapité en haut de Montmartre, sur le *mons Mercurii* donc, devant le temple dédié à Mercure. La sentence fut exécutée, mais à peine la tête de Denis eut-elle roulé sur le sol qu'il se releva, prit sa tête et redescendit de la colline en marchant vers le nord pendant près de 6 km, avant de tomber et de rendre son âme à Dieu. C'est à l'endroit où il rendit son dernier souffle que sainte Geneviève

fera d'ailleurs ériger une chapelle, première étape de ce qui deviendra la basilique de Saint-Denis…

Mais revenons à notre colline : elle sera par la suite le cadre d'autres exécutions, ce qui explique la création, au cours du IXe siècle, d'une petite chapelle appelée *Sanctum Martyrium*, qui deviendra un lieu de pèlerinage.

En réunissant toutes ces histoires et ces légendes, on comprend mieux la naissance de la rue des Martyrs et, bien entendu, la transformation de ce « mont de Mercure » en « mont des Martyrs » puis en « Montmartre ».

Dans le quartier, on trouve d'ailleurs de nombreux lieux de culte, à l'image de l'église Saint-Pierre-de-Montmartre, l'un des plus anciens édifices de Paris, consacré par le pape Eugène III en 1147, et de la basilique du Sacré-Cœur (p. 132).

FRANCISQUE POULBOT

Impensable d'évoquer Montmartre sans parler de Francisque Poulbot. Né en 1879 à Saint-Denis, banlieue proche de Paris, ses parents, directeurs d'école, l'inscrivent au collège Rollin situé en bas de la butte Montmartre.
Aux bancs de l'école, il préfère les promenades à travers les ruelles sinueuses. Regarder les habitants du dernier quartier villageois de la capitale et observer les dizaines d'enfants qui y déambulent à longueur de journée sont ses activités favorites. Après son service militaire, il décide de s'établir sur la butte qu'il affectionne tant, et donne alors libre cours à sa passion, le dessin. Quelques coups de crayon lui suffisent pour restituer les scènes de vie du petit peuple de Montmartre et en évoquer toute la malice. Malgré sa grande timidité, il parvient, sous la pression de ses amis, à présenter l'une de ses œuvres au rédacteur en chef du *Pêle-mêle* accompagnée d'un mot sur lequel est écrit : « Je vous autorise à le reproduire ». Le journal publie son premier dessin et lui en commande d'autres. De nombreux quotidiens et hebdomadaires à leur tour s'intéressent à son talent original. Mais Francisque Poulbot veut surtout être le témoin de la misère qu'il croise quotidiennement et son crayon devient un moyen de la faire connaître. Tous ces gosses qu'il dessine vivent dans la rue, dans son quartier. Le « Grand » comme l'appellent les enfants, est un homme de bien. Après la Première Guerre mondiale, il est ainsi l'un des initiateurs du célèbre « dispensaire des Petits Poulbots », où ces enfants trouveront lainages, chaussures, médicaments et réconfort.

UN CANULAR BIEN FICELÉ

C'est dans le jardin du Lapin Agile qu'a été imaginé un étonnant poisson d'avril. On le doit à Roland Dorgelès, auteur en 1919 d'un ouvrage couronné par le prix Fémina intitulé *Les Croix de bois*. Fréquentant les ateliers d'artistes de Montmartre, il aime se moquer de ses contemporains, toujours prêts à s'enthousiasmer pour le dernier chef-d'œuvre ou la dernière exposition à la mode. Face à la multiplication des écoles de peinture – chaque artiste ayant sa vision propre de l'art – il décide de les tourner en dérision. Il réunit quelques amis dans le petit jardin du cabaret, ils installent une toile blanche, prennent quelques pots de peinture et confient le pinceau à Lolo, qui n'est autre que l'âne du patron. Chaque fois qu'une carotte lui est offerte, il remue la queue sur laquelle a été accroché un pinceau imprégné de peinture. En quelques minutes, un tableau est réalisé. Devant un huissier, chargé de constater officiellement la fabrication de la supercherie, nos cinq compères l'intitulent *Le coucher de soleil sur l'Adriatique*. Le tableau est signé Raphaël-Joachim Boronali – l'anagramme d'« aliboron » (nom donné aux ânes par certains auteurs classiques). La farce se transforme en canular, quand, en contemplant la toile exposée au Salon des indépendants de 1910, la critique et le public sont unanimes pour y déceler un réel talent d'artiste. Elle se vend 400 francs-or, alors qu'une œuvre de Dufy s'achète à l'époque 10 francs ! Ainsi ont été ridiculisés la mode et le snobisme ambiants. C'est finalement un article paru dans *Le Matin* qui révèlera le canular !

sculpteurs ou dessinateurs… Elle est depuis attachée à des noms connus dans le monde entier grâce notamment à la place du Tertre, où fourmillent des artistes qui attirent les touristes. Il faut dire que de nombreux peintres sont venus y profiter d'une luminosité exceptionnelle et de loyers abordables. Sur la place Émile-Goudeau s'élevait jadis le célèbre « bateau-lavoir », bicoque biscornue, dont l'agencement rappelait les coursives d'un bateau, et lieu de création des *Demoiselles d'Avignon* de Pablo Picasso. Près du cimetière Saint-Vincent et des fameuses vignes de Montmartre qui existent encore en partie, on trouve le Lapin Agile, cabaret qui a ouvert ses portes en 1860 et où des artistes comme Georges Brassens ou Claude Nougaro ont commencé leur carrière.

D'autres personnalités ont laissé des souvenirs bien vivants sur la butte Montmartre, comme Dalida ou Jean Marais ; sans oublier la mythique Amélie Poulain, qui nous entraîne dans une course à la mémoire à travers ce lieu magique. ◆

UNE HISTOIRE MOUVEMENTÉE

Cette butte légendaire a longtemps été creusée pour en extraire le gypse nécessaire aux constructions parisiennes. Ces carrières ont laissé derrière elles un entrelacs de galeries dans lesquelles se sont réfugiés de nombreux révolutionnaires.

Commune du département de la Seine, Montmartre fut rattaché à Paris en 1860. Un peu plus de dix ans plus tard, entre mars et mai 1871, on s'y est beaucoup battu à l'occasion de l'écrasement de la « Commune », sanglante période de l'histoire de Paris.

L'ATELIER DES ARTISTES

Mais Montmartre est surtout célèbre quand on évoque les cabarets et autres lieux de divertissement, tel le Moulin de la Galette (p. 68). Gérard de Nerval les mentionne dès le milieu du XIXe siècle : « Il y a des moulins, des cabarets et des tonnelles… »

Puis, alors que Montmartre a longtemps conservé un côté champêtre, à partir de la Première Guerre mondiale, les choses changent : la butte devient un « port d'attache » en plein ciel pour toutes sortes d'artistes – poètes, peintres, romanciers,

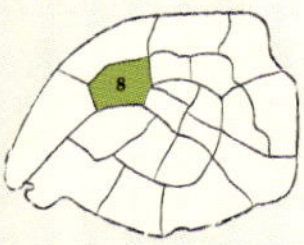

ADRESSE
Place de la Concorde, 8e

Ⓜ Concorde

CRÉATION
Érigé le 25 octobre 1836.

L'OBÉLISQUE DE LA CONCORDE

L'obélisque de la place de la Concorde est un monument vieux de trois mille trois cents ans ! Son transport d'Égypte en France et son installation ont nécessité un investissement technique et humain considérable.

1800

UN CADEAU DU VICE-ROI D'ÉGYPTE

À Louxor, cité égyptienne située sur la rive droite du Nil, se trouve le temple d'Amon construit sous le règne du pharaon Aménophis III au XIVe siècle av. J.-C. Un siècle plus tard, Ramsès II y fit aménager une vaste cour bordée de colonnades et précédée de deux obélisques. Ce sont ces derniers que le vice-roi d'Égypte Méhémet Ali a offerts à la France en 1830, afin de remercier les égyptologues français pour leurs travaux et leurs recherches, et, plus largement, la France et son souverain. Jean-François Champollion, premier traducteur des hiéroglyphes, conseilla cependant au Gouvernement de ne transporter et d'installer à Paris que l'obélisque de droite, en meilleur état.

L'EXPÉDITION DU *LUXOR*

À la demande de Louis-Philippe, une véritable expédition est alors organisée pour apporter l'obélisque en France. Le 15 avril 1830, un navire baptisé *Luxor* quitte le port de Toulon avec à sa tête le lieutenant de vaisseau Raymond Jean-Baptiste de Verninac Saint-Maur. Ce bateau a été construit spécialement pour ce long périple de 12 000 km, afin de pouvoir naviguer à la fois sur des fleuves (le Nil et la Seine) et à travers la Méditerranée et l'Atlantique. En outre, il ne doit pas être trop large pour franchir les ponts de la Seine, mais être assez solide pour transporter l'énorme masse de l'obélisque (173 t) et abriter 136 hommes d'équipage et leurs vivres.

UN SEUL SUFFIT, MERCI !
Le second obélisque du temple de Louxor, qui avait également été offert à la France, a finalement été rétrocédé officiellement et symboliquement à l'Égypte par le président de la République François Mitterrand.

Finalement, comme prévu, le *Luxor* traverse la Méditerranée puis remonte le cours du Nil. Le 31 octobre 1831, l'obélisque est abattu sous les ordres de l'ingénieur Apollinaire Lebas, arrivé sur place un mois auparavant. Il a fallu creuser et dégager le sable à la base du monument, un morceau de chêne a été placé sous son arête inférieure, puis l'obélisque a été couché grâce à des poulies et des treuils. Enfermé dans une charpente de bois, il a été glissé jusqu'au bateau. L'avant du navire a été découpé pour

Observez de près, sur le piédestal de l'obélisque, les dessins qui expliquent parfaitement comment ce monument a été installé !

MONUMENT XIXe siècle

lui permettre d'y entrer, puis refermé et, en août 1832, le *Luxor* peut lever l'ancre.

C'est le début du voyage de retour ! Remorqué par un bateau à vapeur baptisé le *Sphinx*, le *Luxor* fait escale à Alexandrie avant de repartir en avril 1833 et d'entamer sa lente remontée vers Paris. Il passe par Toulon, Gibraltar, La Corogne, Cherbourg et parvient au Havre le 15 septembre 1833, puis à Rouen, où il est démâté pour pouvoir franchir les ponts de la Seine. Là, il est tracté par des attelages comportant de 16 à 30 chevaux. Le 23 décembre 1833, le navire mouille finalement près du pont de la Concorde. Mais il faudra encore attendre l'été 1834 pour que l'obélisque soit enfin déposé sur le sol français. Il faut dire que le choix de l'emplacement d'un tel monument n'a pas été simple ! Plusieurs lieux de la capitale ont été évoqués, comme la place du Carrousel, le rond-point des Champs-Élysées, la place du Caire et bien sûr la place de la Concorde… C'est finalement cette dernière qui est choisie parce qu'elle est en plein réaménagement. Pour aider les Parisiens à mieux imaginer la concrétisation de ce projet, une copie conforme de l'obélisque, en carton-pâte, est mise en place en juillet 1833.

UNE MANŒUVRE INGÉNIEUSE MAIS TITANESQUE !

Le 25 octobre 1836, après presque deux ans d'attente dus aux travaux sur la place de la Concorde, l'obélisque est enfin approché de son socle. Cette fois, Apollinaire Lebas a opté pour une machine à vapeur pour le

redresser. Mais celle-ci manque de puissance, et l'ingénieur doit faire appel aux biceps de nombreux artilleurs. Le haubanage et l'installation des cordages sont assurés par des marins. En quatre heures, plus de 400 hommes aident à hisser la lourde pierre, devant un public de 200 000 personnes venues assister au prodige technique.

Louis-Philippe et la famille royale sont présents, sur le balcon du ministère de la Marine. Champollion, qui s'est beaucoup investi dans ce projet, ne voit malheureusement pas son aboutissement, puisqu'il est mort en 1832.

Le socle de l'obélisque a été taillé dans du granite provenant d'une carrière du Finistère. À l'intérieur a été placé un coffret en bois de cèdre contenant des monnaies d'or et d'argent et des médailles à l'effigie du roi Louis-Philippe Ier.

Cent soixante-deux ans plus tard, en 1998, cet obélisque a été recouvert d'un chapeau pointu appelé « pyramidion » constitué de bronze et d'or. Il vient remplacer un lointain chapeau qui aurait disparu il y a très longtemps, alors que le monument était encore en terre africaine. ◆

1900

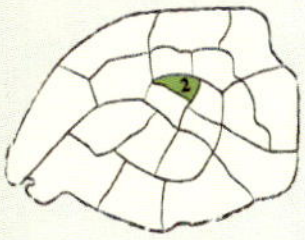

ADRESSE

Place de la Bourse, 2ᵉ
Tél. : 01 49 27 14 70
Ⓜ Bourse
@ www.palaisbourse.euronext.com

CRÉATION

Inauguré en 1826.

LE PALAIS BRONGNIART

Demandez la Bourse et vous serez peut-être mieux compris si vous demandez votre chemin dans les rues de Paris !

1800

LES LIEUX DE CHANGE

Depuis l'Antiquité, les hommes ont toujours déterminé des « lieux d'échange ». Au début, cela se limitait aux marchés, où les biens de consommation se troquaient contre de l'argent. Puis, avec le développement du commerce apparurent des « changeurs » dont le rôle était de faciliter les conversions d'une monnaie à l'autre. Ils se réunissaient habituellement sur des places, des rues ou des ponts. Citons le fameux « Pont-aux-Changes », à Paris, qui fut établi comme un lieu propre au change à partir du moment où le roi Louis VII en fixa les règles par lettres patentes, en 1141, et qui le resta jusqu'au XVIIᵉ siècle. Puis le change, qui deviendra la Bourse, se déplaça en plusieurs endroits de Paris – place Vendôme, rue Vivienne, palais du Louvre, galerie du Palais-Royal – avant la création du fameux palais Brongniart.

UN ARCHITECTE À LA MODE SOUS LOUIS XVI

Le palais Brongniart tient son nom de son architecte. Né à Paris en 1739, Alexandre Théodore Brongniart suit l'enseignement de l'Académie d'architecture à partir de 1762, ce qui lui permet d'obtenir très rapidement ses premiers contrats, notamment un petit théâtre privé attaché à l'hôtel de Thun pour la marquise de Montesson, qui lui procure une nombreuse clientèle. Brongniart devient l'architecte à la mode sous le règne de Louis XVI. On doit à son talent l'hôtel de Bondy, le couvent des Capucins de la Chaussée-d'Antin, l'hôtel de Montesquiou, deux ailes de l'École militaire, l'église de Romainville, l'hôtel Masséna et le théâtre Louvois. Il est reçu membre de l'Académie d'architecture le 10 décembre 1781.

L'ORIGINE DE LA BOURSE

Le mot « Bourse » proviendrait de la ville de Bruges où, au XIVᵉ siècle, le change se tenait devant l'hôtel d'un dénommé Van Den Börse dont les armoiries représentaient trois petites bourses, sculptées sur le portail.

LA GLOIRE SOUS NAPOLÉON Iᵉʳ

Légèrement inquiété pendant la période révolutionnaire, l'architecte doit son retour en grâce à Bonaparte. Le 26 septembre 1801, le Premier Consul le nomme inspecteur général des Bâtiments. Mais son heure de gloire date de 1808. L'empereur Napoléon Iᵉʳ vient de le décider : Paris se doit d'avoir une Bourse ! Elle sera construite sur l'emplacement de l'ancien couvent des Filles-Saint-Thomas. Parmi les nombreuses propositions présentées lors d'un concours, celle de Brongniart emporte les suffrages. Napoléon lui adresse alors ces quelques mots : « Monsieur Brongniart, voilà de belles lignes ! À l'exécution, mettez les ouvriers ! »

LA BOURSE A DES DIFFICULTÉS FINANCIÈRES!

Dans son projet initial, Brongniart avait opté pour l'ordre ionique, mais il choisit finalement l'ordre corinthien. Après la pose de la première pierre, le 24 mars 1808, il faut attendre le 6 mai pour voir débuter les travaux, le temps d'expulser les locataires de 140 logements. Inspiré du temple de Vespasien à Rome, le monument de forme rectangulaire est entouré d'une galerie ouverte formée par 24 colonnes corinthiennes sur les deux faces principales et par 40 colonnes sur les côtés.

Mais la construction de cette « Bourse des valeurs » prend beaucoup de retard pour des raisons financières... ce qui peut paraître paradoxal ! Pour le comprendre, il suffit de se replacer dans le contexte de l'époque : nous sommes alors en plein cœur du Premier Empire, au cours duquel les guerres engloutissent la majorité des deniers de l'État. Pour couronner le tout, deux ans avant l'ultime défaite de Waterloo de 1815, l'architecte Brongniart décède, bien avant la fin des travaux, qui sont alors confiés à Éloi Labarre.

Le palais de la Bourse, finalement baptisé palais Brongniart, sera inauguré en 1826 par le préfet de la Seine. Mais il ne ressemble pas encore à celui que l'on peut voir de nos jours. Une série de travaux et d'agrandissements auront lieu au début du XXe siècle : deux ailes seront ajoutées, donnant au rectangle des origines une allure de croix latine.

À noter que, depuis l'informatisation de la Bourse, en 1986, le palais Brongniart regroupe les principales associations d'aide à la création d'entreprise et est également un centre de conférences. ◆

LA BOURSE À LA MADELEINE ?

À l'origine, c'est à la Madeleine que Napoléon souhaitait placer le « temple du Commerce » qui aurait alors abrité à la fois la Bourse, la Banque de France, le tribunal de commerce et le bureau des agents de change et des courtiers. Cette proposition a finalement été abandonnée au profit de l'ancien terrain du couvent des Filles-Saint-Thomas, disparu pendant la Révolution. Ce couvent avait été installé le 7 mai 1640, jour de la fête de saint Thomas d'Aquin, ce qui explique l'origine de son nom !

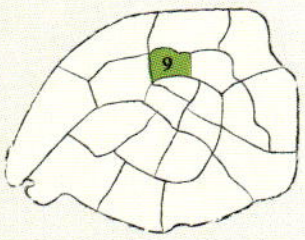

ADRESSE
8, rue Scribe, 9e
Tél. : 0 892 89 90 90
Ⓜ Opéra RER Auber
@ www.operadeparis.fr

CRÉATION
Inauguré le 5 janvier 1875.

LE PALAIS GARNIER

L'opéra Garnier est une véritable pierre précieuse enchâssée dans un entremêlement de boulevards et de places – d'autant qu'il brille de mille feux depuis que sa façade principale a été rénovée !

1800

UN ATTENTAT CONTRE NAPOLÉON III

Tout commence par un attentat contre Napoléon III… Depuis 1821, les artistes lyriques se produisent à Paris dans la salle Le Peletier, située à l'angle des actuelles rues Rossini et Drouot. En janvier 1858, l'empereur Napoléon III et l'impératrice Eugénie se rendent à la représentation d'adieu du baryton Jean-Étienne-Auguste Massol. Tandis que la voiture impériale se range devant l'entrée du théâtre, trois explosions retentissent. Cet attentat, dirigé contre l'empereur par le révolutionnaire italien Felice Orsini, cause malheureusement la mort de huit personnes et en blesse 150 autres.

LE NOUVEL OPÉRA

Ce drame oblige les autorités à entreprendre la construction d'un nouvel opéra en un lieu moins encaissé et plus sécurisé. Rapidement, un concours d'architecture est lancé. C'est une première, car, jusque-là, les architectes des grands bâtiments étaient choisis par le pouvoir en place. Cette fois, il s'agit sans doute d'évincer du projet l'architecte officiel de l'Opéra. D'ailleurs, le jury élimine les favoris pour retenir à l'unanimité Charles Garnier. Ce dernier, âgé de 35 ans, a reçu le prestigieux prix de Rome en 1848, mais est encore inconnu du public.

Les travaux débutent très vite. Les fondations doivent être extrêmement profondes, puisque l'on envisage de faire disparaître sous la scène des décors de 15 m de haut. Mais, en creusant, on découvre de l'eau provenant d'infiltrations. Il faut la pomper et la détourner, tout en laissant sous l'Opéra une cuve de rétention. Charles Garnier y travaille avec acharnement pendant plus d'un an ; les travaux sont colossaux et enflamment l'imagination des contemporains… Certains imaginent un cours d'eau se glissant sous le monument, baptisé la « Grange-Batelière » ou « ruisseau de Montmartre ». Le mythe d'une retenue d'eau perdurera ; ainsi, en 1910, Gaston Leroux décrit dans *Le Fantôme de l'Opéra* un lac immense sous le monument. Plus tard, dans le film *La Grande Vadrouille* (de Gérard Oury) Louis de Funès quitte l'Opéra en barque en passant par une cuve communiquant avec les égouts de la capitale…

UN FÂCHEUX OUBLI
Curieusement, Charles Garnier, ce héros fêté par les Parisiens, a été oublié sur la liste des invités de l'inauguration officielle de l'Opéra, le 5 janvier 1875. Il a donc payé sa place et celle de son épouse, alors que, ce soir-là, le président Mac-Mahon devait lui remettre la croix d'officier de la Légion d'honneur !

Finalement, au mois de juillet 1862, le comte Walewski, ministre d'État, pose la première pierre de cet immense chantier. Malheureusement, les travaux sont interrompus par la guerre de 1870 ; le bâtiment inachevé est alors mis à la disposition de l'armée qui y entrepose des vivres.

L'année suivante, les ouvriers se remettent à la tâche pour faire sortir de terre ce monument exceptionnel, mélange de styles à la fois classique, baroque et moderne. Par exemple, le marbre coloré utilisé pour la façade est un matériau qui n'était plus à la mode depuis le règne de Louis XIV !

Il existe une histoire – peut-être est-ce une légende – qui raconte que l'impératrice Eugénie passant près du projet que l'architecte présentait à l'empereur se serait exclamée : « Qu'est-ce que ce style-là ? Ce n'est pas un style ! Ce n'est ni du grec, ni du Louis XVI, pas même du Louis XV ! » Charles Garnier lui aurait répondu : « Non, ces styles-là ont fait leur temps… C'est du Napoléon III ! Et vous vous plaignez ! »

UNE ARTCHITECTURE NOUVELLE : LE STYLE NAPOLÉON-III

Il y a de l'élan, du romantisme et du grandiose dans ce chef-d'œuvre ! Charles Garnier a voulu donner à chaque détail une impression de mouvement, de couleur et de perspective, afin que l'architecture même du bâtiment corresponde à ce que le spectateur découvrira sur scène.

La façade principale est fastueuse avec ses sept arcades du rez-de-chaussée et ses quatre sculptures monumentales représentant la Musique, la Poésie lyrique, le Drame lyrique et la Danse. Au sommet du monument scintille une immense coupole, majestueux couvercle abritant la bouillante création artistique.

À l'intérieur règne la même splendeur. Charles Garnier a méticuleusement réfléchi afin que tout (les foyers, les couloirs, les escaliers…) prépare et transporte les spectateurs vers la grande salle. Puis, quand le rideau se lève, c'est vers la scène que se tournent les lumières, les regards et les attentions… ◆

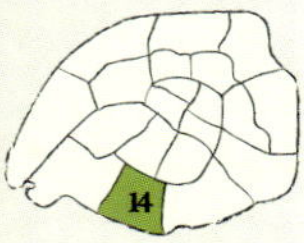

ADRESSE
Boulevard Jourdan, 14e

RER Cité-Universitaire

CRÉATION
Ouverture en 1878.

LE PARC MONTSOURIS

Inspiré par le modèle londonien, Napoléon III décida sous le Second Empire d'aérer la capitale grâce à l'aménagement de parcs et de jardins ; parmi eux figure le magnifique parc Montsouris.

1800

UNE ENTREPRISE TITANESQUE

Pendant méridional du parc des Buttes-Chaumont (p. 138), le parc Montsouris est le deuxième plus grand espace vert de Paris intra-muros et constitue un lieu de promenade incontournable. Il a été créé au XIXe siècle sous l'impulsion de l'empereur Napoléon III et du baron Haussmann, qui a tant contribué à aérer Paris en lui offrant non seulement de grandes artères, de larges boulevards et de vastes avenues, mais aussi en imaginant plusieurs espaces verts, parcs et jardins. Sous la direction de l'ingénieur Jean-Charles Adolphe Alphand, des travaux de grande ampleur sont entrepris en 1867 ; ils ne seront achevés qu'en 1878. Ce long intervalle est dû notamment à la guerre contre la Prusse, qui fait rage en 1870, ainsi qu'à la nature du sol, très accidenté. Il suffit d'ailleurs d'examiner la géographie actuelle du parc, avec ses allées courbes et circulaires, ses dénivelés et ses perspectives, pour comprendre la complexité de la tâche ayant incombé aux architectes et aux bâtisseurs. Le sous-sol est alors truffé d'excavations, de galeries et de labyrinthes, le lieu ayant pendant longtemps servi de carrière d'où était extraite la pierre utilisée pour la construction de nombreux édifices de la capitale. À la surface, ce n'est guère mieux : les terrains vagues sur lesquels ont été installés des moulins à vent en vue de produire la farine pour les boulangers de Paris sont autant d'obstacles à la création du parc. Des tonnes de céréales et de farine y sont entreposées et attirent inévitablement des milliers de souris – qui ont finalement donné leur nom au parc !

LE FANTÔME DU LAC
Le jour de l'inauguration du parc Montsouris, en 1869, le lac artificiel s'est subitement vidé. Un événement qui choqua tant l'ingénieur responsable, qu'il préféra mettre fin à ses jours plutôt que de supporter un tel affront.

UNE HARMONIE SUBTILE ENTRE FAUNE ET FLORE

Le comblement des carrières et le nettoyage des terrains n'est qu'une partie de la tâche titanesque qui échoit aux concepteurs du parc, au premier rang desquels l'ingénieur Alphand ! Il faut également approvisionner le lieu de terre végétale nécessaire aux plantations, dessiner des allées, créer un relief et réaliser une cascade artificielle dont les eaux se jetteront dans un lac, lui aussi artificiel ! Grâce à d'incroyables efforts, le parc Montsouris ouvre enfin ses portes en 1878. Aujourd'hui, on peut y découvrir plusieurs centaines d'arbres, parmi lesquels des cèdres, des platanes, des hêtres, des poiriers

ou encore des kakis. Leurs branches et leurs feuillages abritent une multitude d'espèces d'oiseaux – des rouges-gorges, des merles, des pinsons, des mésanges et des sitelles. Le vaste lac ainsi que la petite île située au centre ont été élus comme lieu de résidence par des cygnes blancs, des mouettes et des canards.

Le parc sert aussi de cadre à de nombreuses sculptures, notamment *La Carrière* ou *La Colonne de la Paix armée*, que l'on doit au sculpteur Jules Coutan, ainsi que la mire de l'Observatoire, qui date de 1806, autrement dit du règne de Napoléon Ier, dont le nom a été effacé sur le socle. Au détour d'une allée, on découvre la colonne pyramidale érigée en souvenir de l'expédition Flatters, qui n'est jamais revenue. Lancée en 1881 par l'État, cette mission commandée par le colonel Paul Flatters avait pour but de reconnaître le terrain en vue de créer une liaison ferroviaire entre le nord de l'Afrique et l'Afrique tropicale, en franchissant le Sahara ! Mais elle fut malheureusement décimée par les Touaregs.

Le parc Montsouris recèle également un kiosque à musique et même un restaurant, sans oublier le théâtre de Guignol qui enchante petits et grands ! Il est entièrement traversé par une ligne de RER, dont la construction a été une véritable gageure technique. Mais, grâce au talent des paysagistes, la flore qui l'habille réussit à nous faire oublier la voie de chemin de fer. ◆

LE PALAIS DU BARDO

Sur le point le plus élevé du parc, à 75 m d'altitude, trônait la copie du palais du Bardo, la fameuse résidence d'été des beys de Tunis. Elle avait été réalisée à l'occasion de l'Exposition universelle de Paris en 1867 pour représenter la Tunisie, puis rachetée par la Ville de Paris, qui l'installa dans le parc. Mais ce pavillon en bois, qui accueillit un temps les services météorologiques, a brûlé en 1991.

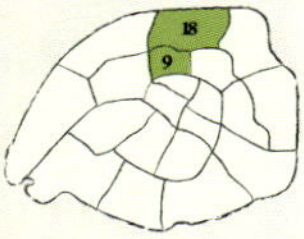

ADRESSE
9e et 18e arrondissements

Ⓜ Pigalle

CRÉATION
Place Pigalle : 1827.

PIGALLE

Lieu de fête et de nuits tumultueuses, repaire d'artistes et de la pègre, Pigalle est un endroit haut en couleurs... Derrière ce nom se cache tout un quartier mais surtout un sculpteur.

1800

JEAN-BAPTISTE PIGALLE

Né en 1714 à Paris, Jean-Baptiste Pigalle est le fils d'un menuisier du roi qui souhaite voir son enfant lui succéder. Mais son destin dépassera les espérances paternelles ! Notre homme part étudier le dessin et la sculpture sur bois à Rome, et s'y consacre sans relâche. Il apprend à sculpter vite et bien, et devient un maître reconnu, nommé « sculpteur du roi » par Louis XV. Les commandes se multiplient : Mme de Pompadour lui achète le groupe *L'Amour et l'Amitié* ; Louis XV offre deux de ses statues représentant Vénus et Mercure au roi de Prusse, Frédéric le Grand... Le 21 août 1785, lorsque l'artiste décède à Paris à l'âge de 71 ans, il est couronné de succès. Et c'est pour lui rendre hommage qu'en 1803 son nom est donné à la rue du 9e arrondissement dans laquelle il a vécu (au n° 1) de 1756 à 1782 !

BLANC COMME PLÂTRE
La place Blanche, endroit mythique de Pigalle, doit son nom à la rue Blanche. Pourquoi cette appellation ? En souvenir des voitures chargées de plâtre blanc qui descendaient des carrières de Montmartre, laissant derrière elles une poussière blanche typique...

L'esprit artistique de l'homme qui a offert son patronyme non seulement à une rue, mais aussi à une place et même à tout un quartier se retrouve dans les lieux de l'époque. En effet, à la suite de Jean-Baptiste Pigalle, nombre d'artistes viennent habiter au pied de la butte Montmartre (p. 152) riche en promesses de divertissements et de plaisirs. Au XIXe siècle, plusieurs cabarets ouvrent leurs portes dans le quartier. Certains deviendront très célèbres, tels le Chat Noir ou le Moulin-Rouge...

LE BAL DE LA REINE-BLANCHE

Le Moulin-Rouge appartient à l'histoire des moulins de la butte (p. 68). À l'origine, en 1850, il s'agit d'un bal appelé « bal de la Reine-Blanche » ; à partir de 1889 et sous l'impulsion du catalan Joseph Oller, il prend le nom de « bal du Moulin-Rouge ». La grande attraction est alors le « quadrille naturaliste » que dansent des artistes aux surnoms légendaires : la Goulue bien sûr, mais aussi Rayon d'Or, Grille d'Égout, Nini Pattes-en-l'air, sans oublier Valentin le Désossé... Initialement destiné à quatre couples, le quadrille est sans doute dérivé des anciennes parades équestres et a commencé sa carrière dans les ballets. En

France, c'est sous le règne de Napoléon qu'il fait son entrée dans la salle de bal ! Sa popularité est immédiate, et il suscite des compositions sur des arrangements de chansons et d'airs lyriques, auxquelles la famille des Strauss a largement contribué. Mais ce classique passe vite de mode à cause de la complexité des pas de danse ; il sera remplacé notamment par le « french cancan ». À l'origine simplement nommée « cancan » en référence au canard et à sa démarche, cette danse rapide et énergique qui amuse le public anglophone en visite dans les bals de Montmartre devient vite le « french cancan ». À moins qu'il ne s'agisse d'une simple création publicitaire pour séduire les touristes étrangers… Toujours est-il que les célèbres danseuses de french cancan vont être immortalisées par le peintre Henri de Toulouse-Lautrec, un des piliers du Moulin-Rouge…

LE CABARET DU CHAT NOIR

Boulevard de Rochechouart se trouve un autre lieu emblématique du quartier, le Chat Noir. Ce cabaret a été fondé par Rodolphe Salis. Né en 1852, ce fils d'un limonadier souhaite tout d'abord se consacrer à l'art. Quittant sa région du Poitou pour Paris, il entre à l'École des beaux-arts, d'où il se fait renvoyer pour indiscipline ! Il délaisse alors la carrière artistique pour dédier sa vie aux cabarets. Avec son ami, le poète et journaliste Émile Goudeau, il accueille dans son atelier des artistes et des étudiants. En quelques semaines, le lieu se transforme en « cabaret du Chat Noir ». Les auteurs ne s'accordent pas sur l'origine du nom : certains l'attribuent à un gros chat noir qui, un jour d'orage, serait venu y trouver refuge, d'autres affirment qu'il s'agit d'une référence à un conte d'Edgar Poe. Toujours est-il que le peintre Willette, ami de Rodolphe Salis, lui confectionne une enseigne représentant un chat noir, immédiatement accrochée au n° 84 du boulevard de Rochechouart. Salis y convie ses amis, de jeunes talents inconnus, des étudiants, des bourgeois qui s'encanaillent et la pègre de Pigalle… Il faut en effet préciser que le milieu de la fête et des nuits interminables a toujours attiré également le « milieu » tout court. C'est pourquoi, au cours du XXe siècle, Pigalle s'est transformé en un haut lieu de la prostitution, des boîtes de strip-tease et des sex-shops.

Décidément, de la place Blanche au Moulin-Rouge en passant par le Chat Noir, c'est un quartier haut en couleurs que celui de Pigalle ! ◆

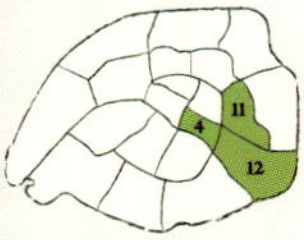

ADRESSE
4ᵉ, 11ᵉ et 12ᵉ arrondissements

Ⓜ Bastille

CRÉATION
Colonne inaugurée en 1840.

LA PLACE DE LA BASTILLE

Lorsque la Bastille est démantelée durant l'été 1789, une vaste place se trouve dégagée. Pas question pour les Parisiens de garder la moindre trace de la sinistre prison ! C'est donc une toute nouvelle construction « révolutionnaire » qui va voir le jour…

1800

COMMENT REMPLACER LA BASTILLE ?

Sur la place laissée vacante par la démolition de la forteresse de la Bastille, plusieurs projets sont prévus dès 1792, notamment un mémorial à la Révolution sous la forme d'une colonne, proposé par Pierre-François Palloy. La première pierre est posée symboliquement le 14 juillet 1792, trois ans jour pour jour après la prise de la Bastille. Mais l'entreprise, trop coûteuse, en reste là, et c'est une simple fontaine qui est finalement construite un an plus tard.

En 1810, Napoléon décide d'y placer une colossale fontaine en forme d'éléphant – hommage à ses conquêtes d'Orient – qui utiliserait le bronze fondu de canons pris aux Espagnols ! L'idée est bien sûr de faire jaillir l'eau de la trompe du pachyderme. Pour permettre aux Parisiens de se représenter le projet, un modèle en plâtre et en bois grandeur nature est érigé en 1813. Avec ses 16 m de long et ses 24 m de haut, il fait sensation. Un escalier à vis est prévu dans l'une des pattes pour permettre aux visiteurs de grimper sur une plate-forme. Finalement, la chute de l'Empire et les soubresauts politiques bloquent les travaux de la vraie fontaine et le modèle tombe en décrépitude… Il nous en reste un souvenir littéraire, puisque c'est dans cet éléphant que Victor Hugo a installé son héros Gavroche dans *Les Misérables* !

UNE COLONNE RÉVOLUTIONNAIRE

Reprenant l'idée de Palloy de 1792, une loi de 1833 décide la construction, sur la place, d'un monument révolutionnaire inspiré de la colonne Trajane à Rome. Mais l'hommage à la révolution de 1789 n'est plus d'actualité ! Il s'agit cette fois d'honorer la mémoire des personnes tuées au cours des trois journées révolutionnaires des 27, 28 et 29 juillet 1830, qui aboutirent à la chute du roi Charles X et à la fin de la monarchie absolue, instituant la monarchie constitutionnelle connue sous le nom de « monarchie de Juillet ». Au lendemain de ces journées baptisées les « Trois Glorieuses », le nouveau roi des Français, Louis-Philippe Iᵉʳ, souhaite ainsi glorifier la révolution qui l'a mené au pouvoir.

LA FORTERESSE DE LA BASTILLE

Construite en 1370, la Bastille était à l'origine une grande forteresse. Devenue une prison de sinistre réputation, elle fut démolie quelques semaines après les événements de juillet 1789. À son emplacement, il ne reste qu'un tracé sur le sol de la place de la Bastille et un plan accroché sur le mur de l'un des immeubles de la place.

UN HOMMAGE À LA LIBERTÉ

Les travaux sont confiés successivement à deux architectes : Jean-Antoine Alavoine, qui commence les travaux mais meurt en 1834, et Louis Duc qui achèvera le chantier et la décoration en 1840. La colonne « de Juillet » est volontairement plus haute que la colonne Vendôme érigée sous Napoléon : elle mesure plus de 50 m de haut et pèse 170 t. Le piédestal est décoré de nombreux motifs – dont un lion en bronze qui symbolise l'Insurrection – et de textes élogieux. La colonne, en bronze également, est divisée en trois parties de couleurs différentes, représentant chacune des trois journées « glorieuses ». Les noms des 504 victimes de la révolution de 1830 y sont gravés en lettres d'or. Par ailleurs, la colonne est creuse : le fût contient un escalier de 238 marches qui permet d'accéder au chapiteau sur lequel a été déposé le *Génie de la Liberté*, œuvre d'Augustin Dumont. Il représente la Liberté qui s'envole, en brisant ses fers de la main gauche et en semant la lumière sur le monde grâce au flambeau de sa main droite.

UN TOMBEAU MIXTE !

Sous cette colonne sont ensevelies, dans deux caveaux distincts, les 504 victimes de la révolution de 1830, auxquels seront joints par la suite les corps de 196 victimes de la révolution de 1848. Cette même ultime demeure, au pied de la Liberté, pour les révolutionnaires de 1830 et de 1848 est évidemment symbolique, ces deux révolutions ayant successivement marqué l'arrivée au pouvoir du roi Louis-Philippe Ier en août 1830 et son abdication en février 1848.

À l'occasion de la translation des corps des révolutionnaires, on leur adjoignit des voisins inattendus ! En effet, ces hommes avaient d'abord été inhumés dans des fosses communes près du Louvre. Or, sous le règne de Charles X, des momies avaient déjà été enterrées dans ces fosses. Rapportées après la campagne d'Égypte de Bonaparte, elles n'avaient hélas pas supporté le voyage ni leur séjour dans les réserves humides où elles avaient été entreposées. Il avait donc fallu les ensevelir. Au moment de transférer les corps des révolutionnaires, on a sans doute également emporté les restes de très vieux Égyptiens de l'époque pharaonique ! ◆

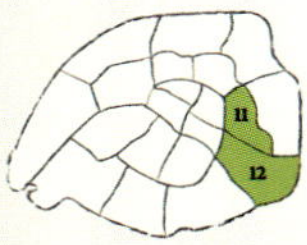

ADRESSE
11e, 12e arrondissement

M RER Nation

CRÉATION
Nommée ainsi le 14 juillet 1880.

LA PLACE DE LA NATION

À l'origine lieu de passage reliant Paris et Vincennes, cette place a été le théâtre d'événements tragiques de l'histoire, et est aujourd'hui le lieu de grands rassemblements populaires.

LA PLACE DU TRÔNE

Au XVIIe siècle, cet espace est baptisé « place du Trône » en souvenir de celui dressé le jeudi 26 août 1660 pour Louis XIV et sa jeune épouse, Marie-Thérèse, de retour de Reims après leur sacre. C'est sur ce fameux trône qu'ils reçoivent l'hommage des corps constitués de la capitale, parmi lesquels on trouve le clergé, les membres de l'université drapés dans leurs toges (docteurs en médecine, en théologie et en droit canonique), les corporations des principaux métiers et, pour fermer la marche, les membres du Parlement.

Cette place du Trône a depuis laissé son nom à une fête historique, la célèbre foire du Trône qui existe encore aujourd'hui, et dont l'histoire remonte à l'an 957. Cette année-là, une dramatique famine s'abat sur les habitants du village de Piquepuce – dont l'orthographe se modifiera vers le XVIe siècle pour devenir « Picpus », comme le nom de l'actuelle grande artère du 12e arrondissement qui relie la place de la Nation aux boulevards des Maréchaux.

Mais revenons à notre histoire ! Dans le but d'endiguer cette terrible disette, des moines antonins, hospitaliers de Saint-Antoine, distribuent des vivres aux plus démunis. Ils inventent pour l'occasion une recette de pain à base de seigle et de miel, en souvenir de saint Antoine, né en Égypte, qui s'était nourri d'un pain semblable dans le désert de Thébaïde. Afin de le rendre plus appétissant, ils y ajoutent quelques épices. C'est ainsi que le pain d'épice naît. Pour remercier les moines de leur bonté, le roi des Francs, Lothaire, l'avant-dernier roi carolingien, signe un édit leur accordant le droit de faire commerce de leur pain lors d'une foire, la foire Saint-Antoine, qui se déroule chaque année pendant la semaine de Pâques, dans les jardins de l'abbaye du même nom. Dans le faubourg Saint-Antoine, elle devient célèbre sous le nom de « foire au pain d'épice ». Pendant plusieurs siècles, la popularité croissante de la foire va de pair avec l'augmentation du nombre de commerçants et de forains. Mais, en 1812, Napoléon Ier, ayant appris qu'elle perturbe la circulation dans Paris, décrète son transfert. Désormais, elle n'aura plus lieu dans le

LE TRIOMPHE DE LA RÉPUBLIQUE
En 1880, le conseil municipal de Paris décide d'ériger un monument à la gloire de la IIIe République. Jules Dalou conçoit pour l'occasion une œuvre en fonte représentant une Marianne, symbole de la République, grimpée sur un globe. L'ensemble est installé, avec d'autres personnages, sur un char tiré par deux lions symbolisant le Suffrage universel, l'un des deux étant chevauché par le Génie de la Liberté brandissant une torche pour éclairer le monde !

faubourg Saint-Antoine, mais sur la place du Trône dont elle prend le nom. Le rendez-vous annuel se déroule alors au lendemain des fêtes de Pâques et dure pendant trois semaines. En 1964, l'intensification du trafic obligeant la mairie de Paris à proposer un nouveau lieu aux forains, la foire du Trône sera encore déplacée à l'orée du bois de Vincennes.

UNE PLACE RÉVOLUTIONNAIRE ET RÉPUBLICAINE

En 1793, la place est baptisée « place du Trône renversé » par les révolutionnaires. Une guillotine y est installée entre le 14 juin et le 27 juillet 1794. Le bourreau Sanson y fait preuve d'une diabolique maîtrise, à tel point que l'on songe à lui offrir une « prime » lorsqu'il parvient à exécuter plusieurs dizaines de condamnés en un seul jour ! En six semaines, plus de 1 300 personnes sont décapitées, parmi lesquelles 16 carmélites qui ont chanté jusqu'à leur dernier souffle.

La place ne reprendra son ancien nom de « place du Trône » que sous l'Empire, en 1805. Et il faut ensuite attendre 1880 pour qu'elle soit rebaptisée. Nous sommes alors sous la IIIe République, et les élus du peuple cherchent une date pour la fête nationale. Certains suggèrent le 4 août, en souvenir du 4 août 1789, jour où l'Assemblée constituante a voté l'abolition des privilèges, tandis que d'autres proposent le 14 juillet, en souvenir de la prise de la Bastille. On connaît la suite… Après des débats passionnés, la Chambre vote le projet le 8 juin 1880 et, à la fin du mois, c'est le Sénat qui vote à son tour. Enfin, le décret paraît au Journal officiel du 11 juillet 1880. Trois jours plus tard, le 14 juillet 1880, se déroule dans l'euphorie générale la première fête nationale. C'est à cette occasion que l'on rebaptise la place du Trône « place de la Nation ». Décidément, ce lieu est une vraie leçon d'histoire ! ◆

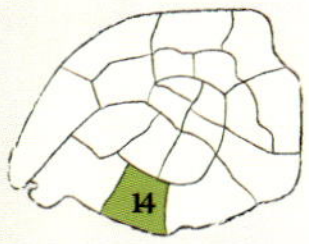

ADRESSE
Place Denfert-Rochereau, 14e

M RER Denfert-Rochereau

CRÉATION
Classée dans la voirie le 23 mai 1863.

LA PLACE DENFERT-ROCHEREAU

Autrefois place d'Enfer, la place Denfert-Rochereau a hérité de son nom actuel à la fin du XIXe siècle, à la suite d'un calembour municipal en hommage à un valeureux défenseur de la France.

1800

PIERRE DENFERT-ROCHEREAU

Ce futur colonel émérite est né à Saint-Maixent-l'École, le 11 janvier 1823. Après une brillante scolarité, il entre à l'École polytechnique puis à l'école d'application de Metz d'où il sort premier dans l'arme du génie (ce terme provient du mot « ingénieur » et désigne les militaires responsables des communications et de l'organisation du champ de bataille) ; nous sommes en 1845 et il est alors âgé de 22 ans. Immédiatement envoyé au front, il fait la campagne de Rome où Napoléon III engage des troupes pour soutenir la papauté face à Garibaldi. Il participe ensuite à la guerre de Crimée où on le retrouve lors de l'assaut de Malakoff en 1855, puis il sert en Algérie entre 1860 et 1864.

En octobre 1870, il est nommé gouverneur de Belfort, qui, depuis le traité de Westphalie de 1648, est devenu une terre française. Toutefois, dès le 3 novembre, il est confronté à l'attaque de la ville (fortifiée par Vauban) par les armées allemandes. Il emploie son courage et son incroyable énergie à la défense du territoire français face à l'envahisseur. Assailli par plus de 40 000 soldats menés par Werder, Denfert-Rochereau ne dispose que d'environ 15 000 hommes, dont un modeste quart est issu d'unités régulières de ligne. Il parvient à résister à l'ennemi pendant cent trois jours, entre le 3 novembre 1870 et le 17 février 1871, ne se rendant que sur ordre express du gouvernement provisoire. Sa bravoure lui vaut les honneurs militaires. Après la signature de l'armistice en février 1871, il obtient que la garnison qu'il dirigeait puisse quitter la place honorablement avec armes et bagages, tant son commandement a été remarqué et remarquable. Son nom reste gravé dans les

LA BARRIÈRE D'ENFER
Sous Louis XVI est accordée aux fermiers généraux la construction d'une muraille de 23 km autour de Paris leur permettant d'encaisser des droits d'octroi et de douane et ainsi d'éviter la fraude. Elle est édifiée entre 1783 et 1787. Mais le mur des Fermiers-Généraux suscite un vif mécontentement de la part des Parisiens et il est finalement démoli. De ces fortifications comportant 54 barrières, il nous reste quelques constructions mémorables, parmi lesquelles la barrière d'Enfer de la place Denfert-Rochereau avec ses deux pavillons conçus par Claude Nicolas Ledoux, dont l'un sert d'accès aux Catacombes (p. 94).

mémoires, à tel point qu'il est élu député de la Charente-Inférieure (devenue depuis la Charente-Maritime) en juillet 1871, puis qu'il est réélu député du 6e arrondissement en 1876. Lors de son troisième mandat, il se consacre plus particulièrement aux questions militaires et revendique notamment le rétablissement du droit de vote pour les militaires, qui en sont privés depuis 1872. Il devient questeur à l'Assemblée nationale et est promu commandeur de la Légion d'honneur. Il meurt à Versailles le 11 mai 1878.

LA PLUS ANCIENNE GARE DE PARIS
La gare de Denfert-Rochereau, actuellement station de RER et de métro, est la plus ancienne gare de Paris : elle date de 1846 et est classée monument historique.

LE LION DE BELFORT

Ce qui relie la place Denfert-Rochereau de Paris et le colonel éponyme, c'est bien cette ville de Belfort. En effet, la résistance héroïque du colonel a permis à la France de conserver le territoire de Belfort, le traité de Francfort du 18 mai 1871 prévoyant de céder à l'ennemi le reste de l'Alsace et une partie de la Lorraine. Afin d'immortaliser ce courage historique, Frédéric Auguste Bartholdi, à qui l'on doit la statue de la Liberté de New York, choisit de représenter la défense de Belfort sous les traits d'un lion à la fois puissant et serein. Le sculpteur réalise une imposante statue en grès de 11 m de haut qui est érigée dès 1880 en plein cœur de Belfort.

Quelques mois après la disparition du célèbre colonel, en 1879, la ville de Paris donne son nom à une avenue et à une place du 14e arrondissement. Ces deux axes de communication, qui portaient auparavant le nom de rue et de place « d'Enfer » – sans que l'on sache vraiment pourquoi –, vont donc voir leur appellation légèrement modifiée en rue et place « Denfert-Rochereau ». Évolution logique puisque Denfert-Rochereau avait lui aussi connu l'enfer de la guerre… Et c'est au centre de cette place Denfert-Rochereau qu'a été installée en 1880 une copie réduite (de 7 m de haut) et en bronze du Lion de Belfort ! ◆

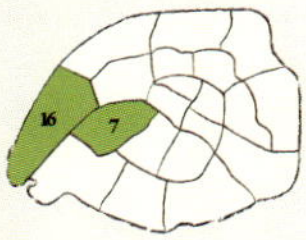

ADRESSE

Alma-Marceau
RER Pont-de-l'Alma

CRÉATION

2 avril 1856.

LE PONT DE L'ALMA

Depuis plusieurs générations déjà, le pont de l'Alma est indissociable de son célèbre zouave car il est devenu un symbole pour les Parisiens depuis la terrible crue de 1910.

1800

UN PONT À LA GLOIRE DES FORCES FRANÇAISES

Le pont de l'Alma et son zouave sont liés physiquement, certes, mais ils le sont avant tout par l'histoire qui les a réunis. Tout commence le 20 septembre 1854. Ce soir-là, les soldats français savourent leur victoire. Alliés aux armées anglaises, ils viennent de battre les forces russes sur les rives de l'Alma, un petit fleuve de Crimée, dans l'actuelle Ukraine. C'est un tournant dans la guerre de Crimée qui embrase alors l'Europe !

Cet exploit militaire va être immortalisé quelques mois plus tard… À l'occasion de la première Exposition universelle parisienne de 1855, Napoléon III décide de faire construire un pont joignant l'avenue Montaigne, rive droite, au Champ-de-Mars, rive gauche. Il donne à ce pont le nom de la rivière de Crimée où ses soldats se sont distingués.

LE MODÈLE DU ZOUAVE

Le zouave représenté sur le pont de l'Alma se nommait André-Louis Gody. Il est né en 1828 à Gravelines, dans le département du Nord, et c'est Napoléon III lui-même qui lui aurait demandé de servir de modèle pour la sculpture de Diebolt.

Le pont de l'Alma est inauguré le 2 avril 1856. Napoléon III le franchit pour se rendre au Champ-de-Mars afin de remettre des drapeaux aux soldats rentrés de Crimée. Il s'agit alors d'un pont à trois arches, avec deux piles dans l'eau décorées de quatre magnifiques statues de 6 m de haut représentant des militaires de différentes armées s'étant illustrés lors de la bataille de l'Alma : le sculpteur Auguste Arnaud réalise un artilleur et un chasseur à pied, tournés vers l'aval de la Seine, tandis que Georges Diebolt façonne un grenadier et un zouave, tournés vers l'amont.

POURQUOI UN « ZOUAVE » ?

Ce nom de « zouave » est emprunté à un mot berbère, *zouaoua*, qui désigne une tribu kabyle vivant dans la région montagneuse du Zouagha, entre la Tunisie et l'Algérie. Dès les premiers mois de la conquête de l'Algérie par la France, en 1830, ces Kabyles ont formé le noyau dur de petites unités indigènes d'élite.

L'uniforme oriental des zouaves fait partie de leur mythe, avec le pantalon bouffant, le gilet, la veste, la très longue ceinture en laine, la chéchia – le couvre-chef –, sans oublier les guêtres et les souliers cloutés. Mais c'est surtout la statue du zouave du

pont de l'Alma qui fera entrer ce peuple dans la mémoire collective…

LE ZOUAVE SE MOUILLE

Un siècle après la construction du pont, au cours des années 1970, l'ouvrage doit être entièrement reconstruit à la suite d'un tassement de terrain. Les quatre statues sont déplacées pour permettre l'édification d'une nouvelle passerelle métallique. Ce pont moderne ne possède plus qu'une seule pile, proche de la rive droite. Il devient donc impossible de replacer les quatre statues ! Aussi est-il décidé de ne reposer que le zouave, les trois autres statues étant dispersées en France. Œuvres du sculpteur Auguste Arnaud, l'artilleur et le chasseur à pied seront respectivement installés à La Fère (dans l'Aisne) et sous un pont de l'autoroute A4, au sud-est du bois de Vincennes. Quant au grenadier de Georges Diebolt, il se trouve aujourd'hui le long d'une avenue à Dijon.

Pourquoi le zouave fut-il le seul « élu » du pont de l'Alma ? Parce que, depuis la terrible crue de la Seine de 1910, il était devenu un symbole pour les Parisiens. Pendant ces inondations, des passerelles improvisées permirent aux habitants de se déplacer, tandis que soldats et marins furent mobilisés avec leurs barques pour assurer leur ravitaillement. Quinze nuits durant, le zouave observa ce tumulte. L'eau de la Seine grimpa de 8,62 m, atteignant sa bouche ! Depuis, les Parisiens utilisent cette statue comme mètre étalon pour mesurer la hauteur des eaux du fleuve : lorsque le zouave du pont de l'Alma a les pieds dans l'eau, la Seine est déclarée en crue ! ◆

MESURES DE CRUE

Avant le zouave, les Parisiens avaient un autre élément de mesure, qui se situait place de Grève – c'est-à-dire place de l'Hôtel-de-Ville. Il s'agissait d'une immense croix en pierre installée sur huit marches, destinée à recevoir les dernières pensées et les dernières volontés des suppliciés qui étaient confiés aux mains des bourreaux. Et, accessoirement, elle servait également d'étalon de mesure pour les eaux de la Seine : la cote d'alerte était atteinte quand le fleuve passait la troisième marche.

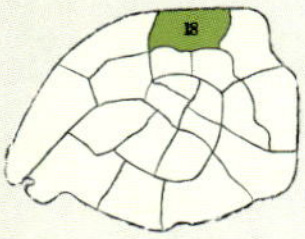

ADRESSE

Débute au carrefour de la rue Pierre-l'Ermite et de la rue de Jessaint ; se termine boulevard Barbès 18e.
Ⓜ Barbès-Rochechouart

CRÉATION

Rue de la Goutte-d'Or intégrée à Paris en 1860.

LA RUE DE LA GOUTTE-D'OR

Havres de misère si bien décrits par Zola dans *L'Assommoir*, la rue et le quartier de la Goutte-d'Or tirent leur nom d'un vignoble qui produisait un vin blanc très prisé, issu des vignes de Montmartre…

1800

LE ROI DES VINS

Ce quartier est situé au pied de la butte Montmartre (p. 152), et on peut encore imaginer sur ses rues pentues les rangs entiers de vignes qui formaient jadis le vignoble de la Goutte-d'Or. Ce nom imagé évoquait la couleur dorée du vin blanc qui y était produit.

On trouve trace de l'appellation « Goutte-d'Or » dès le Moyen Âge. Il faut dire que ce « cru » était déjà célèbre ! On raconte en effet que, sous le règne de Saint Louis, à l'occasion d'une fête, un jury improbable composé de grands buveurs devant l'éternel décerna des prix aux meilleurs vins. Le premier prix revint au vin de Chypre, surnommé le « pape des vins ». Le deuxième fut remis symboliquement au vin de Malaga, immédiatement baptisé le « cardinal des vins ». Enfin, en troisième position figurèrent à égalité trois autres crus : celui de Malvoisie, celui d'Alicante et… celui de la Goutte-d'Or ! Tous trois reçurent le titre de « rois des vins ». Chaque année, la coutume voulait dès lors que les vignerons offrent à Saint Louis quatre muids (c'est-à-dire quatre fois 268 litres) de vin de la Goutte-d'Or.

Le nom de « Goutte-d'Or » est également associé au cabaret qui portait ce nom et dans lequel on venait savourer l'élixir doré… Puis, à partir du XIXe siècle, c'est une rue du 18e arrondissement et, par extension, tout un quartier qui ont hérité de ce surnom (on parlait à l'époque du « chemin du hameau de la Goutte-d'Or »).

LA GOUTTE-D'OR FAIT LA FORTUNE DE ZOLA

Populaire et animé par de multiples cafés et bals, le quartier de la Goutte-d'Or a inspiré de nombreux artistes, dont Émile Zola. Ce dernier a entrepris, en 1871, à l'âge de 31 ans, de narrer « l'histoire naturelle et sociale d'une famille sous le Second Empire », celle des Rougon-Macquart. Six ans plus tard, ce travailleur acharné publiait *L'Assommoir*, le septième tome de la série. Le romancier, qui jusque-là n'a pas rencontré le succès, devient l'homme le plus célèbre de France, le premier à éclipser Victor Hugo : *Les Misérables* sont battus par *L'Assommoir* ! Les revenus procurés par les ventes de son roman lui permettent d'acheter une petite maison de campagne à Médan, non loin de Paris !

L'intrigue se déroule au milieu du XIXe siècle. Gervaise Macquart en est le personnage principal ; elle a quitté son pays pour « monter à Paris » et s'installer avec ses deux enfants, Claude et Étienne, dans le quartier de la Goutte-d'Or. Les descriptions qu'en livre Zola sont extrêmement réalistes,

plongeant les lecteurs dans le petit monde parisien où se vivent tant de misères et de drames – L'Assommoir étant le nom d'un cabaret où l'on tente d'oublier ses malheurs…

Le quartier a également inspiré d'autres créateurs, comme le chansonnier Aristide Bruant, à la fois auteur, compositeur et interprète, à qui l'on doit une chanson intitulée *À la Goutt'd'Or*.

UN QUARTIER D'IMMIGRATION

Depuis plus de 150 ans, ce quartier ne cesse d'accueillir de nouveaux habitants venus chercher du travail à Paris. Ce fut d'abord les provinciaux, puis les Français débarqués d'outre-mer au moment de la décolonisation, et enfin les femmes et les hommes issus de l'immigration en provenance surtout du continent africain. Ce « melting pot », ce brassage donne un visage coloré et animé à la Goutte-d'Or, avec ses nombreux commerces et ses restaurants, et c'est ce qui attire les visiteurs en recherche d'exotisme. Mais cette ambiance haute en couleur cache souvent aussi la misère sociale. Heureusement, depuis plus de vingt ans, de multiples réhabilitations et reconstructions ont été entreprises, afin de redorer l'image ce quartier et d'améliorer la vie quotidienne des habitants. ◆

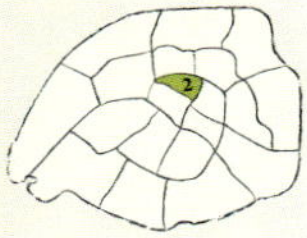

ADRESSE

Rue du Sentier, 2e

Ⓜ Sentier

CRÉATION

Confectionneurs installés à la fin du XIXe siècle.

LE SENTIER

La cour des Miracles, Mme de Pompadour, l'expédition de Bonaparte en Égypte, le temple de la confection… tous sont liés au Sentier, un quartier bigarré, éclectique et bouillonnant !

1800

UN QUARTIER MAL FAMÉ

Le « Sentier » tire son nom d'un petit chemin hanté, au XVIIe siècle, par un loup rôdant autour des habitations. Histoire vraie ou légende, il n'en reste pas moins que personne n'ose alors s'aventurer dans le quartier à la nuit tombée ! Sa terrible réputation est également due à la présence de l'une des plus importantes cours des Miracles de la ville – il existait en effet plusieurs lieux parisiens baptisés « cours des Miracles », où vivaient voleurs, malfrats et criminels qui restaient impunis ; celle du Sentier, qui côtoyait l'actuelle rue de Damiette, a été rendue célèbre par les romans de Victor Hugo.

Inquiété et agacé par ce repère de malfaiteurs, Louis XIV exhorte Colbert à agir vite. En 1665, un sombre fait divers agit comme un élément déterminant dans la réforme de la police qui va s'ensuivre : le lieutenant criminel Tardieu – l'un des plus hauts magistrats du Châtelet – et son épouse sont tués par deux jeunes assassins venus leur soutirer de l'argent dans leur hôtel situé quai des Orfèvres. Ce crime, qui suscite un véritable émoi populaire, est la goutte d'eau qui fait déborder le vase ! En 1667, Colbert nomme Gabriel Nicolas de La Reynie lieutenant de police afin de faire diminuer la criminalité. La Reynie doit surveiller les tavernes, les cabarets louches et les maisons de jeux, mais aussi veiller au bon approvisionnement de la cité et à la stabilité des prix, sans oublier d'éradiquer la cour des Miracles.

Au printemps 1668, escorté de soldats du guet, de sapeurs et de gendarmes de la maréchaussée, le lieutenant de police entreprend l'évacuation de cette « place » en terre battue boueuse et à l'odeur nauséabonde… Il cerne le quartier du Sentier, puis, placé au beau milieu de la cour, il annonce qu'il laissera la liberté à ceux qui quitteront les lieux de leur plein gré. Dès qu'il ressort de la cour, la sape commence à ouvrir des brèches, et une nuée de voleurs se met à courir en tous sens ! Sur la place tout à coup désertée, seules douze personnes seront capturées, six seront pendues et six autres envoyées aux galères…

DES HABITANTS CÉLÈBRES

Sous Louis XV, alors que cette cour des Miracles a définitivement disparu, l'histoire de la rue du Sentier est liée, entre autres, à Mme de Pompadour, la célèbre maîtresse du roi. En effet, la marquise, de son vrai nom Jeanne Antoinette Poisson, épouse Le Normant d'Étiolles, y a habité avant son mariage, et son époux a continué d'y vivre après leur séparation.

Les noms de nombreuses rues du quartier rappellent quant à eux la campagne militaire menée par Bonaparte à la fin du XVIIIe siècle. Au retour de sa campagne d'Italie, en 1797, le jeune général est envoyé en Égypte par le Directoire (au pouvoir depuis 1795) pour commander une nouvelle expédition militaire face aux troupes anglaises. Celle-ci, composée d'une incroyable flotte partie du port de Toulon, a largement marqué les esprits, à tel point que de nombreux lieux du Sentier en ont conservé la mémoire : la rue de Damiette (nom d'une ville d'Égypte), mais aussi la rue d'Aboukir, la rue d'Alexandrie ou bien encore le passage, la place et la rue du Caire. Tous ces noms ont été attribués juste après la campagne d'Égypte, ces voies venant d'être refaites.

LE QUARTIER DE LA CONFECTION

C'est au cours du XIXe siècle, alors que le baron et préfet Haussmann a profondément changé le visage de Paris sous la houlette de l'empereur Napoléon III, que le quartier du Sentier a commencé à prendre le visage qu'on lui connaît encore un siècle et demi plus tard. Dans ce dédale de petites rues sont venus s'installer de nombreux commerces liés à la confection, à la mode, au travail du tissu et à tous les métiers du textile en général, depuis le commerce en gros jusqu'aux finitions et aux chefs-d'œuvre des « petites mains ».

Plus récemment, au tout début du XXIe siècle, ces ateliers de confection ont cédé peu à peu la place à des entreprises liées aux nouvelles technologies. Installées non loin du quartier de la Bourse, ces « start-up » ont surfé sur la vague du succès… jusqu'à l'explosion de la « bulle Internet » et la crise financière. Mais, pour ce quartier du Sentier, ce ne sont que des péripéties qui viennent ponctuer le cours de sa longue histoire… ◆

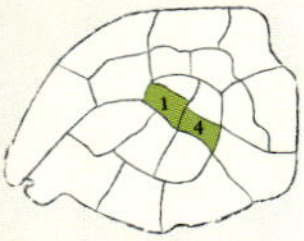

THÉÂTRE DE LA VILLE
2, place du Châtelet, 4e
Tél. : 01 42 74 22 77
Ⓜ RER Châtelet
@ www.theatredelaville-paris.com

THÉÂTRE DU CHÂTELET
1, place du Châtelet, 1er
Tél. : 01 40 28 28 40
Ⓜ RER Châtelet
@ www.chatelet-theatre.com

LES THÉÂTRES DE LA VILLE ET DU CHÂTELET

Au XIXe siècle, l'architecte Gabriel Davioud construisit en même temps deux splendides théâtres qui n'ont toutefois pas la même histoire…

1800

MAIS OÙ EST LE CHÂTELET ?

Le quartier où se font face les deux théâtres tire son nom de la vieille forteresse du « Grand Châtelet », détruite au début du XIXe siècle lors de l'aménagement de la place actuelle. C'est vers 1130 que Louis VI le Gros a fait bâtir cet ouvrage défensif destiné à protéger l'île de la Cité. La forteresse devient rapidement un élément clé de la sécurité des Parisiens. En outre, à partir du XIIIe siècle, les bourgeois de Paris – les habitants du bourg –, désireux de renforcer la sécurité de la capitale, s'y retrouvent tous les soirs pour aider le « guet », c'est-à-dire les forces de l'ordre chargées de surveiller les villes la nuit. Composé d'hommes veillant toute la nuit dans les quartiers dangereux, notamment près des prisons, le « guet des métiers », ou « guet des bourgeois », assiste la soixantaine de sergents affectés à la police de la ville. Mais les Parisiens se lassent vite de ces nuits sans sommeil, et le Grand Châtelet redevient peu à peu le terrain des hommes d'armes…

LA FORTERESSE DU GRAND CHÂTELET
Le plan de la forteresse détruite au début du XIXe siècle figure encore sur une plaque installée sur la façade de l'immeuble situé au n° 2 de la rue Saint-Denis.

DE NOUVEAUX THÉÂTRES PARISIENS

Au XIXe siècle, le préfet Haussmann profite de ses travaux de réaménagement de la capitale pour faire fermer nombre de théâtres installés le long du boulevard du Temple. En remplacement, il confie à Gabriel Davioud le soin de construire deux nouveaux théâtres sur la place du Châtelet, entre 1860 et 1862. C'est ainsi que sortent de terre le théâtre du Châtelet et le théâtre Lyrique, actuel théâtre de la Ville.

LE THÉÂTRE DU CHÂTELET

Voici un bâtiment imposant, tant par son architecture que par la taille de sa salle ! Cependant, si la façade de Davioud s'inspire de la Renaissance italienne, l'architecte a choisi d'offrir au public un véritable amphithéâtre et non une salle à l'italienne. Les quelque 3 600 spectateurs qui peuvent s'y installer sont dans des conditions idéales pour découvrir de grands spectacles, notamment d'ambitieuses reconstitutions historiques avec chevaux

CRÉATION
Inaugurés en 1862

et figurants, coups de feu et fumée… Car, techniquement, le théâtre du Châtelet est à la pointe de l'innovation avec des éclairages modernes, des systèmes d'évacuation des fumées, une machinerie importante… Sans oublier l'acoustique qui a permis d'accueillir les fameux ballets russes ou les concerts donnés par Édouard Colonne et son célèbre orchestre, que l'on pouvait venir écouter chaque dimanche, ou encore les opérettes avec Luis Mariano en vedette.

Curieusement et contrairement à ce que leurs noms indiquent, c'est bien le théâtre du Châtelet qui est un grand théâtre lyrique, lui qui est installé en face du théâtre Lyrique, rebaptisé de nos jours « théâtre de la Ville ».

LE THÉÂTRE DE LA VILLE

Pour ce deuxième théâtre, Gabriel Davioud a disposé de moins de place, car il n'était pas question de trop s'approcher de la tour Saint-Jacques. Pourtant, le résultat fut splendide ! Malheureusement, neuf ans après son inauguration, en 1871, pendant la Commune, un incendie ravage l'édifice. Gabriel Davioud conserve la façade de style Renaissance italienne et en profite pour modifier légèrement la salle de spectacle (qui sera de nouveau transformée dans les années 1960).

À la fin du XIXe siècle, le théâtre accueille la troupe de l'Opéra-Comique (p. 112), avant d'être pris en main par la grande comédienne Sarah Bernhardt. Cela explique pourquoi, après s'être appelé « théâtre Lyrique » et « théâtre des Nations », le bâtiment a été baptisé « théâtre Sarah-Bernhardt », avant de finalement prendre le nom de « théâtre de la Ville » en 1968. Mais qu'importent les noms, ce sont les spectacles qui comptent, d'autant que l'art contemporain, en danse et en musique, y a trouvé une place de choix pour s'exprimer ! ◆

SARAH BERNHARDT
Sarah Bernhardt, de son vrai nom Henriette-Rosine Bernard, serait née à Paris le 22 octobre 1844. Pensionnaire au couvent versaillais des Grands-Champs, elle se sent très vite attirée par le théâtre. Entrée à l'âge de 19 ans au Conservatoire, elle en sort trois années plus tard avec un second prix de tragédie, un second prix de comédie et un engagement à la Comédie-Française – où elle ne reste que quelques mois parce qu'elle gifle une sociétaire ! Elle défraie la chronique mondaine et suscite des oppositions vives entre les critiques du monde entier, tant son jeu est révolutionnaire. Elle fait l'acquisition de théâtres, dont le « théâtre des Nations » en 1899, rebaptisé « théâtre Sarah-Bernhardt », où elle créera *L'Aiglon* d'Edmond Rostand l'année suivante.

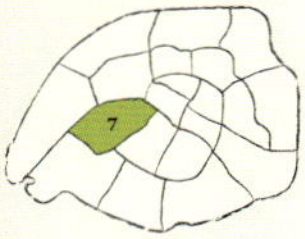

ADRESSE

5, rue Anatole-France, Champ de Mars, 7e
Tél. : 01 44 11 23 23
Ⓜ Bir-Hakeim, Trocadéro,
RER Champ-de-Mars-Tour Eiffel, Pont de l'Alma

@ www.tour-eiffel.fr

CRÉATION

Inaugurée le 31 mars 1889.

LA TOUR EIFFEL

Si l'on ne devait retenir qu'un seul symbole de Paris, ce serait incontestablement la tour Eiffel. Pourtant, cette majestueuse « dame de fer » qui veille sur la capitale fut loin de faire l'unanimité lors de sa création !

1800

OBJECTIF : ÉBLOUIR PARIS ET LE MONDE !

Le 30 mai 1884, le gouvernement de Jules Ferry annonce son intention de commémorer solennellement le centenaire de la Révolution française et de la prise de la Bastille, qui aura lieu cinq ans plus tard. Pour marquer cette année symbolique, le président de la République Jules Grévy envisage l'organisation d'une Exposition universelle. En cette période de révolution industrielle propice aux inventions, ces grandes manifestations sont d'immenses vitrines qui permettent aux nations de montrer leurs avancées technologiques et leurs capacités industrielles et commerciales. Chaque pays entend donc ainsi exposer ses découvertes afin d'éblouir les autres puissances. En outre, la France aimerait en profiter pour redorer son blason après la défaite de 1870…

UNE IDÉE SIGNÉE EIFFEL

Depuis quelques années déjà, deux ingénieurs travaillant pour l'entreprise Eiffel (spécialisée dans les travaux publics d'envergure et notamment les constructions métalliques) rêvent à un édifice sans précédent : Émile Nouguier, chef du bureau des méthodes, et Maurice Kœchlin, chef du bureau d'études, ont imaginé une tour en acier, « un grand pylône de 300 m » ! Ils montrent leurs premiers croquis à Gustave Eiffel, qui doute dans un premier temps, avant de prendre l'idée au sérieux. Il accepte alors de poursuivre ce projet déjà bien avancé et dépose un brevet à leurs trois noms, le 18 septembre 1884. Mentionnons également Stephen Sauvestre, un architecte de l'entreprise Eiffel qui a été consulté par les deux ingénieurs et qui a travaillé sur les études, imaginant notamment les arcs immenses qui rejoignent chaque pilier, donnant des rondeurs à cette grande Dame fine et longiligne.

Deux mois plus tard, le président de la République Jules Grévy décide officiellement de l'organisation par la France d'une Exposition universelle pour l'année 1889 ! Édouard Lockroy, ministre du Commerce et de l'Industrie, et commissaire général de l'Exposition universelle, annonce alors le lancement d'un concours ouvert aux architectes et ingénieurs français pour créer un monument qui doit être le « clou » de cette manifestation. Le cahier des charges est précis : « Les concurrents devront étudier la possibilité d'élever sur le Champ-de-Mars

une tour en fer à base carrée, de 125 m de côté à la base et de 300 m de hauteur… » Voilà un concours taillé sur mesure pour le projet de Gustave Eiffel ! Celui-ci propose alors à ses deux ingénieurs de leur acheter leur part de propriété dans le brevet, moyennant un pourcentage sur les sommes qu'il touchera si la tour est construite.

Finalement, le 18 mai 1886, pas moins de 107 projets sont présentés à une commission. Beaucoup d'entre eux sont étranges, voire même fantaisistes, comme la tour en bois et en brique de Neve et Hennebique, ou la tour similaire à celle d'Eiffel, mais enjambant le cours de la Seine, projet signé Cassien, Bernard et Nachon, ou encore cette « colonne soleil » toute en pierre de l'architecte Jules Bourdais, qui devait grimper elle aussi à 300 m.

Après délibération, le vainqueur est Gustave Eiffel, qui signe un contrat avec Édouard Lockroy et Eugène Poubelle, le préfet de Paris. Il est décidé que la Tour sera placée dans l'axe du pont d'Iéna et servira de porte d'entrée monumentale pour l'Exposition universelle de 1889, qui doit se tenir sur le Champ-de-Mars (p. 101).

SAUVONS PARIS !

À peine le résultat de la commission est-il connu qu'une clameur contestataire s'élève avec force. Nombreux sont ceux qui veulent défendre le projet, semble-t-il plus sérieux, de Jules Bourdais. D'autres expliquent à leurs contemporains qu'il sera impossible de monter dans la tour proposée par Gustave Eiffel, car les ascenseurs prévus ne pourront pas fonctionner.

À VOS PINCEAUX !

Tous les sept ans, la tour Eiffel est repeinte (la dernière fois date de 2009) par 25 peintres en bâtiment qui recouvrent 250 000 m² de surface avec 60 t de peinture d'une couleur unique : le « brun tour Eiffel » !

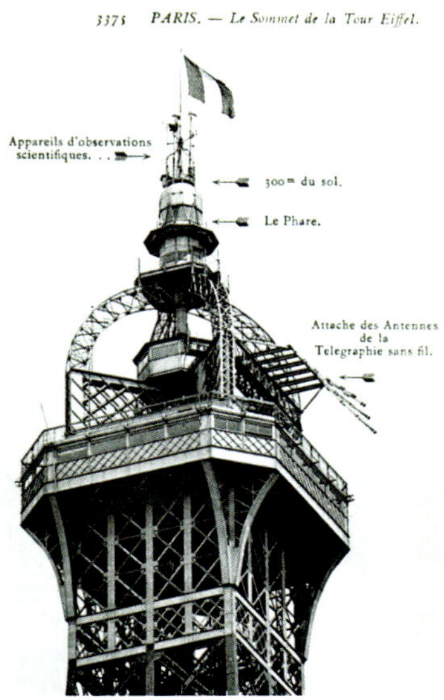

GUSTAVE EIFFEL

Gustave Alexandre Eiffel est né à Dijon, le 15 décembre 1832. Élève moyen au lycée royal de Dijon, il est tout de même placé par ses parents comme pensionnaire au collège Sainte-Barbe de Paris, une école prestigieuse qui lui permet d'être admissible à l'École centrale. Trois ans plus tard, il en sort diplômé à l'âge de 23 ans. Ayant songé un instant à s'engager dans l'industrie chimique, Eiffel opte finalement pour la métallurgie. Sa rencontre avec Charles Nepveu, un industriel spécialisé dans les travaux publics, va servir de détonateur à sa véritable passion. Le premier chantier auquel s'intéresse Eiffel est la construction du pont de Bordeaux, un ouvrage qui nécessite de gros travaux de fondation, pour permettre aux six piles du pont d'être plantées dans le lit du fleuve, à 25 m sous l'eau. Malgré les difficultés, Gustave Eiffel achève l'édifice en moins de deux ans et prouve ainsi son grand talent. À la suite de cette réussite, les contrats affluent de toutes parts, on s'arrache le savoir-faire des établissements Eiffel. C'est ainsi que l'on doit notamment à cette entreprise l'ossature de la statue de la Liberté imaginée par le sculpteur Bartholdi et inaugurée en 1886...

En 1887, de grandes personnalités signent une protestation publiée dans le journal *Le Temps*. On y trouve les paraphes de Charles Gounod, Guy de Maupassant, Alexandre Dumas, Leconte de Lisle ou Charles Garnier... Tous protestent contre cette « inutile et monstrueuse tour Eiffel », que certains ont même déjà rebaptisé « tour de Babel » ! Le poète François Coppée lui consacre quelques vers :

« Œuvre monstrueuse et manquée,
Laid colosse couleur de nuit,
Tour de fer, rêve de Yankee,
Ton obsession me poursuit... »

Dans la même veine, Verlaine parle de « ce squelette de beffroi », et Huysmans en fait « un tuyau d'usine en construction » !

Malgré ces récriminations – auxquelles Gustave Eiffel répond point par point –, le chantier avance et la tour de M. Eiffel se dresse petit à petit vers le ciel de Paris !

794 JOURS POUR UN RECORD MONDIAL

En dépit des objections, les premiers coups de pioche sont donnés le 28 janvier 1887. Les fondations sont établies pour assurer la stabilité de cette structure de 10 000 t. Les deux piles du côté de l'École militaire sont installées sur un lit de béton placé sur une épaisse couche de gravier compact, tandis que les deux piles du côté de la Seine reposent sur des assises situées en dessous du lit du fleuve, Eiffel utilisant des caissons étanches pour les fabriquer. L'instant le plus délicat de la construction de ce « Meccano géant » est la jonction des quatre piliers réunis par de grandes poutres, qui doivent être fixées au millimètre près. C'est chose faite dès le 7 décembre 1887.

Ensuite, le montage de la Tour s'accélère. Chacune des 18 000 pièces métalliques est calculée et fabriquée sur mesure à Levallois-Perret, près de Paris, dans l'usine Eiffel, avant d'être apportée sur le chantier. Les deux tiers des 2 500 000 rivets sont posés en usine, le tiers restant est fixé sur place, à l'aide de grues. La Tour monte ainsi de 10 m par mois jusqu'au 2e étage, à 115 m de haut, puis de 30 m par mois jusqu'à la pointe de sa flèche, à 312 m de hauteur. Le plus haut monument au monde de l'époque est achevé le 31 mars 1889. Il aura fallu deux ans, deux mois et cinq jours pour l'édifier ! La première inauguration officielle se déroule le dimanche 31 mars 1889. Après avoir grimpé les 1 710 marches, une vingtaine d'invités assistent, en haut de la Tour, aux côtés de l'ingénieur Eiffel, à la montée des couleurs françaises.

Précisons que la tour Eiffel est restée le plus haut monument du monde jusqu'en 1930, lorsque la tour Chrysler a été achevée à New York, culminant à 318 m…

QUEL SUCCÈS !

La Tour est ouverte au public dès le 15 mai 1889, et 29 000 visiteurs y affluent la première semaine, alors que les ascenseurs ne sont pas encore en service. À la fin de l'Exposition universelle, on dénombre plus de 1 900 000 entrées à la tour Eiffel, soit près de 12 000 chaque jour. Pourtant cet enthousiasme semble vite se ternir : quand on observe les chiffres de fréquentation, on constate une baisse sensible au début du xxe siècle. Il faut attendre les années 1960 pour voir de nouveau une affluence touristique importante qui n'a pas fléchi jusqu'à aujourd'hui, avec un pic record de plus de 5 millions de visiteurs pour l'année 1989, pour les 100 ans de l'honorable Dame !

En dépit des protestations initiales, les artistes et écrivains se sont vite approprié cette œuvre d'art. Mais ce sont avant tout les scientifiques qui l'ont sauvée d'une destruction annoncée… Eiffel lui-même avait perçu les intérêts scientifiques de sa construction et accepté l'installation d'une station météorologique à son sommet. Puis s'y déroulèrent des expériences physiques, et on songea même à y installer un observatoire astronomique… Finalement, ce fut la TSF, la télégraphie sans fil, qui permit de signer une nouvelle concession sauvant la Tour.

Enfin, la tour Eiffel a aussi attiré de nombreux amateurs d'exploits, comme des aviateurs, des parachutistes ou encore un skater qui s'est élancé en 2010 du 1er étage pour battre un record ! ◆

SOMMAIRE

XXe siècle

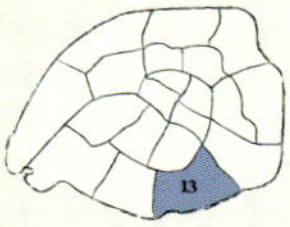

ADRESSE
Quai François-Mauriac, 13e
Tél. : 01 53 79 59 59
Ⓜ Bibliothèque-François-Mitterrand
@ www.bnf.fr

CRÉATION
Inauguration le 30 mars 1995.

LA BIBLIOTHÈQUE FRANÇOIS-MITTERRAND

De la bibliothèque de Charles V à la Très Grande Bibliothèque de François Mitterrand, des bâtiments ambitieux n'ont cessé d'être conçus pour la conservation des écrits…

1900

LA PREMIÈRE BIBLIOTHÈQUE NATIONALE

En France, c'est avec le roi Charles V que tout a commencé ! Car c'est sous son règne, au XIVe siècle, que la bibliothèque royale a vu le jour. Premier souverain à résider au Louvre (p. 20), le roi y installera sa propre bibliothèque ! Mais à l'époque elle n'est pas accessible au public.

Puis, si ses successeurs poursuivent son idée, c'est avec François Ier que les choses prennent de l'ampleur. Il doit beaucoup à sa mère, Louise de Savoie, qui lui donne une éducation politique, militaire et intellectuelle. Sa devise *Libris et liberis* (« Être libre par les livres ») est l'expression fidèle de sa passion pour l'écrit. Cet amour pour les livres et pour le savoir qu'ils contiennent, le jeune François devenu roi saura le mettre en œuvre. On lui doit, entre autres, la création du « dépôt légal » en 1536, c'est-à-dire l'obligation de faire parvenir à la bibliothèque royale un exemplaire de tout imprimé. Il fonde le Collège des lecteurs royaux en 1530, collège qui s'appelait aussi Collège des Trois-Langues car on y enseignait le grec, le latin et l'hébreu, un établissement qui existe toujours de nos jours, sous le nom de « Collège de France ».

Par la suite, les ministres des rois Bourbons, Richelieu, Mazarin et Colbert, auront également un rôle clé dans l'histoire des bibliothèques. Il faut dire que ces trois hommes puissants avaient les moyens de leurs ambitions ! Le premier d'entre eux, Richelieu, le Premier ministre de Louis XIII, commence à s'intéresser aux académies et aux auteurs de livres qui sont appelés à y entrer. Puis, il y a Mazarin, Premier ministre de Louis XIV, qui rassemble une bibliothèque tout à fait exceptionnelle dont une partie doit être installée dans un collège fondé par testament – ce sera l'Institut (p. 56). Mazarin souhaitait que cette bibliothèque – future Mazarine – soit « […] ouverte à tous gens de lettres deux fois par semaine ». Enfin, le troisième homme à avoir œuvré pour la conservation des livres en France est le grand ministre Colbert. Il devient responsable de la bibliothèque du roi en 1662 et, à ce titre, il va enrichir significativement ses collections. Il rachète des bibliothèques entières, comme celle du bibliothécaire de la reine de Suède, ou bien il en fait saisir d'autres, comme celle de Nicolas Fouquet, le surintendant des Finances qui vient d'être disgracié. Grâce à lui, c'est

finalement en 1724 que la bibliothèque du roi est installée rue de Richelieu !

FRANÇOIS MITTERRAND ET PTOLÉMÉE

Il faudra attendre la fin du XXe siècle pour que soit érigée une nouvelle bibliothèque nationale. Cette innovation est l'une des nombreuses constructions décidées par le président François Mitterrand. Véritable bâtisseur de la fin du XXe siècle, il a souhaité laisser le souvenir d'un homme de culture, avec notamment le Grand Louvre (p. 20) et sa pyramide, et la nouvelle Bibliothèque nationale. Peut-être s'inspira-t-il alors du souverain d'Égypte Ptolémée Ier, fondateur de la mythique Grande Bibliothèque d'Alexandrie. Mais plus modestement, il faut avouer qu'un nouvel établissement était réellement nécessaire, tant les locaux de la rue de Richelieu étaient devenus étroits…

C'est le 14 juillet 1988, que François Mitterrand déclare vouloir édifier une bibliothèque « d'un genre entièrement nouveau » : nouveau quant à sa conception architecturale, mais aussi nouveau quant à sa superficie et à sa capacité d'accueil.

L'architecte est Dominique Perrault, qui imagine un projet ultramoderne pour l'époque et surtout pour abriter une bibliothèque. Il dessine et réalise quatre tours imposantes ressemblant à de grands livres ouverts, qui sont installées aux quatre angles d'un vaste jardin planté d'arbres. Elles accueillent les livres, les imprimés et les périodiques, mais aussi et surtout les services de numérisation rendue nécessaire par le développement des réseaux de communication ! ◆

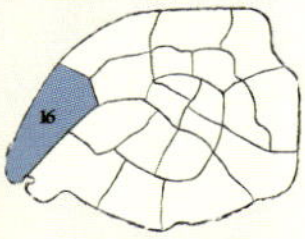

ADRESSE
16ᵉ arrondissement
Tél. : 01 53 92 82 82
Ⓜ Porte-Dauphine, Porte-d'Auteuil

CRÉATION
Rattaché à Paris en 1929.

LE BOIS DE BOULOGNE

Le bois de Boulogne fut un terrain de chasse royal avant de devenir le poumon qui permet à Paris de respirer un peu…

1900

LA FORÊT DE ROUVRAY

Véritable poumon gauche de la ville de Paris, l'actuel bois de Boulogne, d'une superficie de 846 ha – soit deux fois et demie la taille de Central Park ! –, n'est pourtant qu'une petite parcelle d'une immense forêt qui s'étendait jadis au nord-ouest de Paris, de Meudon à Saint-Germain-en-Laye : la forêt de Rouvray. Propriété de plusieurs ordres religieux durant le haut Moyen Âge, cette partie de la forêt est achetée à la fin du XIIᵉ siècle par Philippe Auguste ; ce sera l'un des terrains de chasse favoris des rois de France. Dans ces vastes étendues boisées, plusieurs édifices religieux sont construits, notamment l'abbaye royale de Longchamp, un monastère de femmes fondé en l'an 1260 par Isabelle de France, la sœur de Saint Louis, puis, en 1330, l'église Notre-Dame-de-Boulogne – étape bienvenue pour les pèlerins en route vers Boulogne-sur-Mer – qui donnera son nom au futur bois.

BOULOGNE VU DU CIEL

Le 20 novembre 1783, c'est en lisière du bois de Boulogne, dans le jardin du château de la Muette, qu'a eu lieu le premier vol d'êtres humains de l'histoire, avec Jean-François Pilâtre de Rozier et le marquis d'Arlandes, dans un immense ballon à air chaud. Le 23 octobre 1906, Santos-Dumont participa également à cet endroit à l'un des tout premiers vols en avion.

LE BOIS DE TOUTES LES EXTRAVAGANCES

En 1528, François Iᵉʳ, grand amateur de chasse, fait bâtir le « château de Madrid » au cœur du bois. L'idée lui en est venue après sa défaite de Pavie en février 1525. Fait prisonnier, le souverain français a été emmené à Madrid par Charles Quint qui lui a fait signer le « traité de Madrid » le 14 janvier 1526. Et c'est en rentrant de captivité que François Iᵉʳ fait ériger ce château de Madrid dont les plans rappelleraient le château espagnol où il fut « enfermé » pendant quelques mois…

Cette demeure donne un nouvel élan au bois de Boulogne, car les rois vont prendre l'habitude d'y séjourner, jusqu'à sa disparition sous le règne de Louis XVIII.

Un peu plus tard, sous Henri IV, ce sont de curieux occupants qui s'y installent : des centaines de pieds de mûriers ! Le roi les y a fait planter sur les conseils d'Olivier de Serres, un brillant agronome d'origine ardéchoise. Après avoir mené ses premières expérimentations de nouvelles cultures dans son domaine du Vivarais, il est monté à Paris en 1599, afin de convaincre Henri IV de la possibilité d'industrialiser la récolte de la soie. Il est d'abord autorisé à faire ses plantations dans le parc du château de Fontainebleau, puis il plante 20 000 mûriers blancs dans le jardin des Tuileries et dans

le bois de Boulogne. Le but est simple : éviter les importations qui coûtent cher au royaume et créer ses propres richesses.

La charmante demeure de Bagatelle est également une autre extravagance propre au bois de Boulogne ; elle est le fruit d'un incroyable pari entre le comte d'Artois, le frère de Louis XVI et futur Charles X, et sa belle-sœur la reine Marie-Antoinette : le comte avait affirmé qu'il était possible de se faire bâtir un petit château en moins de deux mois ! Les plans sont dessinés en une nuit, et Bagatelle est construit en soixante-quatre jours grâce à 900 ouvriers qui y travaillent jour et nuit sans relâche…

Parmi les nombreuses constructions qui ont vu le jour dans le bois de Boulogne, il y a aussi le château de la Muette, qui était à l'origine un rendez-vous de chasse pour Charles IX.

LE TEMPS DES AMÉNAGEMENTS

C'est dire si ce domaine boisé a été utilisé de multiples façons avant que Napoléon III décide de l'offrir, en 1852, à la Ville de Paris ! Son but est alors de doter la capitale d'un grand espace vert, à l'image de Londres, dont l'empereur apprécie le caractère aéré. Avec l'assistance de l'ingénieur Alphand, du paysagiste Barillet-Deschamps et de l'architecte Davioud, le baron Haussmann lance d'importants travaux, parmi lesquels le percement de 95 km de sentiers et d'avenues, l'aménagement de deux lacs, supérieur et inférieur, unis par une grande cascade, la plantation de plus de 400 000 arbres… Un système de concessions permet de créer des lieux dédiés à l'art, au divertissement et au sport, comme le « jardin d'Acclimatation », le « Racing-Club » ou encore le « Pré-Catelan ».

Bref, vous l'avez compris, le bois de Boulogne est un lieu magique où se sont déroulés fantaisies, drames et folies… Ah, si les arbres et les plantes pouvaient tout nous raconter ! ◆

UNE TRADITION HIPPIQUE

Profitant des vastes espaces dégagés, les courses hippiques se sont multipliées dans le bois de Boulogne à partir du milieu du XIXe siècle. L'hippodrome de Longchamp fut construit en 1854. De nos jours, c'est là que se déroulent deux des plus prestigieuses épreuves du monde, le Grand Prix de Paris et le Prix de l'Arc de Triomphe.

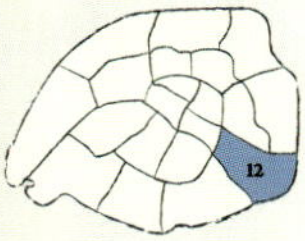

ADRESSE
12e arrondissement
Tél. : 01 43 28 41 59
Porte Dorée
www.boisdevincennes.com

CRÉATION
Rattaché à Paris en 1929.

LE BOIS DE VINCENNES

La forêt qui recouvrait les environs de Paris dans l'Antiquité est devenue terrain de chasse des rois à partir du XIe siècle. Elle fut réaménagée sous Napoléon III.

1900

LA FORÊT DE LUTÈCE

Aujourd'hui rattaché au 12e arrondissement, le bois de Vincennes n'est qu'une petite partie d'une immense forêt qui ceinturait Lutèce dès l'Antiquité, la forêt de « Vilcena ». Il fut longtemps la propriété de moines, notamment les Grandmontains et les Minimes, comme l'attestent les ruines que l'on découvre sur l'une des îles du lac des Minimes. La couronne en fit peut-être l'acquisition vers le XIe siècle – d'ailleurs, on sait que le Capétien Henri Ier, petit-fils d'Hugues Capet, prit des décisions officielles concernant certaines coupes de la forêt. Puis le bois devint un terrain de chasse royal et le resta durant plusieurs siècles, du fait de sa proximité avec l'île de la Cité où était établie la monarchie. Entre le XIIe et le XIIIe siècle, les rois Louis VII et Philippe Auguste, constatant que leur forêt était constamment traversée, la firent clôturer par un haut mur. Philippe Auguste y fit lâcher des biches et des cerfs – dont certains lui avaient été offerts par le roi d'Angleterre Henri II !

C'est à Louis VII que l'on doit la construction d'un pavillon de chasse dans le bois de Vincennes. Quelques années plus tard, il sera transformé en manoir, puis en résidence royale par le vœu de son fils, Philippe Auguste, au terme de longues tractations avec les moines bénéficiant de droits d'usage dans cette forêt…

LE ZOO DE VINCENNES
Inauguré le 2 juin 1934, le zoo a été construit sur le modèle innovant de celui de Hambourg. Il fait suite au petit zoo temporaire aménagé dans le bois de Vincennes lors de l'Exposition coloniale de 1931 afin de faire découvrir au public parisien des animaux exotiques.

LA RÉSIDENCE DES ROIS

C'est véritablement à partir du XIIIe siècle que les pierres de ce château deviennent les témoins de l'histoire de France avec le règne de Louis IX, le fameux Saint Louis ! Car Vincennes est indissociable de la vie religieuse et politique de ce roi qui s'est vu confier le royaume de France à l'âge de 12 ans. Il y entreprend d'importants travaux, et notamment la construction d'une chapelle, sans doute la chapelle Saint-Martin, postérieure à la Sainte-Chapelle (p. 30) érigée sur l'île de la Cité. Cette chapelle de Vincennes, aujourd'hui disparue, reçut une infime partie de la couronne d'épines, l'une des nombreuses reliques de la Passion du Christ acquises par le roi en 1237.

Précisons, pour éviter toute confusion, que la Sainte-Chapelle du château de

Vincennes, que l'on peut encore voir, a été fondée plus d'un siècle et demi plus tard, vers 1379, par le roi Charles V.

Plus qu'un roi pieux, Louis IX laisse à Vincennes le souvenir d'un monarque juste, grâce aux écrits de son ami le sire de Joinville. Ce chroniqueur raconte que le roi aimait se promener en été dans le bois et s'asseoir au pied d'un chêne, entouré de quelques conseillers, invitant ceux qui étaient en procès à venir plaider leur cause devant lui. Il écoutait les différentes parties, l'une après l'autre, puis il prononçait un jugement. Est-ce une légende ? Peut-être ! Mais elle fait partie de l'histoire de Vincennes et de son bois !

UN PENDANT DU BOIS DE BOULOGNE

À partir du XVIe siècle, le château et le bois sont délaissés ; Louis XIV vient y vivre épisodiquement, puis Versailles l'accapare tout entier. Ensuite, au fil des décennies, le bois est amputé d'une large partie de sa superficie et offert comme champ de tir aux militaires. Au milieu du XIXe siècle, lorsque Napoléon III et le préfet Haussmann s'y intéressent à nouveau, il n'est plus que l'ombre de lui-même. À l'ouest de Paris, le bois de Boulogne est en train d'être réaménagé de manière radicale, et l'empereur souhaite faire de Vincennes son équivalent à l'est. Napoléon III cède donc le bois à Paris en juillet 1860. Dès lors, d'importants travaux vont être mis en œuvre pour dessiner le parc d'aujourd'hui : reboisement, création de reliefs, traçage de longues allées ; on creuse des lacs artificiels en détournant des cours d'eau. Et n'oublions pas tous ces petits chalets, cafés et pavillons qui sont installés, ainsi que le fameux hippodrome !

Aujourd'hui, le bois de Vincennes est un des deux poumons de la capitale où les Parisiens viennent en plein air pratiquer toutes sortes d'activités. Il recèle des dizaines de milliers d'arbres et est un refuge de nombreuses espèces d'oiseaux, comme la sittelle torchepot, le grimpereau des jardins, le pic épeiche, la mésange noire ou encore le roitelet huppé, le plus petit oiseau d'Europe. ◆

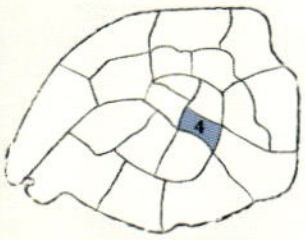

ADRESSE

Place Georges-Pompidou, 4e
Tél. : 01 44 78 12 33
Ⓜ Rambuteau, Hôtel-de-Ville, Châtelet
@ www.centrepompidou.fr

CRÉATION

Inauguré le 31 janvier 1977.

LE CENTRE GEORGES-POMPIDOU

Le centre Beaubourg est l'œuvre d'un président fervent admirateur d'art moderne. Succès public incontesté, ce monument étonnant fut affublé des pires sobriquets à son inauguration…

MAIS QU'EST DEVENU CE « BEAU-BOURG » ?

Jadis s'étendait à cet endroit le village de « Beau-Bourg », appellation flatteuse au premier abord, mais qui en réalité relevait de la moquerie. En effet, le hameau, dont les premières traces remontent au XIIe siècle, ne renfermait rien de beau à voir, si ce n'est de nombreuses femmes faisant commerce de leurs charmes. Il était situé de part et d'autre d'une porte intégrée dans l'enceinte édifiée par Philippe Auguste (aux XIIe et XIIIe siècles) et appelée la poterne Hydrelon ; cette porte demeura en place pendant près de deux cent cinquante ans, jusqu'au règne de François Ier !

Le temps passa et rien ne changea véritablement dans ce quartier avant le début du XXe siècle, lorsque la rue Beaubourg fut en partie retracée, obligeant les architectes à détruire plusieurs maisons. C'est donc sur cet emplacement, non loin des Halles centrales déplacées vers Rungis, qu'a été bâti ce monument dédié à l'art moderne.

GEORGES POMPIDOU, DÉFENSEUR ZÉLÉ DE L'ART MODERNE

On doit le projet de construction d'un centre national dédié à l'art et à la culture au deuxième président de la Ve République, Georges Pompidou, élu en 1969. Dès son arrivée à l'Élysée, il annonce son souhait de voir à Paris un nouveau musée consacré à l'art moderne. Il faut dire que lui et son épouse, Mme Claude Pompidou, sont des passionnés !

En fait, l'idée de la construction d'un tel musée est dans l'air depuis le début des années 1960, depuis que le ministre de la Culture du général de Gaulle, André Malraux, l'a suggéré. En parallèle, il existe une autre demande urgente : c'est la constitution d'une nouvelle bibliothèque publique, indispensable pour alléger la bibliothèque nationale de la rue de Richelieu.

Ces deux projets vont être concrétisés dans un même lieu. En 1970, le président Pompidou explique ainsi sa visée : « Je voudrais que Paris possède un centre culturel qui soit à la fois un musée et un centre de création, où les arts plastiques voisineraient avec la musique, le cinéma, les livres, la recherche audiovisuelle… » Son souhait va être réalisé, mais après bien des péripéties…

Un concours international d'architecture est lancé ; en juillet 1971, le jury présidé par Jean Prouvé choisit, parmi les 681 projets

présentés, celui de Renzo Piano et Richard Rogers.

Malheureusement, le temps de débloquer les crédits et d'organiser les travaux de construction, le président Pompidou disparaît, en 1974, sans avoir pu voir la concrétisation de son projet.

Son successeur Valéry Giscard d'Estaing n'apprécie guère cette entreprise, qui est alors menacée de disparition. C'est le Premier ministre de l'époque, Jacques Chirac, qui va se battre pour faire en sorte que le centre Georges-Pompidou voit le jour. Ce dernier sera finalement inauguré en janvier 1977 par le président Giscard d'Estaing et le Premier ministre Raymond Barre, en présence notamment de Mme Claude Pompidou.

Ce centre accueille le musée d'Art moderne, la BPI (bibliothèque publique d'information) et l'Ircam (Institut de recherche et de coordination acoustique/musique), confié alors à Pierre Boulez. On y trouve également des salles d'expositions temporaires, des salles de cinéma et de spectacle, sans oublier la bibliothèque Kandinsky consacrée à l'art du XXe siècle.

« NOTRE-DAME DE LA TUYAUTERIE »

Il faut avouer que le président Giscard d'Estaing ne fut pas le seul à trouver cette architecture TROP moderne. D'incroyables polémiques ont eu cours à ce sujet ! Beaucoup d'observateurs jugèrent ce musée trop coloré et trop voyant. On parla de « hangar », de « verrue », d'une « usine », de « bâtiment technique » avec ses tuyaux visibles, ses escaliers et ses canalisations. Comme toujours, on s'éleva contre le coût faramineux du projet – tant pour sa construction que pour son entretien.

Pourtant, dès les premiers mois, le public se passionna pour ce bâtiment, ses collections et ses expositions. Et cet engouement n'a jamais été démenti, puisque ce site est le troisième monument le plus visité de Paris.

Lors de la fermeture du centre Georges-Pompidou en 1997 pour de lourds travaux de rénovation, de nombreuses expositions ont été organisées hors les murs avec, à chaque fois, un immense succès à la clé.

Rouvert à l'aube du XXIe siècle, ce vaste ensemble culturel accueille un nombre de plus en plus important de visiteurs. Et, depuis 2010, un autre centre Pompidou a ouvert ses portes à Metz : Paris fait des émules ! ◆

ADRESSE
Puteaux, Courbevoie, Nanterre

Ⓜ Esplanade de la Défense, La Défense
RER La Défense

CRÉATION
Quartier construit à partir des années 1950.

Grande Arche de la Défense inaugurée en juillet 1989.

LA DÉFENSE

Aujourd'hui, le quartier de la Défense est synonyme d'un Paris ultramoderne tourné vers l'avenir, à tel point que l'on oublie la réalité historique qui lui a donné naissance...

1900

LA DÉFENSE DE PARIS SOUS NAPOLÉON III

La Défense désigne de nos jours un lieu dynamique où se côtoient les milliers de cols blancs et les touristes attirés par la Grande Arche, que déverse quotidiennement le RER. Pour découvrir l'origine de ce nom étrange de « Défense », il faut plonger dans la grande histoire et remonter à Napoléon III. Sous son règne (1852-1870), Paris se transforme en profondeur. Parmi les changements importants figurent les travaux réalisés par le baron Haussmann, la création des grands magasins et l'organisation des premières expositions universelles. La politique internationale, quant à elle, vacille. Au mois de juillet 1870, la France déclare la guerre à la Prusse à la suite d'un désaccord concernant la succession au trône d'Espagne. Le sujet est sensible et exacerbé par l'origine espagnole de l'impératrice française Eugénie de Montijo. La supériorité des armées prussiennes se fait très vite sentir et, en quelques semaines, l'empereur, malade, voit ses troupes malmenées. Le 1er septembre 1870 se déroule l'ultime bataille de Sedan, qui oblige Napoléon à capituler et à se constituer prisonnier. À la nouvelle de la défaite, le 3 septembre, des gens descendent dans les rues de Paris au cri de « Vive la République ! » Le corps législatif est rassemblé et, parmi les nombreux orateurs, Jules Favre demande à la Chambre la déchéance de la famille impériale. Le 4 septembre au matin, les Parisiens se ruent en masse dans les jardins des Tuileries, obligeant l'impératrice à quitter Paris. Le même jour, la foule se dirige vers le palais Bourbon et force ses grilles. Le corps législatif, poussé dans ses retranchements, proclame la déchéance de Napoléon III et le rétablissement de la République. Est alors formé un gouvernement provisoire, baptisé gouvernement de la « Défense nationale », qui restera en place jusqu'en février 1871. Paris tente coûte que coûte de faire reculer les

LES CENDRES DE NAPOLÉON Ier
Près de la tour Neptune, un monument commémore le retour des cendres de Napoléon Ier en provenance de Sainte-Hélène. Le cercueil est parvenu à Paris en 1840 par voie fluviale. De *La Belle Poule*, il est placé sur le vapeur *Normandie* chargé d'atteindre Le Havre, puis de remonter la Seine jusqu'à Rouen, où *La Dorade* prend le relais. Le 15 décembre 1840, par un froid cinglant, les fils de Louis-Philippe attendent l'arrivée du convoi funèbre sur le pont de Neuilly, non loin du quartier de la Défense. Hissé sur un char majestueux tiré par 16 chevaux vêtus d'or, le cercueil entame alors l'ultime étape de son parcours vers les Invalides (p. 58)...

forces ennemies. Sa défense héroïque sera malheureusement vaine : la France capitule en janvier 1871.

C'est en hommage aux hommes qui ont bravement participé à cette ultime bataille, durant le gouvernement de Défense nationale, qu'on a commandé une statue en bronze. Baptisée *La Défense de Paris*, elle se trouve à sa place d'origine, aujourd'hui intégrée à la grande esplanade de la Défense car les environs ont grandement changé de visage.

LE QUARTIER DES AFFAIRES ET L'AXE HISTORIQUE

En effet, au cours du XXe siècle, c'est une incroyable métamorphose qui va se dérouler en ce lieu où jadis, à peine deux cents ans auparavant, se dressaient quelques moulins !

Au lendemain de la Seconde Guerre mondiale, en pleine période de croissance économique, la décision est prise par les pouvoirs publics de transformer la Défense en un quartier d'affaires. D'immenses immeubles et d'incroyables tours sont érigés, proposant habitations, commerces et bureaux. Citons notamment le palais de la Défense, appelé CNIT (Centre des nouvelles industries et technologies) – une construction absolument révolutionnaire pour la fin des années 1950 –, ainsi que les tours Moretti, Manhattan, Aurore, Gan ou Elf qui font preuve de gigantisme et portent l'empreinte architecturale de la fin du XXe siècle. Quant à la Grande Arche, elle s'inscrit dans le cadre des travaux imaginés par le président François Mitterrand et achève l'axe historique comprenant le Louvre, l'arc de triomphe du Carrousel, l'obélisque de la Concorde, les Champs-Élysées et l'arc de triomphe de l'Étoile.

Mais le XXIe siècle n'est pas en reste. De nouvelles tours ont été construites récemment, véritables challenges d'architectes tenant compte à la fois d'un nouvel esthétisme et de normes écologiques destinées à faire des économies d'énergie. C'est aujourd'hui la défense de l'environnement qui est le mot d'ordre ! ◆

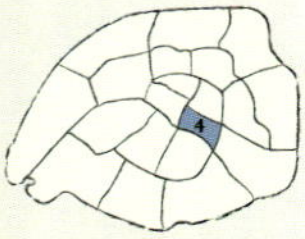

ADRESSE
101, porte Berger, 1er
Tél. : 01 44 76 96 56
M RER Châtelet-Les Halles
@ www.forumdeshalles.com

CRÉATION
Forum inauguré le 4 septembre 1979.

LE FORUM DES HALLES

Pendant des siècles, les Halles ont nourri Paris. Aujourd'hui, les magnifiques constructions de Baltard et le petit peuple qui a tant inspiré Zola ont été remplacés par des boutiques chic.

1900

UNE INITIATIVE ROYALE

À l'origine, le quartier était constitué de champs cultivés sur des terres marécageuses. La rue des Petits-Champs, située non loin de l'actuel Forum, rappelle l'existence de cette activité agricole. Au cours de la première moitié du XIIe siècle, Louis VI y installe un premier marché pour les merciers et les changeurs : les Halles de Paris viennent de naître ! Plus tard, le roi Philippe Auguste ordonne la construction de halles en dur, qu'il fait entourer d'un mur en pierre ; puis Louis IX, le futur Saint Louis, ajoute deux halles aux draps et une autre destinée à recevoir des merciers, des corroyeurs et des lingères… Sous son règne, on organise également à cet endroit la vente des poissons en provenance des ports de la mer du Nord. Ces produits de la pêche ont une importance toute particulière au Moyen Âge, car le poisson est la nourriture imposée par l'Église en période de jeûne. La confrérie des chasse-marées est chargée de transporter, en vingt-quatre heures et en attelage, le fruit de la pêche jusqu'à ce nouveau marché central, qui approvisionne les autres marchés parisiens. C'est pourquoi l'arrivée du chasse-marée est tant attendue – « chasse » étant employé dans le sens de « chevauchée rapide », et la fraîcheur de la marchandise en dépendait ! Le chemin emprunté par les marchands de poissons a d'ailleurs laissé sa trace au cœur de la capitale, comme en témoignent certains noms de rues : la rue du Faubourg-Poissonnière, la rue Poissonnière, la rue des Petits-Carreaux (appellation qui rappelle le sol plat et carrelé de ces lieux souvent couverts, où les marchands installent leurs étals), et enfin la rue Montorgueil, qui a accueilli pendant longtemps le marché aux huîtres et qui débouche sur les Halles. Après la halle aux poissons sont également créées la halle aux fruits, aux draps, aux toiles, aux vins…

LE VENTRE DE PARIS

Au XIXe siècle, Émile Zola s'est intéressé de près au monde bruyant et grouillant des Halles. Dans *Le Ventre de Paris*, publié en 1873, on découvre le héros, Florent, un fugitif qui trouve refuge dans le quartier des Halles. Avec lui, on parcourt ce monde à part, cette ville dans la ville avec ses différents corps de métiers, ses commerçants, ses forts des halles…
Un monde dur et sans pitié, qui se présente comme le reflet d'une société tout entière !

BALTARD ET LES NOUVELLES HALLES DE PARIS

Ainsi au fil des siècles, à mesure que la population augmente, les halles se multiplient. Ce marché prend tant d'ampleur au XIXe siècle que Louis Napoléon Bonaparte est contraint d'en repenser l'architecture. Il confie cette lourde tâche à l'architecte Victor Baltard. La première pierre du pavillon n° 2 est posée le 15 septembre 1851. C'est l'occasion pour Bonaparte de prononcer un discours au cours duquel il déclare : « Voici quarante ans que l'on songe à élever un vaste monument destiné à préserver de l'intempérie des saisons cette classe nombreuse qui souffre journellement pour alimenter Paris de ce qui est nécessaire à son existence. [...] La construction de ces halles, véritable bienfait pour l'humanité, facilite l'approvisionnement de Paris et appelle au plus grand nombre de départements à y concourir... »

Victor Baltard est chargé d'ériger dix pavillons s'étendant sur près de 3,5 ha. La première halle est un pavillon en pierre, dont seule la charpente est en métal. Mais les idées du baron Haussmann, qui veut « du fer, du fer, rien que du fer », obligent Baltard à modifier son projet. Il dessine alors avec Félix Callet de nouveaux pavillons, imaginant une colossale structure en fer offrant d'immenses volumes intérieurs et de larges baies vitrées. Les premiers pavillons sont inaugurés fin 1854. La réussite artistique et technique des pavillons Baltard sera telle qu'elle influencera d'autres architectes contemporains pour concevoir notamment la tour Eiffel (p. 180), en 1889, ou encore le pont Alexandre-III (p. 218), en 1900.

UNE PAGE SE TOURNE...

Pourtant, en 1963, un siècle après leur construction, les halles sont condamnées. Elles ne sont alors plus en mesure d'offrir des infrastructures adaptées à la population croissante. En 1969, les Halles sont donc remplacées par le marché de Rungis. Tous les pavillons de Baltard sont détruits en 1972 sauf un, remonté à l'identique à Nogent-sur-Marne, où il se trouve encore aujourd'hui. La destruction des halles historiques laissera une cicatrice béante pendant de nombreuses années, et le « trou des Halles », comme on le surnommera, fera couler beaucoup d'encre.

Au début des années 1980, on s'est enfin mis d'accord sur un projet qui inclut la construction de la gare RER. Un étrange boyau en verre, le Forum, contenant une multitude de magasins, de promenades et de lieux culturels remplit peu à peu le trou. Mais ce réaménagement, considéré par beaucoup comme un échec urbanistique, oblige aujourd'hui la municipalité à repenser entièrement les espaces de circulations, les bâtiments extérieurs et les jardins qui habillent le Forum. Le quartier retrouvera alors peut-être un peu de l'âme de ce « Ventre de Paris »... ◆

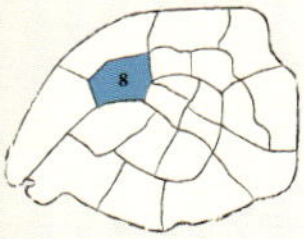

ADRESSE
Avenue Winston-Churchill, 8e
Tél. : 01 44 13 17 17
Ⓜ Champs-Élysées-Clemenceau, Franklin-D.-Roosevelt

@ www.grandpalais.fr

CRÉATION
Inauguré le 1er mai 1900.

LE GRAND PALAIS

Au tournant du siècle, la France est à l'apogée de sa puissance. Les majestueux pavillons construits pour les expositions universelles à Paris en sont le témoin et, heureusement, ils n'ont pas tous été détruits !

1900

LES EXPOSITIONS UNIVERSELLES À PARIS

Bien avant que le Grand Palais soit construit, le terrain qui se trouvait le long des Champs-Élysées faisait partie de ces nombreux « carrés » qui ont accueilli tantôt des comédiens et des saltimbanques, tantôt des terrains de jeux. En 1855, à l'occasion de la première Exposition universelle organisée à Paris, cet espace est choisi pour y bâtir un palais de l'Industrie. C'est l'empereur Napoléon III qui, séduit par la construction du palais de Cristal pour l'Exposition universelle de Londres quatre ans plus tôt, décide d'ériger un vaste édifice – un Grand Palais avant l'heure. Mais après la manisfestation, l'immense bâtiment est réaffecté pour accueillir des expositions temporaires et quelques services de l'État.

Un demi-siècle plus tard, en 1900, une autre Exposition universelle a de nouveau lieu à Paris pour célébrer l'entrée dans le nouveau millénaire. Il faut alors faire table rase des anciennes constructions qui s'élèvent encore à cet endroit et, notamment, du vaste palais de l'Industrie. Les organisateurs imaginent alors l'ouverture d'un axe parisien reliant le palais de l'Élysée aux Invalides qui serait parsemé de majestueux monuments : le splendide pont Alexandre-III (p. 218), le Petit Palais (p. 216) et le Grand Palais, tous deux bordant une avenue créée pour la circonstance, l'avenue Alexandre-III (qui s'appelle aujourd'hui avenue Winston-Churchill). Les deux palais sont un hommage à l'Art nouveau, très en vogue à cette époque. Le Grand Palais est appelé en 1900 le « Grand Palais des beaux-arts » et le Petit Palais, le « Petit Palais de l'art français ».

LA TÊTE DANS LES ÉTOILES

Si le Grand Palais est un édifice dédié à l'art, son aile abrite en revanche depuis 1937 le palais de la Découverte, consacré aux sciences. Son planétarium incontournable propose un véritable voyage à travers la galaxie !

UNE PROUESSE ARCHITECTURALE

À la suite d'un concours d'architecture lancé en 1896, l'édification du Grand Palais est confiée à Henri Deglane, Louis Louvet et Albert Thomas, sous la direction de Charles Girault et sous le regard attentif d'Alfred Picard, le commissaire général de l'Exposition. En trois ans, entre 1897 et 1900, ces maîtres d'œuvre vont accomplir une prouesse inédite pour l'époque. Ils font en effet le pari audacieux de créer un palais tout en fer et en verre ! L'ensemble est

MONUMENT XXe siècle

habillé de pierre et orné d'une imposante colonnade et de très nombreuses sculptures. Une immense charpente métallique est conçue pour chapeauter le tout : coiffée d'une verrière gigantesque, cette structure pèse plus de 8 500 t, soit presque le poids de la tour Eiffel (10 000 t) ! Mais contrairement à l'idée que l'on peut se faire des palais, celui-ci est une magnifique coquille vide !

UN PALAIS MULTIFONCTION

Pour l'Exposition universelle de 1900, le Grand Palais abrite deux expositions sur les beaux-arts et les Arts décoratifs. Par la suite, de multiples salons y sont organisés (salon de l'automobile, de l'agriculture, des arts ménagers…), sans oublier de nombreux événements culturels, festifs ou sportifs, comme des concours hippiques.

Pendant la Première Guerre mondiale, le Grand Palais est même transformé en hôpital militaire ; des milliers de blessés y sont soignés. En 1962, le ministre des Affaires culturelles André Malraux décide de créer, dans la partie nord du bâtiment, les Galeries nationales, vouées alors à recevoir régulièrement de prestigieuses expositions temporaires. Et certains se rappelleront quel magnifique écrin était le Grand Palais pour le premier salon du Livre de Paris qui y restera jusqu'en 1992.

LE GRAND PALAIS MENACÉ !

Mais, en 1993, un rivet provenant de la charpente métallique tombe dans la nef. L'édifice est alors déclaré dangereux en raison de son état de détérioration, et est fermé au public ! En outre, les architectes s'aperçoivent que les 3 400 pieux de chêne qui avaient été enfoncés dans le sol marécageux pour servir de piliers commencent à pourrir. Le Grand Palais bouge sur sa base ! Sa destruction semble inévitable, même si le palais de la Découverte et les Galeries nationales resteraient accessibles. Heureusement, des artistes, des amoureux des beaux-arts et des femmes et hommes politiques se mobilisent pour éviter la disparition de ce symbole de Paris. Le Grand Palais est classé monument historique en 2000, puis commence une longue entreprise de travaux de consolidation et de réhabilitation. Aujourd'hui, ce joyau parisien brille de mille feux pour toutes sortes de manifestations culturelles et festives… ◆

2100

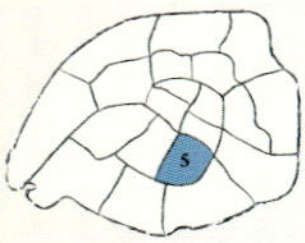

ADRESSE

39, rue Geoffroy-Saint-Hilaire, 5e
Tél. : 01 45 35 97 33
Place-Monge
www.mosquee-de-paris.org

CRÉATION

Inaugurée le 16 juillet 1926.

LA GRANDE MOSQUÉE

À l'origine, la Grande Mosquée a été conçue pour être un hommage aux nombreux soldats musulmans morts pour la France lors de la Première Guerre mondiale.

1900

UN HOMMAGE AUX MUSULMANS

La Grande Mosquée de Paris a été construite au lendemain de la Première Guerre mondiale. Pourtant, cela faisait déjà plusieurs années qu'une telle construction avait été évoquée à Paris. Au cours de la seconde moitié du XIXe siècle, des voix (émanant notamment du Comité de l'Afrique française) se sont ainsi fait entendre pour réclamer la naissance d'un lieu de culte musulman. Mais les oreilles restées sourdes à ce projet n'y deviendront attentives qu'après le terrible fracas des armes qui a déchiré l'humanité entre 1914 et 1918. Durant cette guerre affreuse, plus de 100 000 combattants de religion musulmane sont morts en défendant le drapeau tricolore – dont 50 000 uniquement pendant la bataille de Verdun. La prise de conscience de ce sacrifice massif va permettre la réalisation d'une première mosquée dans l'Hexagone. On décide de l'ériger à l'emplacement de l'ancien hôpital de la Pitié, là où, en 1612 et à la demande de la reine Marie de Médicis, a été fondé un hospice pour des personnes malades et démunies. Baptisé « Notre-Dame de la Pitié », il a été détruit en 1912, après trois cents ans de bons et loyaux services.

UN CHEF-D'ŒUVRE ARCHITECTURAL

C'est donc sur ce terrain de 7 500 m² laissé vacant que la mosquée de Paris est enfin construite, entre 1922 et 1926, par les architectes Hubès, Fournez et Mantout. S'inspirant de la mosquée Karaouiyine de Fès (une des plus importantes du Maroc et une des plus anciennes au monde), ils confient sa partie décorative, et en particulier les mosaïques, à des artisans spécialisés d'Afrique du Nord qui utilisent des matériaux traditionnels. Les décors intérieurs – notamment les ornementations

des coupoles – sont somptueux. L'édifice comprend une cour d'honneur, agrémentée d'un jardin et de fontaines, un patio, une salle de prières et un minaret de 33 m, d'où un muezzin lance les appels à la prière à destination des musulmans présents dans la cour. Avec la confession de la foi, l'aumône légale, le jeûne lors du mois de Ramadan et le pèlerinage, la prière est en effet l'un des cinq piliers de l'islam. Elle doit être effectuée cinq fois par jour en direction de La Mecque, et plus précisément de la Kaaba, un édifice cubique placé au centre de la grande mosquée mecquoise. Il est donc primordial d'indiquer cette orientation aux musulmans grâce au « mihrab », une niche creusée dans le « mur qibla » situé au fond de toutes les mosquées.

UNE MOSQUÉE OUVERTE À TOUS

De nos jours, la Grande Mosquée de Paris, dirigée par le recteur Dalil Boubakeur, attire bien sûr de nombreux croyants et pratiquants musulmans, mais aussi de plus en plus de non musulmans à la recherche d'une connaissance et d'une culture ancestrale. Quant à l'appellation « Institut musulman », elle désigne un ensemble architectural composé à la fois d'un lieu de culte, d'une école coranique – la *medersa* –, d'une bibliothèque, d'une salle de conférences, ainsi que d'un salon de thé et d'un patio, lieux de calme, de repos et d'échange. Enfin, n'oublions pas de mentionner le restaurant et le hammam de la mosquée, qui permettent à tous de venir profiter des douceurs orientales... ◆

INFORMATIONS
16 lignes
300 stations
longueur du réseau : 214 km
@ www.ratp.fr

CRÉATION
Première ligne ouverte le 19 juillet 1900.

LE MÉTROPOLITAIN

Après avoir déchaîné les passions, les travaux titanesques du métropolitain sont entrepris à la fin du XIXe siècle. On doit leur réalisation à un ingénieur de renom, Fulgence Bienvenüe.

1900

UN PROJET CONTROVERSÉ CHEZ LES ÉLUS...

Le métro parisien n'est pas le premier au monde, loin s'en faut. À l'ouverture de la première ligne parisienne, en 1900, il en existe déjà à Londres (1863), à New York (1868), à Berlin (1872), à Istanbul (1875), à Chicago (1892) et à Budapest (1896). Si Paris est ainsi à la traîne, c'est que, pendant une vingtaine d'années, ses élus ont hésité sur sa conception. Que choisir pour la plus belle ville du monde : un réseau souterrain ou un réseau aérien sur le modèle des métros américains ? Un réseau indépendant et exclusivement urbain, répondant ainsi prioritairement aux besoins des habitants, comme le souhaite la Ville de Paris, ou bien un réseau interconnecté avec les principales voies ferrées, adapté aux attentes des entreprises – idée soutenue par l'État et les grandes compagnies de chemin de fer ? Pendant près de dix ans, entre 1880 et 1890, l'État et la Ville de Paris vont s'affronter pour savoir quel concept l'emportera. Chacun avance ses arguments et ses solutions, osant les idées les plus farfelues, comme la superposition de deux voies au lieu de leur placement côte à côte, ou bien encore la mise en place d'une quadruple voie ferrée aérienne passant à 6 m au-dessus des ponts... L'ensemble de ces propositions a pour seul point commun de susciter l'opposition farouche de la Compagnie générale des omnibus et des propriétaires de voitures de louage qui craignent la fin de leurs privilèges !

LE PÈRE DU MÉTRO PARISIEN
Fulgence Bienvenüe (1852-1936), d'origine bretonne, est un ingénieur des Ponts et Chaussées à qui l'on doit notamment la construction des lignes de chemin de fer reliant Fougères à Vire et Alençon à Domfront. C'est d'ailleurs à cette occasion qu'un terrible accident lui fit perdre son bras gauche, en 1881. Il fit par la suite poser les rails de la ligne Paris-Strasbourg, surveilla les chemins de fer du Nord (p.148). Mais c'est véritablement en tant que père du métro parisien qu'il s'est rendu célèbre. En 1933, son nom a été donné de son vivant à la station Bienvenüe (qui fusionnera avec la station Montparnasse en 1942).

... ET CHEZ LES PARISIENS !

En dehors des querelles administratives, ces projets déchaînent également les passions dans l'opinion publique, partisans et adversaires s'affrontant sans relâche. Les pires scénarios sont évoqués : certains affirment qu'en creusant en profondeur on

MONUMENT
XXe siècle

2100

risque de provoquer l'effondrement de maisons ; d'autres ajoutent que les travaux vont faire remonter à la surface des miasmes et des odeurs fétides ! Sans compter les risques de pneumonie, la peur de se rompre le cou en dévalant les innombrables marches et l'angoisse de se faire électrocuter… Quant aux détracteurs du réseau aérien, c'est la défiguration du paysage parisien qu'ils mettent en avant. Bref, le métropolitain est diabolisé !

PARIS SENS DESSUS DESSOUS

Pour construire les premières lignes du métro parisien, les ouvriers travaillèrent à la main avec des pelles et des pioches... Certaines lignes furent creusées à ciel ouvert avant d'être « refermées » pour permettre à la rue de se réinstaller par-dessus... Certains tronçons de la Seine furent même « congelés » pour faciliter le creusement... C'est bien simple, depuis le baron Haussmann, on n'avait jamais vu cela à Paris !

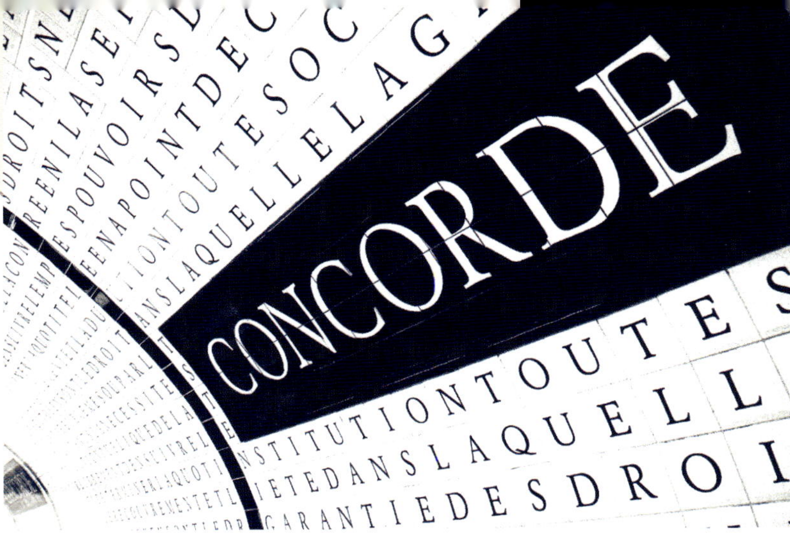

FULGENCE BIENVENÜE, L'HOMME PROVIDENTIEL

Finalement, en 1897, la Ville de Paris l'emporte et le conseil municipal adopte un projet de réseau souterrain. La Compagnie générale de traction, dont le dossier est retenu, confie la direction des travaux à un ingénieur des Ponts et Chaussées spécialisé dans les lignes de chemin de fer, Fulgence Bienvenüe. L'avant-projet de cet inspecteur général de la Ville de Paris comporte une ligne circulaire (Étoile-Nation-Étoile), une ligne transversale d'est en ouest (avenue Gambetta-porte Maillot) et une autre ligne allant du nord au sud (porte de Clignancourt-porte d'Orléans).

DES PORTES AÉRIENNES VERS UN MONDE SOUTERRAIN...

C'est le baron Empain, l'homme qui a présidé aux destinées de la Compagnie générale de traction, l'entreprise retenue pour réaliser la première ligne du métro, qui choisit personnellement l'architecte Hector Guimard pour concevoir les magnifiques entrées des stations du métro. Il s'agissait de créer un lien entre le monde extérieur et cette descente vers les entrailles de la terre ; cette « porte » devait être légère, attractive et donner envie aux voyageurs de prendre le métro. Chantre de l'Art nouveau, Hector Guimard imagina cet habillage de style « libellule », dont on peut encore voir un exemplaire à la station « Porte-Dauphine », sur la ligne 2.

DES TRAVAUX TITANESQUES

Dans le cahier des charges, la première voie doit absolument être inaugurée pour l'Exposition universelle de 1900, soit à peine un an et demi après le coup de pelle inaugural du 4 octobre 1898 ! Cette ligne 1 doit relier la porte de Vincennes à la porte Maillot, en desservant 18 stations. Face à ce chantier d'envergure, Bienvenüe demande la contribution de 2 000 terrassiers qui se relaient par équipes, de jour comme de nuit. Car les défis sont de taille : il faut quotidiennement évacuer une masse de 1 000 m³ de déblais, dévier les égouts et les diverses canalisations enterrées, éviter les cours d'eau souterrains et, bien sûr, étayer les tranchées par des coffrages, installer la voûte... Sans oublier qu'il est impensable d'interrompre la circulation en surface sur les prestigieuses voies des Champs-Élysées et de Rivoli ! Les travaux avancent ainsi mètre par mètre...

Enfin, le 19 juillet 1900, à 13 heures, sous une chaleur écrasante, la première ligne du métropolitain est ouverte au public. L'année 1900 est d'ailleurs à marquer d'une pierre blanche dans l'histoire de Paris – que l'on peut qualifier alors de capitale du monde –, puisqu'elle accueille à la fois l'Exposition universelle et les Jeux olympiques d'été !

UN DÉVELOPPEMENT RAPIDE

À peine le métro a-t-il ouvert ses portes que les premiers voyageurs s'y précipitent. Le prix de la place en seconde classe est fixé à 0,15 franc (soit l'équivalent de 3 sous), et celle en première classe à 0,25 franc. Dès le premier jour d'exploitation, 30 000 tickets sont vendus et, en cinq mois, le chiffre record de 16 millions de tickets est atteint !

Pour permettre une extension rapide du réseau, une seconde concession est attribuée en 1903 pour deux nouvelles voies, qui deviendront les lignes 7 et 12. Mais ce n'est pas tout : juste avant le début de la Première Guerre mondiale, en 1914, cinq nouvelles lignes souterraines sont en état de marche. Ces travaux-là ont été difficiles, d'autant que l'incroyable crue de la Seine de 1910 a rendu l'avancée du chantier très délicate.

Pendant la Grande Guerre, les travaux progressent. Moins vite, certes, mais ils se poursuivent. La ligne 12 est achevée, et la ligne 7 est prolongée. Durant la période de l'entre-deux-guerres, de nouvelles lignes sont creusées et, malgré la grande crise financière des années 1920, le métro tisse sa toile souterraine.

C'est au lendemain de la Seconde Guerre mondiale, le 1er janvier 1949, qu'est créée la Régie autonome des transports parisiens (la RATP). Depuis lors, les travaux n'ont jamais cessé, avec de nouvelles liaisons, de nouvelles stations, des trains sur pneumatiques et des lignes entièrement automatisées, comme la 14 et son Méteor… ◆

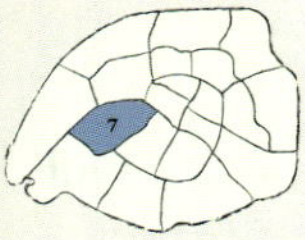

ADRESSE
1, rue de la Légion-d'Honneur, 7e
Tél. : 01 40 49 48 14
Ⓜ Solférino, Musée-d'Orsay
@ www. musee-orsay.fr

CRÉATION
Musée inauguré en 1986.

LE MUSÉE D'ORSAY

Une ancienne gare ferroviaire transformée en musée : quelle révolution !

L'ÉMERGENCE DU TRANSPORT FERROVIAIRE

L'histoire de la gare d'Orsay coïncide avec celle du chemin de fer et du déploiement des grandes compagnies ferroviaires. Dès le début du XIXe siècle sont en effet mises en place des politiques facilitant l'implantation de ce nouveau moyen de transport. Les pouvoirs publics organisent les règles du jeu financier et technique grâce à la loi du 11 juin 1842, acte fondateur du réseau ferré français. Elle définit le partage des tâches : l'État prend en charge les infrastructures et les ouvrages d'art, tandis que la gestion des bâtiments, des voies et du matériel roulant revient aux compagnies. L'une des premières à voir le jour est la Compagnie Paris-Orléans, qui se lance à la conquête de l'Ouest de la France. En 1843, la ligne principale reliant Paris à Orléans est ouverte et devient la colonne vertébrale d'un réseau qui étend rapidement ses ramifications. Ainsi apparaissent la ligne Paris-Bordeaux en 1853 et celle de Clermont-Ferrand par Nevers en 1855. Peu avant la guerre de 1870, la compagnie possède l'ensemble des voies desservant ou reliant entre elles les villes de Tours, Limoges, Brive, Montluçon, Aurillac, ainsi que de nombreuses agglomérations du Massif central.

CLIN D'ŒIL À Mme LALOUX
Victor Laloux a conçu une façade de gare élégante et raffinée, ornée de trois grandes sculptures symbolisant les villes de Toulouse, Bordeaux et Nantes. La ville de Nantes y est représentée avec le visage de Mme Laloux, hommage rendu par le sculpteur Jean-Antoine Injalbert à l'architecte !

LE PALAIS D'ORSAY : UNE HISTOIRE MOUVEMENTÉE

Mais revenons à Paris… Sur les bords de Seine, côté rive gauche, là où s'élèvera plus tard la gare d'Orsay, on trouve au milieu du XVIIIe siècle une entreprise de « coches pour la cour » : dans un vaste local sont garées les voitures assurant les transports vers Versailles, Saint-Germain-en-Laye, Fontainebleau ou Compiègne. Par la suite, le bâtiment sera transformé partiellement en caserne. Puis, au début du XIXe siècle, le pouvoir sollicite les talents de plusieurs architectes afin d'édifier le palais d'Orsay destiné d'abord au ministère des Affaires étrangères, ensuite à celui du Commerce, avant d'être finalement affecté à la Cour des comptes et au Conseil d'État. Malheureusement, le palais est incendié en 1871, sous la Commune.

UNE NOUVELLE GARE PARISIENNE

À la même époque, la Compagnie Paris-Orléans, devenue très puissante, cherche une meilleure implantation parisienne. Jugeant la gare d'Austerlitz trop excentrée, elle saisit l'occasion de l'organisation de

la future Exposition universelle de 1900 pour réclamer un emplacement susceptible d'accueillir une nouvelle gare. L'État accepte alors de lui vendre le terrain sur lequel subsistent les ruines du palais d'Orsay. La compagnie confie la construction du bâtiment à l'architecte Victor Laloux. Il ne s'agit nullement d'un inconnu ! Cet homme né à Tours en 1850 a reçu le prix de Rome en 1878 et a déjà travaillé pour la reconstruction de la crypte de Saint-Martin dans sa ville natale. En plus du chantier de la gare d'Orsay, on lui demande de concevoir, dans le prolongement, un vaste hôtel de luxe (de 370 chambres !) destiné à recevoir les voyageurs (cet hôtel ferma en 1973 mais il faut absolument découvrir les salons d'honneur parfaitement conservés).

L'édifice est inauguré le 14 juillet 1900 à l'occasion de l'Exposition universelle. Il est d'abord appelé « gare d'Orléans », puis « gare d'Orsay », en souvenir de Charles Boucher d'Orsay, prévôt des marchands de Paris au début du XVIIIe siècle – son nom ayant déjà été attribué au quai de Seine sur lequel se trouve cette gare.

Considérée comme la première station moderne destinée aux locomotives électriques, la gare bénéficie d'une décoration intérieure particulièrement soignée – aussi soignée que celle des Petit et Grand Palais, ce qui en fait, du même coup, un véritable palais dédié à la modernité !

UNE RÉHABILITATION DE LONGUE HALEINE

Dès 1939, ses quais devenant trop courts pour l'évolution des transports ferroviaires, l'édifice voit sa fonction limitée au trafic de banlieue (qui prendra lui-même fin au début des années 1970). Ce lieu gigantesque, qui a accueilli des prisonniers rentrant de captivité en 1945, puis qui s'est transformé en théâtre pour recevoir la compagnie Renaud-Barrault en 1972, est finalement classé monument historique en 1973, ce qui permet de le sauver de la destruction. Il faudra attendre la fin des années 1970 pour que les pouvoirs publics décident d'en faire un musée consacré au XIXe siècle (avec notamment des œuvres des impressionnistes provenant des collections du Louvre et du musée du Jeu-de-Paume). Une place importante y est aussi faite à la sculpture monumentale, à l'architecture, aux arts décoratifs et à la musique ainsi qu'à l'organisation de nombreuses expositions temporaires. ◆

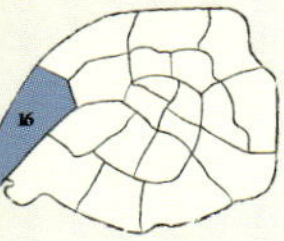

ADRESSE
2, rue Louis-Boilly, 16e
Tél. : 01 44 96 50 33
Ranelagh, La Muette
www.marmottan.com

CRÉATION
Ouvert en 1934.

LE MUSÉE MARMOTTAN-MONET

Voici l'histoire de cet ancien pavillon de chasse devenu un haut lieu de l'impressionnisme, abritant un des tableaux les plus célèbres du monde…

1900

JULES ET PAUL MARMOTTAN, AMATEURS D'ART

Le musée Marmottan-Monet, à proximité du bois de Boulogne, est un ancien pavillon de chasse ayant appartenu au duc de Valmy. En 1882, l'hôtel est acheté par Jules Marmottan, alors trésorier général de la Gironde, mais aussi, et surtout, homme d'affaires, créateur de la compagnie houillère du bassin de Bruay. Il meurt malheureusement l'année suivante, et c'est son fils Paul Marmottan qui lui succède. Cet ancien conseiller de préfecture est passionné d'histoire, de belles-lettres et de beaux-arts : il est à la fois critique d'art (auteur de *L'École française de peinture 1789-1830* et de *Notice sur Louis et François Watteau*) et collectionneur. C'est pourquoi il décide de transformer l'ancien relais de chasse en un lieu d'exposition dédié à son goût pour la peinture et le mobilier datant du Consulat et de l'Empire. À sa disparition, en 1932, l'esthète lègue son hôtel particulier à l'Académie des beaux-arts, formulant le souhait qu'il devienne un musée.

IMPRESSION, SOLEIL LEVANT

Ce titre a été donné par Monet lui-même lors de sa première exposition chez Nadar. C'est en fait pour le catalogue qu'il faut rapidement baptiser la toile. Monet souhaite l'intituler *Impression* et c'est la personne chargée du catalogue qui lui suggère *Soleil levant* en observant le chef-d'œuvre. C'est ainsi qu'a été choisi en catastrophe un titre qui deviendra l'un des plus célèbres au monde ! Dès le mois de mai 1874, la toile est achetée par Ernest Hoschedé et, quatre ans plus tard, lors d'une vente judiciaire, le docteur de Bellio en devient propriétaire…

GEORGES DE BELLIO ET LES IMPRESSIONNISTES

Des donations successives vont permettre la réalisation de son vœu. D'abord dédiées à l'Empire, les collections s'orientent progressivement vers l'impressionnisme. Le tournant de l'histoire se déroule en 1957, lorsque Mme Victorine Donop de Monchy confie au musée Marmottan la collection de tableaux qu'elle a héritée de son père, le docteur Georges de Bellio. Ce dernier a été le médecin homéopathe de plusieurs artistes célèbres comme Édouard Manet, Camille Pissarro, Auguste Renoir et Claude Monet. C'est d'ailleurs en achetant une de ses toiles que le docteur de Bellio est devenu un ami proche de Monet. Ce médecin amateur d'art possédait notamment la célèbre

toile *Impression, soleil levant,* chef-d'œuvre à l'origine du mouvement impressionniste.

Plusieurs autres donations seront faites au cours des ans, qui viendront enrichir les trésors du musée Marmottan. Citons la collection d'Henri Duhem et de son épouse Mary Sergeant (léguée en 1987), ou encore les nombreuses enluminures offertes par la famille Wildenstein (en 1980). La plus marquante des donations reste certainement celle de Michel Monet, second fils du peintre, qui a confié en 1966 à l'institution de nombreuses œuvres de son père. Dès lors, le musée Marmottan est devenu le musée Marmottan-Monet...

UN TABLEAU PARMI LES PLUS CÉLÈBRES DU MONDE

Né à Paris en 1840, Claude Monet a grandi au Havre. Il commence sa carrière artistique en dessinant des caricatures. Sa rencontre avec Eugène Boudin, en 1858, est décisive, car elle lui permet de prendre la mesure de son talent lorsqu'il se met à peindre en pleine nature. Quittant Le Havre pour Paris, Monet y fait la connaissance de nombreux peintres comme Pissarro, Renoir ou encore Sisley. À l'époque, dans les années 1860, ces artistes novateurs et non « académiques » sont sévèrement jugés par la critique, les amateurs et les marchands d'art, à tel point qu'ils ne sont jamais conviés à exposer dans des salons. Ils décident alors de créer une société d'artistes qui oblige chacun d'eux à verser 1/10e de leurs bénéfices. Ce petit pécule leur permet d'organiser une exposition qui ouvre ses portes le 15 avril 1874, dans le studio du photographe Nadar, boulevard des Capucines. Chaque artiste expose quelques toiles ; Claude Monet en apporte cinq, dont une peinte au Havre intitulée *Impression, soleil levant.* Devant ce tableau, Louis Leroy, journaliste au *Charivari,* s'exclame : « Impression, j'en étais sûr. Je me disais aussi puisque je suis impressionné, il doit y avoir de l'impression là-dedans ! » Il vient de donner naissance à un nouveau mot : l'impressionnisme. Plus qu'un néologisme, c'est une véritable école picturale qui voit alors le jour. ◆

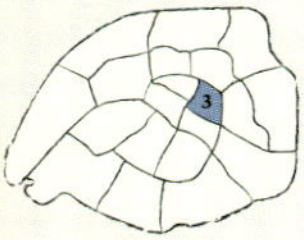

ADRESSE
5, rue de Thorigny, 3e
Tél. : 01 42 71 25 21
Saint-Paul, Saint-Sébastien-Froissart
www.musee-picasso.fr

CRÉATION
Créé en 1985.

LE MUSÉE PICASSO

Le musée Picasso est hébergé dans le splendide hôtel Salé. Comment les œuvres de ce célèbre peintre anticonformiste sont-elles venues habiter ce bel hôtel particulier de style classique ?

UNE DEMEURE BIEN FONCTIONNELLE

Au XVIIe siècle, un certain Pierre Aubert de Fontenay achète le terrain à des religieuses pour y faire construire le magnifique hôtel Salé. Celui-ci deviendra l'un des plus grands du quartier du Marais (p. 64) avec sa façade de plus de 42 m de long… Cette réussite architecturale est achevée en 1659 par Jean Boullier de Bourges. Ce qui est peu courant, c'est que cette demeure va prendre son appellation, non pas de son propriétaire, mais de sa fonction ! Car Pierre Aubert de Fontenay est non seulement trésorier général de l'artillerie, mais aussi fermier général des gabelles, c'est-à-dire qu'il est chargé de percevoir l'impôt sur le sel au nom de l'État, en échange de quoi il verse au trésor royal une somme forfaitaire.

Mais cet homme puissant va être entraîné dans la disgrâce du surintendant des finances Nicolas Fouquet, que Louis XIV a fait arrêter – ce qui est logique, puisque le premier collectait les impôts et que le second était le puissant ministre des Finances du Roi-Soleil. Les biens de Pierre Aubert de Fontenay sont saisis, et il doit abandonner sa splendide demeure, qui n'est même pas encore achevée. Pour lui aussi, « la note a été salée » !

DE VENISE À PARIS

Après le départ forcé de son bâtisseur et premier propriétaire, l'hôtel Salé connaît plusieurs occupants successifs. Ainsi, dès 1668, il est loué à l'ambassade de Venise. Pendant seize ans, jusqu'en 1684, c'est le représentant de la Sérénissime qui y habite – ce qui n'a rien d'étonnant quand on sait que cet hôtel est situé dans le Marais !

Parmi les autres occupants des lieux, on trouve le maréchal duc de Villeroy, Nicolas Le Camus, un haut magistrat qui décorera l'hôtel de nouvelles boiseries, puis le dernier archevêque de Paris avant la Révolution, Mgr de Juigné.

Sous la Révolution, la vaste demeure est confisquée et devient finalement un dépôt de livres ; ensuite y sont installées des écoles et des institutions. Il faudra attendre 1964 pour que la Ville de Paris en fasse l'acquisition, avant de restaurer patiemment l'édifice dix ans plus tard.

UN MUSÉE COMME HÉRITAGE

Le 8 avril 1973, Pablo Picasso disparaît, laissant derrière lui l'une des œuvres les plus riches, les plus éclectiques et les plus prolifiques de son temps. Celui qui est considéré comme l'un des plus grands peintres

du XXe siècle était né à Malaga en 1881. Cet enfant très doué, fils d'un professeur de l'école des beaux-arts, ne tarde pas à dépasser son père. Dès la fin du XIXe siècle, il peint ses premières toiles. Au cours de plusieurs séjours à Paris, à partir de 1900, il fréquente quelques peintres catalans et d'augustes aînés tels que Paul Gauguin, Henri de Toulouse-Lautrec ou Pierre Puvis de Chavannes. Associé par la suite à plusieurs écoles picturales comme le cubisme ou le surréalisme, cet artiste mondialement connu marquera profondément le XXe siècle de son empreinte. Il lègue aussi à ses héritiers un fonds de peintures d'une valeur de plusieurs millions d'euros. Mais comment payer les droits de successions sur un tel patrimoine ? C'est grâce à la loi française sur la « dation », qui permet de payer les droits de succession au moyen d'œuvres d'art, que l'État se retrouve à la tête de centaines d'œuvres de Picasso, en récupérant plus de 1 500 dessins et 251 peintures, sans oublier des dizaines de sculptures et de céramiques. Cela constituait incontestablement de quoi créer un musée dédié à l'œuvre de l'artiste… Ce qui fut chose faite dans l'hôtel Salé, loué dès 1975 et inauguré officiellement en tant que musée Picasso en 1985.

Aujourd'hui, c'est afin de mieux présenter ses chefs-d'œuvre et de mieux accueillir ses visiteurs que le musée est fermé jusqu'en 2012. ◆

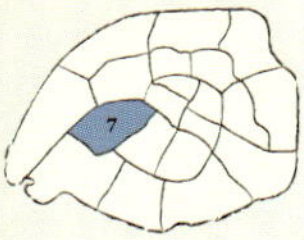

ADRESSE
77, rue de Varenne, 7e
Tél. : 01 44 18 61 10
Ⓜ Varenne
@ www.musee-rodin.fr

CRÉATION
Ouvert le 4 août 1919.

LE MUSÉE RODIN

Construit au XVIIIe siècle, l'hôtel Biron a vu défiler bien des propriétaires ! Mais, depuis maintenant plus d'un siècle, c'est le souvenir de Rodin qui hante ses murs.

UN HÔTEL FASTUEUX POUR UN NOUVEAU RICHE

L'histoire commence avec un riche perruquier du Languedoc, Abraham Peyrenc de Moras, promu maître des requêtes au Conseil d'État. Pour marquer sa réussite sociale, il commande vers 1730 une magnifique demeure à Jean Aubert, suivant les dessins de Jacques Gabriel. L'édifice devient ensuite la propriété du maréchal de Biron, qui lui a légué son nom, sans doute en raison du souvenir qu'il y a laissé : ce gouverneur du Languedoc a fait de son hôtel un lieu de festivités célèbre en son temps et y a créé de somptueux jardins ouverts à tous. Après lui, le duc de Charost en fait l'acquisition, avant que sa veuve ne décide de le vendre en 1820 aux dames de la société du Sacré-Cœur de Jésus. Cette communauté, composée de religieuses enseignantes, occupera tous les bâtiments. Les pensionnaires, des jeunes filles issues de l'aristocratie, sont installées dans l'hôtel et les religieuses dans les dépendances. Elles y font construire en 1823 la chapelle du Sacré-Cœur, remaniée en 1876 par l'architecte Jean Lisch. Mais, vingt-huit ans plus tard, la communauté est dissoute par arrêté ministériel. Nous sommes en 1904, et la France s'apprête à voter la « loi de séparation de l'Église et de l'État ».

UN LIEU DÉDIÉ À L'ART

Pendant quelques mois, l'hôtel Biron est transformé en école municipale, avant d'accueillir des artistes, comme Rainer Maria Rilke, Isadora Duncan ou encore Matisse et Cocteau. À partir de 1908, le bâtiment est entièrement consacré à l'art ; dès cette époque, le sculpteur Rodin y séjourne. Il sera autorisé à y rester après le rachat de la propriété par l'État en 1910. En échange, il signe un accord léguant à l'État ses œuvres, à condition qu'elles soient exposées dans l'hôtel Biron.

Porté par une volonté commune de l'artiste et de l'État, le musée Rodin voit ainsi le jour en 1919, soit deux ans après la mort de l'artiste ; il occupe à la fois l'hôtel et l'ancienne chapelle, qui sera par la suite transformée en salle d'exposition.

LE PENSEUR

L'histoire de cette sculpture est pour le moins étonnante. Il faut remonter à la fin du XIXe siècle pour découvrir son origine. À cette époque, les élections sénatoriales de janvier 1879 permettent aux républicains de prendre le pouvoir. La formation d'un nouveau gouvernement offre à Edmond Turquet le sous-secrétariat d'État aux Beaux-Arts. C'est grâce à lui que tout

commence pour Auguste Rodin. Alors âgé de 39 ans, l'artiste a déjà plusieurs fois proposé ses talents dans l'espoir de recevoir une commande officielle, mais sans succès ; tout au moins jusqu'en 1880, année charnière pour lui. En effet, le Gouvernement projetant la création d'un nouveau musée des Arts décoratifs, Edmond Turquet commande à Rodin la réalisation d'une porte gigantesque ornée de bas-reliefs représentant *La Divine Comédie* de Dante, qui prendra le nom de *Porte de l'Enfer* à partir de 1917. De longs mois de réflexion sont nécessaires à l'artiste pour concevoir l'œuvre dans son ensemble, à laquelle participera Camille Claudel. Il a raconté ainsi à un journaliste la naissance du célèbre *Penseur* : « Devant cette porte, mais sur un rocher, Dante, absorbé dans sa profonde méditation, concevait le plan de son poème. Mais ce projet n'aboutit pas. Maigre, ascétique dans sa robe droite, mon Dante, séparé de l'ensemble, eût été sans signification. Guidé par ma première inspiration, je conçus un autre Penseur, un homme nu, accroupi sur un roc où ses pieds se crispent. Les poings aux dents, il songe. La pensée féconde s'élabore lentement dans son cerveau. Ce n'est point un rêveur. C'est un créateur ! »

LES BOURGEOIS DE CALAIS

Cette sculpture illustre une page marquante de l'histoire de Calais. Au XIVe siècle, Le roi d'Angleterre Édouard III, prétendant au trône de France, déclenche la guerre de Cent Ans. Après la destruction de la flotte française, il remporte la victoire de Crécy et, en août 1347, met fin au siège de la ville de Calais. Mécontent d'avoir dû sacrifier des troupes pour s'assurer le port de la Manche, il est bien décidé à faire raser la cité. Mais, suivant les conseils de son entourage, il accepte de l'épargner à condition que six des plus notables bourgeois de la ville se présentent devant lui, en chemise, tête et pieds nus, la corde au cou, afin de lui remettre les clés de la cité. Déterminés à sauver les vies de leurs concitoyens, les bourgeois acceptent le marché. Ils se présentent devant le roi d'Angleterre et lui offrent les clés de leur ville en implorant sa grâce. Mais la colère du souverain est telle qu'il exige leur exécution. Seule la reine parviendra à arrêter son bras vengeur et à le faire changer d'avis ! Les six hommes ont été immortalisés en 1884 par Auguste Rodin dans une très émouvante sculpture, qu'il réalisa dans l'hôtel Biron… ◆

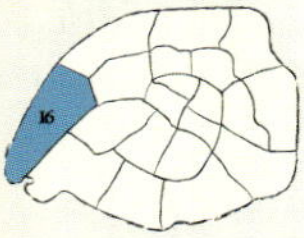

ADRESSE

Parvis des Libertés-et-des-Droits-de-l'Homme, 16e
Tél. : 01 44 05 39 10
Ⓜ Trocadéro
@ www.citechaillot.fr

CRÉATION

Construction achevée en 1937.

LE PALAIS DE CHAILLOT

« Chaillot » est aujourd'hui surtout associé à la vue que la colline offre sur la tour Eiffel. Mais cet emplacement privilégié a attisé au fil des siècles bien des convoitises...

1900

LA CAMPAGNE À PARIS

Sur la colline où s'étendait autrefois le petit village de Chaillot, la reine Catherine de Médicis, qui habite au Louvre depuis la mort de son mari Henri II, décide en 1583 de construire une maison de campagne ; sur les pentes, elle aménage des jardins en terrasses descendant jusqu'aux rives de la Seine. Par la suite, les propriétaires successifs de la demeure l'agrandiront ; au XVIIe siècle, elle devient même un château, que les religieuses du monastère de la Visitation-Sainte-Marie rachètent en 1651 pour en faire un couvent. Mais celui-ci sera fermé sous la Révolution.

LE « TROCADÉRO », UN SOUVENIR TRIOMPHAL

En 1823, Louis XVIII décide d'intervenir en Espagne afin de permettre au souverain Ferdinand VII, un Bourbon, de conserver son pouvoir. Depuis 1812, en effet, ce monarque se retrouve face à une insurrection révolutionnaire et réclame l'intervention des puissances alliées pour mater le danger. Sous les ordres du duc d'Angoulême, un puissant corps expéditionnaire français est donc envoyé en Espagne et pénètre dans Madrid le 23 avril 1823. Voyant les Français approcher, les insurgés se retirent à Séville puis à Cadix. En arrivant à proximité de cette ville, les soldats français s'attaquent à sa principale défense, un fort baptisé Trocadéro. En quelques heures, la bataille est gagnée. Le retour de la troupe en France sera triomphal !

MAIS QUE FAIRE DE CHAILLOT ?

À son emplacement, Napoléon Ier envisage la construction d'un immense palais destiné à recevoir non seulement la famille impériale, mais aussi des princes, des artistes et des scientifiques. L'empereur décrit ainsi son projet : « Je veux créer un Kremlin, cent fois plus beau que celui de Moscou, ce sera ma cité impériale, la cité napoléonienne ! » Chose étonnante, c'est en 1812 que l'empereur prononce cette phrase, c'est-à-dire précisément l'année de la terrible et dramatique campagne de Russie au cours de laquelle il tente de détruire le Kremlin de Moscou ! C'est d'ailleurs en grande partie à cause de cette campagne militaire que son projet parisien n'a jamais vu le jour, même si les premiers travaux d'aménagement de la colline ont commencé !

UN MONUMENT COMMÉMORATIF

Afin de célébrer la gloire des armées françaises et la prise du fort espagnol de Trocadéro, le successeur de Louis XVIII, son frère Charles X, souhaite ériger un obélisque sur la colline de Chaillot. Le projet reste lettre morte. Toutefois, un « fort du Trocadéro » en carton-pâte est installé sur la colline lors d'un spectacle organisé en 1827 afin de commémorer la triomphale victoire.

LE PALAIS DU TROCADÉRO

En 1869, une place est aménagée sur la colline de Chaillot ; elle prendra le nom de « place du Trocadéro » à partir de 1877. L'année suivante, pour l'Exposition universelle, le pouvoir décide de créer le palais du Trocadéro ; celui-ci n'est pas destiné à devenir l'un des pavillons de l'Exposition, mais doit faire office de salle de concert et de congrès. L'architecte Gabriel Davioud imagine un bâtiment de style mauresque au sommet de la colline : une rotonde entourée de deux tours et de deux minarets. Pour décorer la tribune d'honneur du palais, une multitude de sculptures sont installées, dont six représentations féminines des différents continents et quatre sculptures d'animaux – la plupart de ces œuvres sont aujourd'hui visibles au musée d'Orsay (p. 206). Durant plus d'un demi-siècle, le palais du Trocadéro, qui accueille notamment le musée des Monuments français et le premier musée d'Ethnographie, va surplomber la Seine.

D'UN PALAIS À L'AUTRE

À l'occasion de la nouvelle Exposition universelle de 1937, le palais du Trocadéro va offrir sa place et une partie de son ossature à un nouveau bâtiment, le palais de Chaillot. On détruit l'ancien édifice, mais en conservant les ailes majestueuses qui se déploient face à la Seine. À la place, on conçoit une immense esplanade sous laquelle est installé un théâtre (l'actuel Théâtre national de Chaillot). De part et d'autre sont construits deux grands pavillons surmontés de sculptures monumentales en bronze représentant, sur l'un, *Les Éléments* et, sur l'autre, *Les Connaissances humaines* – c'est-à-dire l'Art et l'Industrie. Ce chantier important est confié aux architectes Jacques Carlu, Louis Boileau et Léon Azéma qui utilisent du calcaire doré de Massangis (dans l'Yonne) pour décorer l'extérieur du bâtiment.

Depuis, le palais a accueilli différents musées consacrés aux arts et aux sciences. On y trouve aujourd'hui le musée de l'Homme, le musée de la Marine, ainsi que la Cité de l'architecture et du patrimoine. Quant au Trocadéro, il ne désigne plus désormais que la place et les jardins qui couvrent les pentes de la colline de Chaillot. ◆

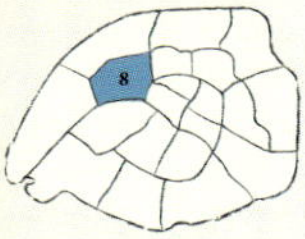

ADRESSE
Avenue Winston-Churchill, 8e
Tél. : 01 53 43 40 00
Ⓜ Champs-Élysées-Clemenceau
@ www. petitpalais.paris.fr

CRÉATION
Inauguré le 11 décembre 1902.

LE PETIT PALAIS

Plus discret mais peut-être plus majestueux que le gigantesque Grand Palais, le Petit Palais n'a rien à lui envier.

1900

L'EXPOSITION UNIVERSELLE DE 1900

Tous deux ont été créés à l'occasion de l'Exposition universelle organisée à Paris en 1900, et sont conçus par l'architecte Charles Girault. Ce dernier, né à Cosne-Cours-sur-Loire, dans la Nièvre, en 1851, a remporté le prix de Rome en 1880 et a décroché une première médaille en réalisant la restauration de la villa d'Hadrien en 1888. Avec le chef-d'œuvre d'architecture qu'est le Petit Palais, c'est un grand prix qu'il obtient en 1900, lors de l'inauguration de l'Exposition universelle destinée à fêter en grande pompe le changement de siècle !

Face à son voisin à l'architecture innovante, le Petit Palais semble témoigner d'une persistance du classicisme : si son auguste grand frère met à l'honneur des matériaux comme le fer et le verre, lui est conçu essentiellement à partir de la pierre, parfaitement agencée et sculptée pour offrir aux visiteurs de somptueuses décorations. Ne nous y trompons pas cependant : bien que les thèmes de ces sculptures soient classiques, leurs réalisations sont empreintes de modernisme, comme ces deux génies ailés semblant s'envoler de la façade donnant sur l'avenue Winston-Churchill (à gauche trône le génie de la Peinture et à droite le génie de la Sculpture). Ces deux femmes au visage noble et au corps longiligne sont l'œuvre de René de Saint-Marceaux. Une autre sculpture marquante, réalisée par Jean-Antoine Injalbert, est *La Ville de Paris protégeant les arts* : elle représente une femme assise tenant dans son bras gauche le célèbre navire symbolisant Paris (*Fluctuat Nec Mergitur*) ; autour d'elle sont disposés des hommes et des femmes, un cheval et des symboles représentant les arts. Ne manquez pas non plus les deux groupes installés de part et d'autre du large escalier : à droite, *La Seine et ses affluents,* de Désiré Ferrary, montre une belle jeune fille assise, entourée de personnages représentant les cours d'eau qui s'associent pour faire de la Seine un fleuve majestueux ; et, à gauche, *Les Quatre Saisons,* de Louis Convers, mettent en scène quatre jeunes femmes portant des gerbes de blé ou des fruits…

DES COUSINS DANS LE MONDE ENTIER
La façade du musée royal de l'Afrique centrale de Tervuren, en Belgique, également dessinée par Charles Girault, reprend en partie la composition et les motifs du Petit Palais. Quant à l'Opéra vietnamien de Saigon (anciennecapitale de l'Indochine française), il fut construit lui aussi en 1900 et ressemble significativement au Petit Palais parisien !

UNE CONSTRUCTION ÉTONNANTE

Vu du ciel, le bâtiment offre des formes géométriques surprenantes. Sa cour ronde, installée à l'intérieur d'une sorte de quadri-

latère, est particulièrement remarquable. Cette disposition inhabituelle a été imposée par le terrain et par les constructions préexistantes. N'oublions pas que, comme le Grand Palais, c'est à l'emplacement du palais de l'Industrie que le Petit Palais a été bâti. Cet immense palais de l'Industrie avait été érigé à l'occasion de la première Exposition universelle organisée à Paris, en 1855. À l'époque, l'avenue Winston-Churchill n'existait pas encore. Cette vaste construction a donc été détruite en 1899 pour permettre l'édification des deux nouveaux palais.

Conçu pour recevoir une grande rétrospective de l'art français, le Petit Palais a été conservé après l'Exposition universelle ; il est devenu le musée des Beaux-Arts de la Ville de Paris en 1902. Ses collections, qui sont le fruit de plusieurs donations importantes, regroupent plus de 40 000 œuvres couvrant une très vaste période allant de l'Antiquité au XIXe siècle. Les imposantes salles du bâtiment accueillent également de nombreuses expositions temporaires.

Aujourd'hui, les travaux récents de rénovation et de réhabilitation du Petit Palais en font un lieu splendide à taille humaine, avec une boutique et un café doté d'un petit jardin intérieur, qui semblent bien loin du tumulte des Champs-Élysées ! ◆

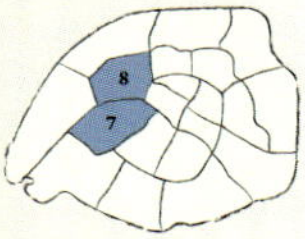

ADRESSE

7e et 8e arrondissements

Ⓜ Invalides

CRÉATION

Inauguré en 1900.

Monument **H**istorique en 1975

LE PONT ALEXANDRE-III

Le pont Alexandre-III est décidément plus qu'une simple passerelle jetée au-dessus de la Seine. C'est une véritable œuvre d'art !

1900

LES ENJEUX DE L'EXPOSITION UNIVERSELLE

L'idée de relier les Invalides aux Champs-Élysées naît dès la première moitié du XIXe siècle. Entre 1824 et 1826, on tente, sans succès, de placer à cet endroit un pont suspendu métallique. Celui-ci sera commencé, mais rapidement détruit pour vice de forme avant même d'être terminé ! En 1893, les difficultés de circulation dans la capitale et la création de la gare des Invalides relancent le projet d'édification d'un pont. Mais la véritable impulsion est due finalement à l'organisation de l'Exposition universelle de 1900. C'est alors tout un quartier allant de la Concorde au Champ-de-Mars qui est réaménagé afin d'être consacré aux nouveautés et aux palais étrangers.

LE SYMBOLE DE L'ALLIANCE FRANCO-RUSSE

Un décret du 5 octobre 1896 déclare que « le pont qui doit être établi en face des Invalides prendra le nom de pont Alexandre-III ». Il faut dire que la France et la Russie viennent de sceller une nouvelle alliance militaire ; pour l'officialiser en « grande pompe », le tsar Nicolas II (le fils d'Alexandre III, décédé deux ans auparavant) et sa femme Alexandra Fedorovna se rendent à Paris le 6 octobre 1896. C'est le président de la République française Félix Faure qui vient accueillir les souverains russes à la gare du bois de Boulogne – le couple impérial était d'abord arrivé par bateau à Cherbourg où l'attendait un train spécial. L'accueil populaire est extrêmement chaleureux pendant ce voyage officiel qui durera une semaine. Au milieu d'un programme très chargé en visites figure la pose de la première pierre du pont, le 7 octobre 1896, devant plus de 900 000 Parisiens et provinciaux qui se pressent de part et d'autre de la Seine pour applaudir les majestés.

La construction est soumise à des impératifs précis : le futur ouvrage doit laisser libre la perspective des Invalides vues des Champs-Élysées et ne comprendre qu'une seule arche pour faciliter la circulation fluviale là où le cours de la Seine s'incurve.

Bâti entre mars 1897 et mars 1900, le pont est entièrement métallique. Son arche unique (de 107,5 m d'ouverture) et surbaissée – ce qui implique de très fortes poussées – enjambe la Seine dans sa totalité et est encadrée par deux viaducs en maçonnerie, un sur chaque rive. C'est le plus large pont de Paris et l'une des belles

UNE PROUESSE TECHNIQUE

Du fait de sa grande portée pour une faible hauteur, le pont Alexandre-III exerce une importante poussée latérale. Afin d'éviter l'écartement des ancrages, les berges ont été considérablement renforcées, et les quatre colonnes des extrémités participent au lestage de l'ensemble.

réussites réalisées à l'occasion de l'Exposition universelle de 1900. Il met la Russie à l'honneur, mais c'est le monde entier qui est présent lors de son inauguration !

UNE DÉCORATION SYMBOLIQUE DE LA BELLE ÉPOQUE

Aux noms des deux ingénieurs Jean Resal et Amédée Alby qui ont conçu ce pont, il convient d'ajouter ceux des deux architectes qui se sont chargés de sa décoration, Cassien-Bernard et Gaston Cousin. Aux quatre extrémités trônent quatre piliers monumentaux avec, à leur sommet, un Pégase cabré en bronze doré – ce cheval ailé de la mythologie grecque évoque à la fois l'eau et l'air puisqu'il est le fils de Poséidon et la monture de Zeus. Chacun de ces Pégase est tenu par une Renommée, elle aussi en bronze doré. À la base des piliers, des groupes en marbre symbolisent la France. On y découvre quatre périodes historiques : la France de Charlemagne, la France de la Renaissance, la France de Louis XIV et la France du XIXe siècle.

Au centre du pont, les clefs de voûte sont ornées de compositions en cuivre martelé représentant des nymphes. Sur le parapet, au pied des piliers, trônent quatre groupes de génies des eaux, avec poissons et coquillages. Citons, enfin, les 32 superbes candélabres dont 28 avec 3 lumières et 4 avec 5 lumières, entourés d'amours et de monstres marins.

À la fin du XXe siècle, d'importants travaux de rénovation ont redonné des couleurs et de l'or à ces grandes sculptures qui semblent vouloir s'envoler de leurs imposants piliers. Désormais, l'ensemble répond avec grâce au magnifique dôme des Invalides, lui aussi redoré. ◆

UNE ALLIANCE CONSTRUCTIVE

En réponse à la construction du pont Alexandre-III, le président Félix Faure posa la première pierre, en 1897, du pont de la Trinité à Saint-Pétersbourg, toujours dans le cadre de l'alliance franco-russe ; ce pont fut inauguré en 1903.

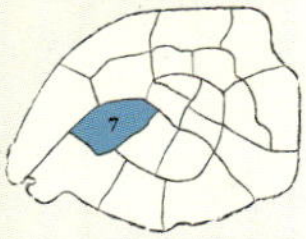

ADRESSE
37, quai Branly, 7e
Tél. : 01 56 61 70 00
Iéna
www.quaibranly.fr

CRÉATION
Inauguré le 20 juin 2006.

LE MUSÉE DU QUAI BRANLY

C'est le président Jacques Chirac, passionné par les arts « premiers » d'Afrique, d'Asie, d'Océanie et des Amériques, qui est à l'origine de ce projet ambitieux, sans équivalent en Europe !

UNE PASSION PRIMITIVE

Jacques Chirac est bien l'homme clé de cette aventure muséographique. Il a toujours été passionné par les civilisations lointaines, temporellement et géographiquement. Adolescent, déjà, il lisait, découvrait, apprenait, emmagasinait d'innombrables informations sur ces civilisations que l'on a appelées « primitives », puis « premières », pour attester de l'antériorité de ces différents arts sur d'autres plus récents. Par la suite, Jacques Chirac a beaucoup côtoyé Georges Pompidou, dont la passion de l'art (bien qu'il s'agisse d'art contemporain) l'influença aussi certainement. Mais ce ne sera qu'au cours des années 1990 que cette passion secrète de Jacques Chirac va se faire connaître et appeler des réalisations concrètes. Alors maire de Paris, il se fait photographier un jour avec un livre consacré à l'art africain posé sur son bureau… Quelque temps plus tard, il est approché par un homme qui lui demande si le livre de la photo a été placé là dans un but purement politique. La réponse de Jacques Chirac est claire : ce n'est pas par calcul politique, mais par passion. L'homme qui vient de l'aborder n'est autre que Jacques Kerdache, qui est non seulement l'un des auteurs de ce livre, mais en plus un collectionneur de ces arts encore appelés « primitifs ». Après avoir parcouru le monde entier, ce dernier est à la tête d'une collection extraordinaire, et il souhaite vivement la création d'un musée ou d'un département « d'arts premiers ». Il s'en ouvre à l'homme politique qui l'écoute attentivement… Cette rencontre entre deux passionnés va être décisive pour l'avenir culturel de Paris !

En 1995, Jacques Chirac, qui vient d'être élu président de la République, demande la création d'un département dédié aux arts premiers au Louvre. Puis, un an plus tard, il annonce la création d'un futur musée qui leur sera totalement consacré… L'aventure vient de commencer !

DES COLLECTIONS À FOISON !
Sculptures Dogon, masques D'mba venus d'Afrique, peaux de bison décorées par les Indiens d'Amérique du Nord, textiles malgaches, statuettes du Mexique précolombien, salles décorées par des aborigènes venus d'Australie… Le musée compte dans ses réserves quelque 300 000 œuvres qui sont présentées à tour de rôle dans des bâtiments volontairement dépourvus de cloisons.

et que les objets soient dans un monde totalement exogène. » Ainsi, l'architecte a souhaité mettre en valeur le contenu du musée plutôt que le contenant, même si les bâtiments qui le constituent sont originaux et fascinants, notamment par cette suite de structures installées sur une sorte de pont métallique qui rend hommage, à sa façon, à la tour Eiffel toute proche, ou encore le mur végétal qui le cache presque entièrement.

Entre le lancement du concours d'architecture et la réalisation du projet, sept années sont nécessaires. Le 20 juin 2006, le président Chirac inaugure officiellement le musée des Arts premiers, en compagnie du Premier ministre Dominique de Villepin et de hautes personnalités comme l'anthropologue Claude Lévi-Strauss, le secrétaire général de l'ONU Kofi Annan et la célèbre militante guatémaltèque Rigoberta Menchù, qui a reçu le Prix Nobel de la paix en 1992 « pour la défense et le respect des droits des populations indigènes, victimes de colonisation et génocide ».

Le musée du quai Branly propose aujourd'hui un véritable voyage dans le temps et l'espace. Il rassemble des collections provenant de plusieurs musées, dont celui de l'Homme, ce qui a provoqué de nombreuses protestations. Mais, en dépit des multiples obstacles qui se sont dressés, il fait désormais partie des grands livres français ouverts sur le patrimoine du monde... ◆

DÉCOUVRIR DES CIVILISATIONS NON OCCIDENTALES

La volonté de Jacques Chirac est d'ouvrir Paris et la France sur les civilisations méconnues de quatre continents. Sans doute veut-il aussi laisser la marque de son quinquennat, comme l'a fait son prédécesseur François Mitterrand avec ses grands travaux. Toujours est-il qu'il fait le choix d'une architecture exceptionnelle, celle de Jean Nouvel, désigné au terme d'un grand concours d'architecture. Expliquant son projet lors d'une interview pour la chaîne de télévision Arte, l'heureux élu déclare : « On ne peut pas dire que les objets aient déterminé l'architecture. Il y a simplement une notion de caractère, de familiarité, de colorimétrie, de lumière et de pénombre. [...] Je voulais éviter qu'il y ait ici un bâtiment occidental triomphant avec la technique occidentale bruyante, high-tech, qu'on ne voie que le bâtiment

INDEX GÉNÉRAL

LES SITES PAR ARRONDISSEMENT

CRÉDIT ICONOGRAPHIQUE

b=bas, c=centre, d=droite, g= gauche, h=haut

Documents d'archive

© Collection privée E. Greenberg sauf :

© Photothèque Hachette : p. 2(hd), 4(c), 9(h), 13, 15, 16, 18, 21(g), 22, 23, 24, 29(hd), 38, 41, 43(g), 45, 49(d), 57, 59(c), 61(c) , 63(d), 67(d), 69(d), 70, 71, 72, 73(g), 74, 77, 79(g), 81, 82, 85, 90(h), 91, 98, 99, 101(b), 103, 105, 107, 111(hd), 112(b), 119(hd), 121(d), 123, 130, 149(b), 152, 155(h), 156, 157, 161(c), 166(g), 167(g), 171(d), 197(g), 202, 203(c), 207(h).

© Library of Congress, Prints and Photographs Division, Washington D.C. 20540, USA : p. 23, 30, 129, 161, 179, 183, 217, 219.

© Babarama : p. 175 (affiche).

Photographies

© Droits réservés E. Greenberg sauf :

© R. Boutillier : p. 78, 111(hg), 145(g).

© Hemis : A. Chicurel p. 91, 145(g) ; B. Gardel 29(g), 169, 191 ; F. Guiziou 27(g), 65 ; H. Hughes 67 ; J. Heintz 211(d) ; R. Mattes 109(g), 15(d) ; B. Rieger 55(d), 76, 135, 175 ; S. Sonnet 89, 209 ; J.-D. Sudres 147, 173.

© Photononstop : Mauritius p. 195(b).

© J. Plon : p. 14, 39, 109(hd), 112(h), 113, 127(c), 133, 151(d), 211(h), 213(g), 223.

© Shutterstock : p. 2(c), 4(bd), 5, 9(b), 10, 13, 17, 19, 21(d), 25, 31, 32, 43(d), 44, 48, 49(g), 51(cg), 53, 55, 59(d), 61(d), 62, 63(g), 68, 73(d), 75, 79(d), 83, 84, 87, 89(g), 95, 97, 101(h), 103, 115, 119, 121(hg), 122, 127(h), 129(c), 139(d), 140, 141, 143(g), 145(d), 149(h), 153, 154, 155(b), 161(h), 163, 164, 165(d), 167(d), 171(g), 178, 180, 181, 187, 189(d), 193, 195, 197(d), 199, 200, 201(c), 203(h), 204, 205, 206, 207(b), 213(d), 214, 215, 217(b), 219(h).

Couverture

Première de couverture : Collection privée EG : document d'archive(c) ; © Hemis : S. Sonnet (hd) ; B. Gardel (hg) ; Tuul (b).

Quatrième de couverture : © Shutterstock sauf :

© P. Hauser : portraits de Frédérick Gersal (1re et 4e de couverture) et

rabats de couverture : collection privée EG.